民國歷史與文化研究

十 二 編

第 **3** 冊

「文明戲」的文化政治
——戲劇現代性與 20 世紀初社會文化

林 存 秀 著

花木蘭文化事業有限公司

國家圖書館出版品預行編目資料

「文明戲」的文化政治——戲劇現代性與 20 世紀初社會文化
／林存秀 著 -- 初版 -- 新北市：花木蘭文化事業有限公司，
2021〔民 110〕
目 2+248 面；19×26 公分
（民國歷史與文化研究 十二編；第 3 冊）
ISBN 978-986-518-300-4（精裝）
1. 戲劇史 2. 文化史 3. 女性主義 4. 中國
628.08 110000128

ISBN-978-986-518-300-4

9 789865 183004

民國歷史與文化研究
十二編 第三冊 ISBN：978-986-518-300-4

「文明戲」的文化政治
——戲劇現代性與 20 世紀初社會文化

作 者 林存秀
總 編 輯 杜潔祥
副總編輯 楊嘉樂
編 輯 許郁翎、張雅淋 美術編輯 陳逸婷
出 版 花木蘭文化事業有限公司
發 行 人 高小娟
聯絡地址 235 新北市中和區中安街七二號十三樓
電話：02-2923-1455／傳真：02-2923-1452
網 址 http://www.huamulan.tw 信箱 service@huamulans.com
印 刷 普羅文化出版廣告事業
初 版 2021 年 3 月
全書字數 218168 字
定 價 十二編 4 冊（精裝）台幣 12,000 元

「文明戲」的文化政治
——戲劇現代性與 20 世紀初社會文化

林存秀　著

作者簡介

林存秀，現任紹興文理學院副教授，華東師範大學中國近現代史專業博士，曾任紐約大學聯合培養博士，臺灣中央研究院近代史研究所訪問學人。主要研究方向為社會文化史，中國婦女史及性別研究。

提　　要

　　這個目前學術界唯一一部對「文明戲」進行譜系考察和概念分析的專著。文明戲的重要性在於，它展示了 20 世紀初期複雜的社會文化變遷。在近現代戲劇史上，至少有三種文明戲，即作為歷史事件的文明新戲運動，作為自稱的文明戲，和作為他稱的標籤化的文明戲。要講述文明戲的歷史，必須將其脈絡化和語境化。

　　本書同時關注兩個進程，一是以政治動員為目的的戲劇啟蒙運動；一是以大眾文化發展為中心的日常生活變遷，兩個過程實際上也是交織在一起的。戲劇的現代進程，也是近代中國所面臨的道路選擇的歷史隱喻。文明戲史，必須是新劇史和改良戲曲史的綜合考量，是傳統和現代的結合。「現代性」敘事的陷阱，使得文明戲被等同於早期話劇，遮蔽了傳統戲曲和地方曲藝自身趨向現代的歷史進程。

　　總之，這是以戲劇史為線的社會文化史，也是運用新文化史方法，綜合運用概念史、情感理論來研究的戲劇史。同時，女性主義史學也是本書重點關注的內容。通過對不同時段流行的家庭和情感劇的文本分析，展示近代女性在公共空間的崛起，和對大眾文化趣向所施加的影響。在結構上，基本上以時間為軸，輔以民族、階層、性別等議題。在某些章節，又會打破時間的敘事，使得一個故事得以完整敘述。

目次

導　論

　　1913 年，歐陽予倩和他社會教育團的成員，在湖南長沙演出新劇《家庭恩怨記》，他回憶當時的盛況：「這種戲在湖南是頭一次演，有情節有布景，比舊戲容易懂得多。開演的時候，真是人山人海，擠得兩條街水泄不通。一齣《家庭恩怨記》，真把人看瘋了。儘管下大雨的時候，門前的轎子進來了的退不出去，外面的進不來，女客撐著傘在門外，沒開幕前兩三小時就等起的不知若干，那真可謂盛極一時。」〔註1〕多年以後，歐陽予倩在另一篇叫做《談文明戲》的回憶錄中卻說：「多少年來，差不多在近三十多年當中，文明戲一直成為諷刺的對象。臺上只要是演得不好的，過火的，有點胡鬧的表演，人們就會說這是『文明戲』。這公平嗎？不公平。那為什麼這三個字會變成壞名字，而文明戲會被人輕視甚至於鄙視到這步田地呢？」〔註2〕

　　新劇如何變成了「文明戲」，而「文明戲」三個字變成了「污名化」的標籤？「文明戲」既然受到觀眾的喜愛，為何卻又「衰落」？作為當事人的歐陽予倩，對「命名」的文化變遷史也是「身在廬山中」。對於「文明戲」進行譜系考察，將我們帶入到二十世紀前三十年的中國戲劇現代進程中。

　　正如托克維爾指出，在一切文藝當中，只有戲劇與社會的現實情況最為繁雜和最密切，當改變了一個國家的社會和政治情況的改良和革命開始及於文藝界的時候，首先受到影響的一般是戲劇，而且戲劇所受的影響總是顯而

〔註1〕歐陽予倩：《社會教育團》，歐陽予倩著：《自我演戲以來》，上海三聯書店，2014 年，第 43～44 頁。

〔註2〕歐陽予倩：《談文明戲》，田漢等編：《中國話劇運動五十年史料集》（第 1 輯），中國戲劇出版社，1953 年，第 48 頁。

易見的。如果你要觀察某個特定歷史時期的社會文化，就研究這個時期的戲劇好了。

首先，中國戲劇的現代進程，是在近代民族危機和革命推動下所產生的戲劇運動的結果。自鴉片戰爭以來，傳統中國開始了痛苦的蛻變。戲劇因為其潛移默化的作用，和在普通民眾中的影響力，被精英視為下層啟蒙的工具。精英改良者力圖改變傳統戲劇不入經史子集的地位，將劇場看做社會教育的大教室，並致力於改良編寫新劇，甚至親自上臺現身說法。

另一方面，戲劇作為大眾文化在城市空間上演，也要放在資本主義生產關係的脈絡中來考察。隨著工業化和城市化的興起，戲劇表演也開始融入現代因素，適應城市新興階層的需要，變成城市娛樂文化的重要組成部分。

本研究的時段為 20 世紀初，基本斷線為 1900 年到 1930 年，也即「晚清民初」。無論是從政治史還是文化史，晚清和民初之間都存在某種程度的延續性，戲劇改良運動也沒有因改朝換代而斷裂，晚清的戲劇改良機構繼續發揮作用。而在文化史上，研究者多把重點放在三十年代及以後，認為這才是城市大眾文化繁盛的時期，把二十世紀前二十年僅僅看作是個開端。但是，我們不應該忽略晚清以來相當一段時間的奠基作用。從斷裂和延續的角度，沒有晚清，何來五四？而且，如果我們不再重複陳詞老調，認為晚清民初的戲劇現代化，即代表著儒家傳統社會教條及其觀念的凋零，而是把這段進程放到對於現代性重新考量的語境中，就會發現傳統與現代的二元對立項，及進化論的歷史觀，都值得懷疑和進行重新審視。

戲劇的現代進程，也是原有劇種分化轉變，新劇種從無到有的生成過程。不同的劇種代表不同社會階層和政治力量，這中間充滿了文化霸權的爭奪和對抗。現代文化發展的結果，也造成了精英文化和大眾文化之間的分裂。精英文化除了致力於對大眾文化的改良，還對其充滿了深深的歧視。20 世紀初期，性別的空間隔離被打破，女性可以進入戲院看戲，她們成為主要的觀眾群體，她們的口味主導了這個時期的戲劇文化。但當娛樂文化對性別準則提出挑戰時，也會引發精英階層的不安。

因為現代性的強勢話語，及其精英文化對大眾文化的鄙視，改良主義者發明「文明戲」這個標籤，樹立他們所認為的腐化墮落戲劇的「標靶」。實際上，文明新戲作為民眾喜聞樂見的藝術表演形式，記錄下了轉型期的民眾心態和社會記憶。它反映了普通民眾對新世界的驚異、恐懼、和希望，對傳統

的眷戀、回望，也記載了他們的悲憤，及展示了愛國精神、民族情感的生成過程。二十世紀初期的人們，帶著沉重的傳統，存亡的危機，帶著憧憬和不安，步履艱難地走向現代，這一切都鐫刻在此時段的戲劇進程中。

一、城市空間與大眾文化

對於城市的研究就是對於空間的研究。通常我們會認為有兩個城市空間，一個是物理空間，一個是想像的空間和觀念的空間。物質實體既包括戲院和遊樂場等建築，由城市基礎設施建設組成的物質實體城市。而想像的城市空間可以理解為城市文化，是一個由文學、藝術，城市表演和娛樂建構的文化共同體。

物質基礎的變化給予戲劇生態以巨大的影響。一方面，新式劇場的建立，燈光、布景的運用，化裝、舞臺技術，都在改變著傳統戲曲的形式和內容。另一方面，城市工業化進程，改變了城市人口結構，看戲的群體、演員的身份也隨之發生變遷。故而，從城市視野看待中國戲劇的現代進程，是對戲劇作長時段、歷時性的社會文化史考察。近代城市化的進程，既要放在資本主義經濟和生產關係脈絡中，也要放在現代民族國家興起的政治脈絡中。社會劇變影響了戲劇形態，反之，戲劇的變化也最能反映社會變遷。

中國近代的一切變化，政治的因素往往大過經濟因素。近代的戲劇變革，首先來自於精英階層啟蒙運動。在晚清救亡圖存的民族主義興起浪潮中，戲劇擔當了重要的作用。另外，上層精英推行實業救國、繁榮市面的努力，也客觀上推動了新式劇場的建設，乃至城市娛樂的發展。戲劇的現代化是啟蒙和資本主義經濟發展的雙重結果，既有國家力量的介入，也意味著社會和公共空間的逐漸崛起。大眾文化的興起，本身恰恰是知識精英所大力宣揚和呼籲的民主商業社會的一般特徵。

晚清知識精英的改良，憲政和自治運動，開啟了如李孝悌在《清末的下層啟蒙運動》一書中所稱的「下層啟蒙」。在此著述中，啟蒙運動相類比的是十八世紀發生在歐洲的思想運動，領導者是以上層社會或中上階級為主。其研究主題，正如作者自序：「我雖以下層社會為書名，處理的卻是下層社會如何被廣義的知識分子作為改良對象的經過。」〔註3〕儘管作者關注的是「知識

〔註 3〕李孝悌：《清末的下層社會啟蒙運動》，臺北：「中央研究院」近代史研究所，1982 年初版，2003 年 2 版 2 刷。

分子」如何將他們的想法、理念加諸於下層社會的過程，但是這個過程是互動的，故而呈現了上下交融的互動關係。

本研究也認為，「啟蒙」並不能涵蓋戲曲改良的全部特點，「啟蒙」是自上而下的，帶有知識精英的優越感。而戲曲運動，也有自下而上的特點，民眾具有一定的主體性和自發的情感與關懷。還原到歷史語境，當時的用語叫做「通俗教育」或者「社會教育」。故而，本書關注兩個過程，一個是自上而下的精英啟蒙，也即精英改良階層為達到通俗或者社會教育的目的，鍛造國民而發起的戲劇運動；一個是從大眾文化的視角關注社會和日常生活層面的政治。這兩個過程在實際生活中，其實是不可分割地聯繫在一起的。民初的劇場即具有公共空間的性質，在這裡進行集會、募捐等活動；同時，劇場變成民眾休閒娛樂的場所，又具有私人領域的特點。劇場可以看做是公共領域與私人領域的臨界點，它既是實體的空間，也是想像的空間，劇場變成我們觀察精英文化和大眾文化互動的微觀模型。

近代戲劇改良運動或者通俗教育的直接發動者，並非是傳統政治史和思想史中的上層精英，而是與民眾最為接近的中下層知識分子。他們中間的很多人可能和政治中心離得比較遠，但正是他們對 20 世紀初期的社會結構性變化做出了貢獻。他們包括從事戲劇改良和戲劇運動的地方中下層官吏，自治領袖，學生階層，從事出版和印刷事業的中產階層，和一些具有一定社會地位或者與知識階層有聯繫的藝人。

戲劇和報紙等傳媒媒介，都可以放入廣義的印刷資本主義範疇，在這個領域中出現了近代的中產階層。季家珍（Joan Judge）以《時報》為中心，揭示了以改良派報人為中心的中產階層的興起及其重要影響。書中描繪的中間階層包括社會中間人（social broker）、文化企業家（culture entreprenures）、新式知識分子（new-style intellectuals）。〔註 4〕李仁淵以晚清報刊出版為中心，研究新式傳播媒體對於知識分子和輿論空間形成的影響，認為新式傳播工具在 1895 年以後的政治化是最主要的關鍵。〔註 5〕在所涉及的報刊中，有白話報紙和通俗刊物，這一類白話報紙也特別關注戲劇演出的報導。尤其是在 1900

〔註 4〕〔加〕季家珍（Joan Judge）著，王樊一婧譯：《印刷與政治：〈時報〉與晚清中國的改革文化》，廣西師範大學出版社，2015，第 14～17 頁。

〔註 5〕李仁淵：《晚清的新式傳播媒體與知識分子：以報刊出版為中心的討論》，稻香出版社，2005 年初版，2013 年再版，第 103 頁。

年之後，白話報紙對於戲劇的報導往往涉及觀眾激昂的情緒反應，使讀報者如臨其境。戲劇社團，都紛紛設立自己的機關刊物來發聲。在某種程度上，報刊媒介和戲劇表演形成共生的關係。

從國家和社會的層面，劇場在某種程度上具有了公共空間的性質。王笛教授在有關成都茶館的研究中，指出在國家權力深入的地方，以茶館為代表的地方文化，竭力對抗現代化所推行的國家文化的統一模式。儘管作者也不認為哈貝馬斯的公共領域概念適合中國，但也指出哈貝馬斯「公共領域」，「同時也是物質空間」。從物質的「公共領域」角度，茶館被看作「名副其實的公共領域。」〔註6〕羅威廉在關於漢口的研究中也認為，19世紀的中國曾缺乏強大有效的政府權力，取而代之的是城市自治體系，但可以肯定，起到更大作用的，是在競爭和合作中表現出來的次級社區的相互影響。在政治的政府之外，19世紀的城市中已經發展了「自治的」或者「公共的」領域。〔註7〕

戲劇本質上是屬於大眾娛樂文化，只有能夠上演，為民眾接受才有意義。以往的精英立場，往往對大眾文化不假思索地加以貶斥。但我們必須意識到，正是知識階層大力推行戲劇改良和呼籲繁榮市面經濟，才促進了城市大眾娛樂文化的發展。人文學者要有效地介入社會文化生產，就必須對已有的思維方式、知識結構、文化立場，進行反思與清理。〔註8〕正是這種共識基礎上，許多學者開始了富有意義的學術轉型，並且將大眾文化的研究投注於不同的層面。

從大眾文化角度對於早期城市文化和現代性的研究出現了一大批著述。其中以上海都市研究最為豐富，包括盧漢超的《霓虹燈外：20世紀初日常生活中的上海》，李歐梵的《上海摩登》等。其次關於北京的研究，如韓書瑞（Susan naquin）《北京：公共空間和城市生活，1400～1900》等；羅威廉關於漢口研究，《漢口：一個中國城市的商業與社會1796～1898》〔註9〕對於晚清大眾文

〔註6〕王笛著譯：《茶館：成都的公共生活和微觀世界，1900～1950》，北京：社會科學出版社，2010年2月第1版，2017年第8次印刷，序言第5頁。

〔註7〕〔美〕羅威廉（William T. Rowe）著，魯西奇、羅杜芳譯：《漢口：一個中國城市的衝突和社區（1796～1895）》，中國人民大學出版社，2016年，第10頁。

〔註8〕許紀霖、羅崗等著：《啟蒙的自我瓦解：1900年代以來中國思想文化界重大論爭研究》，長春：吉林出版集團有限責任公司，2007年。

〔註9〕盧漢超：《霓虹燈外：20世紀初日常生活中的上海》，上海古籍出版社，2004；李歐梵著，毛尖譯：《上海摩登——一種新都市流行文化在中國（1930～1945）》，北京大學出版社，2001年；韓書瑞著，孔祥文譯：《北京：公共空間和城市生活，1400～1900》，中國人民大學出版社，2019；羅威廉著，江溶譯：

化的研究，如羅友枝（Evelyn S. Rawski）和韓南（Andrew J. Nathan）合編的《晚清中國的大眾文化》；林培瑞（Perry Link）對於 20 世紀初中國城市中的鴛鴦蝴蝶派小說的研究；匹克威茲將情節劇和鴛鴦蝴蝶派小說做類比，並且認為這種形式不但影響了五四時期的電影，而且和 20 世紀 80 年代復興的電影情節劇屬於同一個類型。〔註 10〕對於城市物質文化和消費文化的研究，連玲玲的《打造消費天堂：百貨公司與近代上海城市文化》，及《萬象小報：近代中國城市的文化、社會與政治》，主要著眼於 1920 年代之後的上海社會文化，並大量利用了稀見的娛樂小報資料；巫仁恕的《優游坊廂：明清江南城市的休閒消費與空間變遷》，將視角拉到了晚明的蘇州。〔註 11〕國外關於 20世紀初期的城市與娛樂生活的研究，探討在十九世紀向二十世紀的轉折時期，傳統維多利亞思想體系的衰落，人們思想觀念的嬗變和個性的解放。例如《廉價娛樂：世紀轉折時期的紐約女工和休閒生活》。〔註 12〕以上成果，對於本書關於城市公共空間的擴展，社會分層，女性的消費和娛樂生活等方面，在理論和經驗層面都給予極大的啟發。

　　任何一種封閉的研究範式，都可能造成視野的「遮蔽」。在精英思想的形成、建構、擴散中，大眾文化是不可缺少的媒介和平臺。反之，大眾文化研究也不可能忽視精英思想。應該把兩種研究結合起來，形成一種整體史觀。在其著作《未央之城──紐約市與大都會思潮》中，班德（Thomas Bender）教授指出，任何的文化史，無論是關於科學還是藝術，總是要和外在的因素，如空間、經濟、政治等結合在一起，才算是真正的文化史。〔註 13〕事實上，

　　　　　　《漢口：一個中國城市的商業與社會 1796～1898》，中國人民出版社，2005。
〔註 10〕David Johnson, Andrew J. Nathan, Evelyn S. Rawski edited. *Popular in Late Imperial China*. University of California Press, 1985. Perry Link, Jr. *Mandarin Duck and Butterflies: Popular Fiction in Early Twentieth-century Chinese Cities*. University of California Press, Berkeley, 1981. Paul G. Pickowisz. Melodramatic Representation and the "May Fourth" Tradition of Chinese Cinema. Edited by Ellen Widmer, David Der-wei Wang, *From May Fourthe to June Fourth: Fiction and Film in Twentieth-Century China*. Harvard University Press, 1993.
〔註 11〕連玲玲：《打造消費天堂：百貨公司與近代上海城市文化》，社會科學文獻出版社，2018；連玲玲主編：《萬象小報：近代中國城市的文化、社會與政治》，「中研院」近代史研究所，2013；巫仁恕：《優游坊廂：明清江南城市的休閒消費與空間變遷》，臺北：中央研究院近代史研究所，2014 年。
〔註 12〕Kathy Peiss. *Cheap Amusement, Working Women and Leisure in Turn-of-the-Century New York*, Philadelphia: Temple University, 1986.
〔註 13〕Bender, Thomas. *The Unfinished City: New York and the Metropolitan Idea*. New York: New York University Press, 2002.

文化、政治、社會在大都會裏的交叉異常複雜，任何一個因素都不可能在城市生活中獨立存在和發展。一方面，這些文化形式之間的界限很難區分；另一方面，文化的高低雅俗的區分本身就是文化等級化的結果。

二、戲劇、情感與女性文化

「文明戲」作為一種大眾文化，可以和西方工業化時期出現的情節劇作比較研究。現代城市的形成，造就了日益成長的大眾文化。在 18 世紀的歐洲產生了情節劇，研究者普遍認為這種戲劇反映了工業化初期，城市民眾對於現代生活的不確定。往往對情節劇持有負面的評價，批評其過於誇張的情感拽泄，是沒有讀寫能力的「烏合之眾」的淺薄娛樂。〔註14〕情節劇在 20 世紀初期，先是被以易卜生戲劇為主的現實主義戲劇所替代，進而遭到先鋒戲劇的批判。1976 年，布魯克（Peter Brooks）把情節劇的分析方法運用到對巴爾扎克和詹姆斯小說的研究中，提出「情節劇的想像力」這一具有開創性的論斷，此後西方關於情節劇的負面批評也漸漸消退。〔註15〕此後，情節劇作為戲劇、電影和小說研究中的重要課題出現，馬克思主義者和左翼研究者把它納入對五六十年代的資產階級家庭文化的批評中。女性主義批評和理論的發展也促進了情節劇的研究，因為這一現象為研究特定時期女性的日常生活狀態提供了可能性。〔註16〕儘管在 20 世紀初期，中國城市出現的情節劇，在題材、演出形式，甚至觀眾群體方面都有所不同，但仍有諸多可以作比較研究的主題。

從戲劇角度切入對女性問題的研究，除了涉及到女演員的出現，女性觀眾群體之外，還需要對戲劇文本和演出情況做細緻的社會文化分析和解讀。近代以來，女性漸漸走進公共空間，女演員成為一種職業。女性觀眾進入劇場，對於劇院物質環境的提升和戲劇內容的改變都產生了重要的影響。但是在前現代和近代初期，女性生活還主要是圍繞家庭展開，故而家庭劇和言情劇的興起成為 20 世紀初期都市戲劇的主要特點。

自晚明以來，《牡丹亭》通過印刷業和戲劇文化興盛得到廣泛的傳播，圍繞著戲劇《牡丹亭》，形成了以女性接受為中心的「情迷文化」。18 世紀的南

〔註14〕 參見英國學者詹姆斯・L・史密斯對於情節劇的解釋。詹姆斯・L・史密斯著，武文譯：《情節劇》，北京：中國戲劇出版社，2006 年。

〔註15〕 Brooks, Peter. *The Melodramatic Imagination*. Yale University Press, 1976.

〔註16〕 Singer, Ben. *Melodrama and Modernity: Early Sensational Cinema and Its Context*. New York: Columbia University Press, 2001.

方城市中就出現了不同類型的劇團，其中堂會是允許女性觀劇的。高彥頤在關於「閨塾師」的研究中，分析了閨秀們對《牡丹亭》相互呼應的閱讀，並指出「情迷文化」在某種程度上擴大了女性的自由，在傳閱和點評中形成女性的空間和傳統。〔註 17〕在清一代，國家三令五申禁止婦女看戲。但在江南地區，彈詞成為一種流行的女性文化形式，通過盲人彈唱出入貴族家門，成為婦女的娛樂方式。胡曉真教授對明清時代彈詞的研究，展示了彈詞文化在女作家之間相互呼應，成為具有傳承的女性文學傳統。〔註 18〕郭安瑞在清都戲曲的研究中，對「訴苦戲」與情節劇（melodrama）做了比較。指出訴苦戲存在明顯的善與惡的對立，感傷成為社會怨憤的傾訴模式，傷心的淚水本身就是一種批判立場。她還指出，晚期時期泰州學派的「真誠」之理想，以某種改換的形式保存在了清代的社會訴苦戲曲中。〔註 19〕

進入 20 世紀的城市生活，性別隔離被打破，女性看戲的禁忌被解除，商業戲院進入繁盛時代。明清的彈詞作品被大量改編成新劇上演，女演員也開始登上公共舞臺。民國初年，出現了「情文化」的泛濫。李海燕在《心靈革命》中，認為民初還基本處於「儒家的情感結構」中，晚清小說因循了『情教傳統』，而情教仍然因循了父系傳承，禮節的儀式和社會的秩序。〔註 20〕儘管如此，女性的介入還是使得戲劇公共空間發生了較大變化。在內容上，轉向家庭劇和言情劇，即使多數家庭劇，消費的還是前現代的故事，但已經開始有意識剔除傳統戲劇中具有「厭女」傾向的內容。女子新劇的發展，為其後地方戲和新劇的融合改良奠定了基礎。到了女子越劇時期，已經在城市公共空間佔據了重要的地位。姜進教授關於女子越劇的研究，講述從女子越劇興起到共和國時期整個生命歷程的一部歷史。展示了女子越劇作為一種文化現象，與上海這座大都會之間的交匯。女演員敢於和能夠站在女性立場改編戲劇故事，使得女性文化滲透了城市的文化品位，並且塑造了現代中國的愛情觀念。〔註 21〕

〔註 17〕〔美〕高彥頤著，李志生譯：《閨塾詩：明末清初江南的才女文化》，南京：江蘇人民出版社，2005 年，第 81～86 頁。

〔註 18〕胡曉真：《才女徹夜未眠：近代中國女性敘事文學的興起》，臺北：麥田出版，2003 年。

〔註 19〕郭安瑞：《文化中的政治：戲曲表演與清都社會》，北京：社會科學文獻出版社，2018 年，第 12 頁。

〔註 20〕李海燕：《心靈革命：現代中國愛情的譜系》，北京大學出版社，2018 年，第 38 頁。

〔註 21〕姜進：《詩與政治》，社會科學文獻出版社，2015 年。

這一類以情感為中心，以女性為主要閱讀和觀眾群體的戲劇，可以稱之為情感劇。廣義上的情感劇，可以泛指從宋元戲劇以來屬於私人情感領域的戲劇。關於情感劇的研究，階級範式和現代化理論一直是主導和霸權話語，而忽視了其本質的情感問題。林郁沁關於 1930 年代公共空間中同情的形成，則指出在中國的民族主義和公共場域形成過程中，情感是重要的因素，通過現代媒體的維持，確立主體性。現代中國的公共空間，並不一定是指實在的、恒定的空間，而更多時候是被呼喚而存在的情感空間。越來越多的學者認識到，理解公眾不能僅僅從制度和社會的層面，而情感也是參與社會想像和社會政治的激發力量。〔註 22〕

情感空間，並不是一個有邊界的結構，我們寧願稱之為共同體。而這個共同體的建構，需要發揮想像力，它並不是實體的存在。情感的介入，幫助我們擺脫了現代化理論的目的論和功能主義的桎梏。與其強調空間，不如打破空間的僵化和邊界，用聯繫（情感的內容）來定義一個共同體的歷史和當下。〔註 23〕城市是由行動者組成的，行動者之間又組成網絡。城市不是固化的實體，而是具有開放的邊界，能夠進行連續轉換。它具有揭示活躍的，不斷變化的網絡之間相互聯繫的能力，成為探索城市生活的一種方式。情感理論超越了固定化和轄域性，認為共同體有開放的邊界，包含永不停歇的變化。共同體是由很多小的有創造性的網絡組成的，行動者網絡是生產性的，這才是事件得以發生的原因。

三、話劇起源與興衰的爭論

在話劇研究史上，一般認為，早期話劇是「文明戲」。爭論和研究熱點有二：一是關於話劇的起源，一是關於「文明戲」的分期。對於「文明戲」問題的爭論，暴露出這個命名本身的問題，和對於這個名字的概念史的模糊不清。

關於話劇的起源，學術界目前主要有四種觀點。第一種觀點，認為話劇源自日本春柳社。持這種觀點的學者與代表作，有黃愛華的《中國早期話劇與日

〔註 22〕林郁沁：《施劍翹復仇案：民國時期公眾同情的興起與影響》，江蘇人民出版社，2011 年。

〔註 23〕Bender, Thomas. 2010. "Postscript. Reassembling the City: Networks and the Urban Imaginaries." In *Urban Assemblages: How Actor-Network Theory Changes Urban Studies*, edited by Ignacio Farias and Thomas Bender, New York: Routledge. P303～323.

本——中國戲劇現代化初期借鑒西方戲劇的曲折歷程》，及日本學者瀨戶宏的《中國話劇成立史研究》等。〔註24〕1907年春柳社在日本演劇時期，當時日本有新派劇和新劇（近世劇）之分別。新派劇是由日本的舊劇歌舞伎派生出來的一種政治宣傳戲，即「改良的歌舞伎」，這種戲劇是在日本資產階級民主主義革命運動興起背景下產生的。就劇目來說，新派劇經常改編新聞記事、偵探故事和描寫家庭生活的小說作為演出的劇目。在藝術上，新派劇排除了歌舞伎中的歌舞成分，可以即興表演，也可以臨時增減臺詞，發表政治演說。到1906年，日本戲劇界受歐洲小劇場運動的影響，出現了坪內逍遙主辦的文藝協會，及蕭山內薰創立的自由劇場，著重介紹莎士比亞、易卜生等人的戲劇，才有了日本新劇（話劇）運動的興起。〔註25〕故而，早期話劇如果源自於春柳社，又細分源自新派劇還是日本新劇。

第二種觀點，認為話劇源自晚清國內演劇。張庚指出，中國話劇源自辛亥前的「化裝演講」，以宣傳革命為目的的話劇的萌芽。在辛亥革命前後的四五年中間，以上海為根據地，在長江沿岸的城市作了廣泛的活動，以進化團最為活躍。〔註26〕但也有學者認為，清末戲劇改良和早期話劇之間的關係，只有間接的影響而沒有直接的繼承關係。〔註27〕

第三種觀點，認為話劇受到傳統戲曲和西方戲劇的雙重影響。比較有代表性的意見是趙銘彝先生提出的。趙銘彝曾是田漢南國社的學生，他回憶道：「想起1928年洪老夫子替『新劇』正名為『話劇』的事來，當時你我雙手贊成，……是不是我們把自己框住了，我們搞的是說話的戲劇，而在劇中卻有時也有唱的跳的」。〔註28〕如其所言，「話劇」這個名字是用來取代「新劇」的，而且這個名字產生誤導性，因為話劇也包括唱和音樂的。無論是「新劇」還是「話劇」，都和傳統戲曲有關係。

第四種觀點，認為應該把早期話劇和現代話劇分開。早期話劇是受到春柳

〔註24〕黃愛華：《中國早期話劇與日本——中國戲劇現代化初期借鑒西方戲劇的曲折歷程》，長沙嶽麓書社，2001年。〔日〕瀨戶宏著，陳凌虹譯：《中國話劇成立史研究》，廈門大學出版社，2015年。

〔註25〕柏彬：《我國話劇的來源及其形成的探索》，《戲劇藝術》，1979年第2期，第85～92頁。

〔註26〕張庚：《半個世紀的戰鬥經歷——中國話劇運動史的一個輪廓》，《張庚文錄》（第2卷），長沙：湖南文藝出版社，2003年，第287頁。

〔註27〕袁國興：《中國話劇的孕育與生成》，中國戲劇出版社，2000年。

〔註28〕趙銘彝：《不提民族化的口號為好》，《人民戲劇》，1982年第6期，第44～45頁。

社影響，而話劇是受到歐洲戲劇的影響。1979 年柏彬先生表示，不同意「我國話劇是由春柳社從日本傳入的歐洲戲劇發展、演變而來的」，「感到這種看法與我國話劇發展歷史的實際情況並不符。」〔註29〕兩種話劇——早期話劇和現代話劇，早期話劇是舊民主主義革命的產物，由春柳社從日本傳統的新派劇演變而成，隨著辛亥革命的勝利而發展，隨著辛亥革命的失敗而衰落。現代話劇，則是五四運動之後，新民主主義革命的產物，直接受到歐洲戲劇的影響。

　　關於「文明戲」研究的第二個爭論問題是分期問題。

　　建國初期的研究，多是按照政治史的分期來劃定。1962 年的《中國話劇史史綱》，是中央戲劇學院和上海戲劇學院的教材。全書分為五編，即中國早期話劇——文明戲（1907～1917）；五四運動與現代話劇運動的興起（1919～1926）；左翼戲劇運動（1927～1937 年）；抗日戰爭和解放戰爭時期（1937～1949）。在第一編「中國早期話劇——文明戲」部分，提出了「文明戲」的「三段論」。認為春柳社在日本東京開始具有較完整的話劇形式，此後文明戲在辛亥革命前獲得發展，並出現一段興盛期；1913 年家庭戲的興起，標誌著新劇的商業化，並且逐步走向墮落；在五四新文化運動後，被新的戲劇運動替代。〔註30〕此後，關於「文明戲」研究多是因襲了「三段論」說法。

　　新世紀以來，隨著文明戲史料的發掘增多，後期文明戲的發展受到重視。日本學者瀨戶宏在其文章中指出，春柳社只是文明戲的支流，新民社和民鳴社才是文明戲的主流，把研究重點放在了 1914 年之前的文明戲上失之偏頗。瀨戶宏還指出今後的研究方向，一是應該注重史料的發掘；二是要加強文明戲和中國傳統戲劇及其早期電影的研究。〔註31〕根據《申報》《新聞報》等報紙上出現的大量新劇演出廣告，許多文明戲劇目得以整理。王鳳霞運用《申報》等資料，對於上海的商業性新劇團體「新民社」「民鳴社」等進行了史料的考論。〔註32〕

　　這就形成了非常悖論的現象，「文明戲」在「衰落」之後，仍然存在，而

〔註29〕柏彬：《我國話劇的來源及其形成的探索》，《戲劇藝術》，1979 年第 2 期，第85～92 頁。

〔註30〕魏照風、趙銘彝、柏彬等編寫：《中國話劇史綱要》，1962 年版油印本。

〔註31〕瀨戶宏：《文明戲（中國早期話劇）研究史的幾個問題——以袁國興和黃愛華近著為中心》，《杭州師範學院學報》（社會科學版），2002 年第 5 期，第 84～88 頁。

〔註32〕王鳳霞：《文明戲考論》，廣東高等教育出版社，2011 年。

且擁有大量觀眾群體。於是，瀨戶宏先生又提出「五段論」，在之前三段基礎上，又增加了第四階段 1917～1949 衰退、變質期 I；第五階段 1949～1966 為衰退變質期 II。〔註 33〕但興盛期只有三年，而衰落期延續了近五十的時間，似乎也不太合乎情理。

當前戲劇研究界也漸漸意識到「文明戲」這個詞意義的模糊性。2009 年在廣州召開的「清末民初新潮演劇國際學術研討會」上，與會學者提出「新潮演劇」這個概念。〔註 34〕但是以新的概念去命名當時的歷史現象，只會更加增多歧義和迷惑，不如回到歷史場景重新語境化。

此外，還有從通俗文化角度對「文明戲」進行的研究。張龍的《中國近代通俗戲劇》，避開「文明戲」或者「新劇」的紛爭，用「通俗話劇」的名字來指稱研究對象。這本書超出革命史的框架，從通俗戲劇角度，挖掘了相當多的新劇史料和未被論及的演出劇目，具有重要的意義。〔註 35〕關於通俗話劇這個名稱，按照歐陽予倩的說法，「通俗話劇只能作為話劇的一個流派，不能算是一個獨立的劇種似乎是肯定的。」「通俗話劇這個名稱似乎已經成立了，不管名稱是不是十分恰當，打定主意從通俗的路上去做，總不會有甚麼錯誤。」〔註 36〕「通俗話劇」，變成一個替代「文明戲」污名的較為中性的名稱。

以上列舉的種種爭論，都是因為缺少一部完整的「文明新戲」的社會文化史，即中國戲劇現代史的歷時性和共時性的考察。文明戲史，必須是新劇史和改良戲曲史，近代曲藝史的綜合考量，也必須把戲劇史，放進文化史和政治經濟史的背景中來分析。其次，也缺少對污名化的「文明戲」進行解構的概念史，對這個名稱的由來模糊不清，沒有對命名過程進行譜系的分析。

四、概念史：自稱與他稱

「文明戲」這個名字的變遷史，即使是當時的親歷者也不是很清楚。歐陽予倩先生、洪深先生，都有過類似的疑問，更遑論出生更晚的戲劇運動者。

〔註 33〕〔日〕瀨戶宏著，陳凌虹譯：《中國話劇成立史研究》，廈門大學出版社，2015年，第 23～101 頁。

〔註 34〕傅謹和袁國興主編的《新潮演劇與新劇的發生》一書序言中，對「新潮演劇」的提法做了說明：「2009 年在廣州召開的『清末民初新潮演劇國際學術研討會』提出了『新潮演劇』概念」，學苑出版社，2015 年。

〔註 35〕陳龍：《中國近代通俗戲劇》，臺北：東大圖書公司，2002 年。

〔註 36〕歐陽予倩：《自我演戲以來》，中國戲劇出版社，1959，第 224 頁。

歐陽予倩先生曾說：「初期話劇所有的劇團都只是說演的是『新劇』，沒有誰說文明新戲。」〔註37〕洪深先生也表示：「新戲名辭上面，加了文明兩個字，成為文明新戲（後來簡稱為文明戲）不知是何人為首所做的事。」〔註38〕出版於 1929 年的《中國戲劇概評》，是比較早的戲劇論書，作者也指出：「文明戲的起源，我已經說過，我不大清楚，也找不到什麼記載，我希望親自參加那個運動的人能夠給我們一些知識。」〔註39〕

　　概念史的研究往往選擇的是「關鍵詞」，而日常生活中的名稱也可以作概念的梳理。在近代戲劇現代進程中，出現名目繁多的名稱。新劇、新戲、話劇、通俗話劇、文明戲，每一個概念都代表著不同的思想體系和政治主張，每一個新概念的出現都是一個新事物的出現。這些概念之間或者更替抑或交互使用，概念的污名和「標籤化」現象並存。如何辨析這些概念，對於我們理解戲劇自身發展和戲劇運動的進程至關重要。

　　概念史研究的興起，受到歷史研究領域語言轉向的影響。方維規先生是最早介紹概念史研究方法的學者之一，自 2006 年開始在不同刊物上發表德國概念史相關文章。概念史可以和社會史結合起來，運用到轉型期——即從前現代走向現代早期的過渡時期——許多重要政治和社會概念，發生語義結構從舊到新根本性變化的研究上。概念史能夠折射出社會史，同時也影響社會史的發展。〔註40〕

　　英國學者雷蒙德・威廉姆斯（Raymond Williams）在研究中突出「關鍵詞」的重要性，也認為文化概念的變遷，記錄了一個複雜的社會文化史。在《關鍵詞：文化和社會詞彙》一書中，他論述了近代啟蒙運動以來文明向文化的轉變。civilization 在十八世紀包含的意義，是在啟蒙運動之後生發出來的思想觀念，強調人類的自我進步和發展。到十九世紀意義發生變化。文化觀念是工業革命時期進入到英語世界的，從 19 世紀便不斷擴張。文化首先被用來強調國家文化和傳統文化，包括民間文化（folk culture）。後來被用來批判一種

〔註37〕歐陽予倩：〈談文明戲〉，《中國話劇運動五十年史料集》（第一輯），中國戲劇出版社，1958 年，第 48～108 頁。

〔註38〕洪深：〈從中國的「新戲」說到「話劇」〉，《現代戲劇》，1929 年第 1 卷第 1 期，第 1～21 頁。

〔註39〕向培良：《中國戲劇概評》，上海：上海泰東圖書館，1929 年，第 10 頁。

〔註40〕方維規：《概念史八論——一門顯學的理論與實踐及其爭議與影響》，《亞洲觀念史集刊》，第四期，2013 年 6 月，第 101～170 頁。

新興的文明所具有的機械的特質。到了 1900 年，出現了物質發展和精神發展的區別。在 1914～1918 一戰期，出現了高等文化，與通俗、娛樂文化之間的等級差異。〔註 41〕

　　不管是以以術語為主的概念史，還是雷蒙德以關鍵詞研究文化變遷，都是通過詞語為核心，揭示社會轉型期歷史文化演變的過程。在方法論上，將概念和社會變遷研究建立起聯繫。關鍵詞的形成和意義轉變的歷史，不啻為一部社會文化變遷史。

　　把概念史方法運用到具體的中國歷史研究中的專著，有荷蘭學者田海（Barend ter Haar）的《中國歷史中的白蓮教》。該書的突出特點，是將以往零碎的有關白蓮教概念的辨析集中起來，將白蓮教的語義置於從兩宋到清末這一長時段的歷史語境中，對白蓮教的概念進行解構。宋元時期存在「白蓮傳統」及「白蓮運動」，這一術語本來具有積極的意義並作為「自稱」使用，但是後來漸漸變成一個帶有「成見」的「標籤」。命名者用「夜聚曉散」和「吃菜事魔」來加以貶損教徒的活動。但作者通過史料的分析指出，夜裏活動，其實是因為信教人員多為勞動者，他們白天要幹活謀生，晚上才能參加宗教活動；而後者更是無中生有的猜忌和引發民眾的憎恨。「白蓮教」一詞，是官府和精英集團貼上的標籤。於是這一傳統原本具有積極意義的「自稱」，後來逐漸變為模式化的邪教與叛亂意義的標籤和「他稱」——「白蓮教」。儘管被污名化，宋元時期的白蓮運動還是被繼承下來，分化為無為教、白蓮社，及其他比較分散的方式。作者特別強調對於名號的追溯，不僅要解釋名號包含的不同內容，也研究人們使用這一名號時的歷史和社會背景。〔註 42〕

　　我們把白蓮教來類比「文明戲」，兩者之間的概念和演變具有極大的相似性。「文明新戲」是出現在晚清新劇改良運動中的一種具有正面意義的「自稱」，戲曲從業者和報刊報導中用來指代改良戲曲。在戊戌變法之後的數十年中，「文明」是流行詞，代表著進步的價值。但是民國之後，尤其是在五四新文化運動時期的文明和文化的鬥爭中，出現了「文明戲」這樣一個標籤化的「他稱」，用來指代「雜種」戲劇，尤其是認為這類戲劇在物質方面雖然改良了，

〔註 41〕〔英〕雷蒙·威廉斯（Raymond Williams），劉建基，譯：《關鍵詞：文化與社會的詞彙》，生活·讀書·新知三聯書店，2005 年，第 46～50，第 101～109 頁。

〔註 42〕〔荷〕田海（Barend ter Haar）著，劉平、王蕊譯：《中國歷史上的白蓮教》，北京：商務印書館，2017 年。

但思想方面仍然是傳統和「野蠻的」。「文明新戲」在 1920 年代中後期也發生了分化，一類是改良並且提升為國劇的「京劇」；一類是從「新劇」繼承和改變發展而來的「話劇」；另外是分散在城市遊樂場中的各類地方曲藝和民間小戲，它們有的在發展中逐漸壯大，成為獨立的劇種和曲藝種類，例如越劇、蘇劇、評戲，滑稽戲等。

使問題變得更加複雜的，是在主流話劇史中，將「文明戲」這個詞拿來作為「早期話劇」。從數據庫，或者細細翻閱當時報章雜誌資料，都會發現一個事實，「文明戲」的名字最多是出現在 1930 年代的各類書籍和文章中。「文明戲」的標籤化之後，在上世紀 30 年代固定成為一個污名化的「標籤」。在1922 年之前，很少在報刊文章的書面語中見到「文明戲」字樣，戲院報紙廣告上有「文明新戲」，這是晚清以來較為常見的對改良戲曲的稱謂。而所謂的「早期話劇」，新劇社團和「新劇家」自始至終都自稱「新劇」。

將「文明戲」簡單等同於「新劇」（早期話劇），首先，隔斷了戲曲和地方曲藝的「文明新戲」史；也因為「文明戲」的「衰亡論」，忽視了「新劇」在五四新文化運動後的發展；也掩蓋了遊樂場中的各種地方小戲進入城市的現代蛻變過程，這些曲藝在遊藝場中多冠以「文明」二字，如文明灘簧、文明申曲、文明大鼓等。王國維在《宋元戲曲史》中，對雜劇的名稱做了長時段的考辨。宋代時，雜劇專門是指滑稽戲。而元代雜劇和宋官本雜劇截然不同，宋官本雜劇數段，多以故事為主。到了明代，以比較短小的戲曲為雜劇，折子數從一折到六七折都有，又捨北曲而用南曲，又非元人所謂雜劇。雜劇在不同時代指代不同的內容，最後才成為戲劇的總稱。〔註 43〕「文明新戲」與其看作一個劇種，不如說是一個綜稱，代表了傳統戲劇走向現代的進程。

對「文明戲」這個名字進行解構，僅僅是完成第一步，我們還會繼續追問，文明戲如何被標籤化的？原因是什麼？帶著這些問題，進行概念的辨析、譜系追溯，就會自然被帶入一段文化政治交錯的社會文化史的旅程之中。要在浩瀚的資料中，尋找一個名字最初標籤化使用的地方；亦要結合思想史和社會史來分析為何被污名。

「標籤」（lable）是從種族歧視的社會學研究中借鑒來的。被標籤化的名

〔註43〕王國維：《宋元戲曲史》，中華書局 2015 年版，第 154 頁。

稱或者詞語，含義往往模糊不清，使用標準卻是很清晰。附著在某一現象上的標籤，並不必然是處於它的固有性質，而是由於它被歸納或者推測的特徵。而且，一旦一組毫無聯繫或者聯繫不大的現象被置身於同一標籤下，這些被概括的特徵都將施加於被貼標籤者。「成見」或者「刻板印象」（stereotype），也可以用於理解文明戲的問題。

鑒於這一類「標籤」運用者強調其反面特徵，用戈夫曼的「污名」來解釋也契合「文明戲」問題。污名（stigmatization）概念最早由社會學家戈夫曼提出，並被作為社會歧視的起點。被貼上標籤的人有一些為主流文化不能接受的狀況、屬性、品質、特點或行為，這些屬性或行為使得被貼上標籤者產生羞愧恥辱，並導致了社會對他們的不公正待遇。歧視（discrimination）則是社會對被貼上污名標籤的人所採取的貶低、疏遠和敵視等態度和行為，是污名化的結果。〔註 44〕

污名原本是社會優勢群體與弱勢群體之間單向度「貼標籤式命名」的權力關係。那麼下一個問題是，被歸類在一起的現象在特定歷史時刻被貼標籤，是具有哪些被歸納的特徵？這個問題將在第七章「發明文明戲」部分具體論述，這裡簡單概括，就是大眾文化。這種複雜的矛盾也可以簡約為精英文化和大眾文化之間的矛盾。

文明戲的標籤化現象發生於 20 世紀 20 年代，這即是一個城市大眾文化開始發展的時期，也是五四新文化運動後期，思想界開始分裂的時期。文明戲的標籤化，伴隨的是「話劇」的命名，和「國劇」運動的展開。標籤化和「污名」某一個事物，正是為了命名一個新出現的事物。命名即是設置邊界，又是一種規範的反覆灌輸。在一個高度刻板的管控框架內，不斷重複的一套行為，隨著時間的流逝而固化。話語才是原因，主體是倣應，話語先於主體存在。對命名進行政治學的譜系學探究，如果成功的話，將會解構實在表象，還原建構它的各種行為。概念史和話語分析，兩者之間有相通之處，即認定語言是事物的標記。福柯認為，語言不僅是知識載體，且決定知識本身。福柯式的認識論歷史研究，主要不在於考證概念的根源和延續本身，而是描述概念得以生成、延續或斷裂的認識型，話語被視為整個知識的陳述方式。這種文化研究的方法，可以作為概念史研究的互補工具。

〔註 44〕〔美〕歐文‧戈夫曼（Erving Goffman）：《污名──受損身份管理劄記》，北京：商務印書館，2009 年。

以上這些理論看起來比較駁雜，但是他們都在「後結構」的範疇之內。未必要機械運用這些概念來框定研究對象，這些理論都有助於對所研究的現象的理解和詮釋。概念史的出現，本身就為了宣告理論的「終結」，因為所有的呈現，都是放在對於史料的細緻和艱苦的爬梳基礎上。概念史又和思想史有相通之處，著眼於「關鍵詞」和精英思想。但是從日常生活這個視角的切入，又把概念從枯燥冰冷中拯救出來，轉化為一幅活生生的生活圖景。它也將為我們展示社會史和民眾的心態史。「文明戲」的概念史，正是展現了這樣一幅從晚清到民國的斑駁社會文化歷史畫卷。

因為概念的繁多，有自稱、他稱，也有話語先行的概念，在行文中極易浩成混亂。故各章節的名稱，一般採用歷史還原的方式，就用當時歷史行動者和報刊所用的概念。但是在某些時候，論述到「文明戲」的特點，為了解釋這種標籤的特徵，就採用當下對於文明戲的習以為常的使用方法。文化史的研究方法，首先承認了話語和文本本身的虛構性，因此在文章的敘述中儘量避免主觀和絕對的做法，力圖還原到歷史語境，亦把作為史料的文本作為研究的對象。

五、史料說明

本書使用的一手資料多來自於晚清民國的報刊雜誌。第一類是綜合性報紙。大報主要有《申報》、《新聞報》、《大公報》等。從中可以看到的信息，首先是劇院廣告展示的地址、劇目、票價、演員等；還有此類報紙專門闢出的劇評專欄，如《申報・自由談》《大公報・劇談》，及其和演劇相關的社會新聞。小報和稀見報刊雜誌，如遊樂場《天韻報》《先施樂園日報》。政黨和政治派系的機關報刊，如《民立報》《民吁》《國華報》等刊登早期革命新劇的演出史料；及報紙副刊，如《晨報副刊》。各類白話報和通俗教育報刊，婦女雜誌和婦女團體創辦的報刊，如《神州日報》、《女子世界》、《眉語》、《紅玫瑰》等。

第二類是戲劇社團的機關刊物。民國初年，新成立的戲劇團體，存在的時間長短不一，但一般都創立自己的機關刊物。民鳴社的機關刊物《新劇雜誌》，保存了關於新劇評論文章。〔註45〕《繁華雜誌》，是啟民社的機關刊物。〔註46〕

〔註45〕《新劇雜誌》創始人為管義華、經營三等，是以張石川、鄭正秋等為首的上海民鳴社的機關刊物，這本雜誌共出版了兩期即停刊。

〔註46〕1914年孫玉聲和周劍雲，一起發起了啟民社，海上漱石生（孫玉聲）主持，發表小說、彈詞、譯稿、詩歌歌曲等。

《遊戲雜誌》(1913～1915)，民興社機關刊物，保留了很多新劇劇照。〔註47〕春柳劇場的《劇場月報》(1914～1915)，主編為王笠民，撰稿人多為春柳同仁。《戲考》(1912～1925)，新舞臺的機關刊物，刊登關於新舞臺演出劇目的評論。

　　1920年代之後成立的戲劇團體及其機關刊物。民眾戲劇社的《戲劇》，田漢主編的《南國月刊》，廣東戲劇研究所的《戲劇月刊》，熊佛西的《戲劇與文學》，馬彥祥主編的《現代戲劇》等。其中《戲劇月刊》是歐陽予倩主辦的，他關於話劇一些觀點，都是在這個時期發表的，如《自我演戲以來》《戲劇改革之理論與實際》。民眾劇社的《戲劇》，是「愛美劇」運動的發聲機關，並由文學研究會發起關於「真假新劇」的爭論。〔註48〕這些刊物各自的思想主張不同，但是總體來說，是屬於新文化和新知識分子群體的範疇。

　　還有一些政治性不強，新劇舊劇兼容並蓄的雜誌。1915年發行的《戲劇叢報》，是劇評為主的雜誌，主要撰稿人成立「評戲俱樂部」，有關於新劇，也有關於舊戲的評論。〔註49〕1918年周劍雲的《菊部叢刊》，叢刊分為歌臺豔史、新劇月旦等十多個項目。供稿者來自不同的派別，擁護和熟悉舊戲者多，對新劇演員頗有微詞。1922年的《戲雜誌》是一本鴛鴦蝴蝶派的戲劇雜誌，撰稿人有張恨水、嚴獨鶴，也包括馬彥祥、袁寒雲、劉豁公等，兼而紹介京劇、新劇。《梨花雜誌》，1924年僅出一期，撰稿人包括徐卓呆等新劇劇人，也包括楊塵因等擁護舊戲者。〔註50〕

　　第三類是史料集和著述。1914年出版的《新劇史》，是關於文明戲最早的編年史，作者是朱雙雲，也是曾經的新劇演員。此書分為六章，按照編年體例，把關於新劇與學生演劇的關係做了最詳備的整理，留下了很多有價值的史料。這部書是以史的形式，並沒有記載新劇的演出形式、舞臺等信息。此書還有一個特點，就是並沒有把春柳社在東京的演出作為起點。據記載，學

〔註47〕《遊戲雜誌》，王鈍根主編，撰寫者有天虛我生、瘦蝶、瘦鵑、丁悚、了青、愛樓，劍秋等。

〔註48〕《戲劇》1921年5月31日出版了第一卷第一期，從1921年到1922年，一共出了十卷。

〔註49〕《戲劇叢報》主要的內部人員有錢化佛、秋風、寄塵、劍塵等，有新劇劇人在其中。這個叢報的參與者，多是南社中人。

〔註50〕特約評論員有丁悚、朱滌秋、姚民哀、馮小隱、張四非、孫石、鄭鷗鵠、劉豁公、徐卓呆、曹癡公、張謬子。

生演劇自 1899 年南洋公學就開始，春柳社的創辦者李叔同，在赴日留學之前就讀於南洋公學，也曾熱衷於演新劇。〔註 51〕朱雙雲的第二本史料集《初期職業話劇史料》，寫於 1939 年在重慶期間。他在序言中說，在過去的三十年中，職業新劇被冠以「文明戲」的污名，演文明戲的人被貶低。故而整理關於職業話劇的資料，內容比較少見。這部史料接著《新劇史》，繼續介紹了新劇在 1914 年之後的發展情況。從新民社、民鳴社、啟民社，講到了六大新劇社的聯合公演。及其男女合演的民興社，笑舞臺的前前後後，鄭正秋的藥風新劇社，以及在遊樂場時期的導社。還介紹了抗戰時期，新劇在武漢、平津等地的演出情況。〔註 52〕

鄭正秋的《新劇考證百出》，記錄了一百多部新劇的劇目簡介。收錄的劇目大多數是當時在舞臺上演出過的，有翻譯的外國新劇，如《肉券》即為莎士比亞的《威尼斯商人》。還包括傳統小說改編的新劇，如《恒娘》、《馬介甫》等聊齋劇。因為早期新劇採用幕表制，很少有劇本留存，故而，這部簡介對於我們瞭解當時演出劇情是難能可貴的資料。〔註 53〕

在 1920 年之前，極少見專門的戲劇史。從 1920 年到抗戰爆發前，有多部戲劇史出版。如陳聽彝（即陳大悲）的《戲劇的化裝術》（1920），《愛美的戲劇》（1922），宋春舫的《論劇》（1923），余上沅的《國劇運動》（1927），熊佛西的《佛西論劇》（1928），向培良的《中國戲劇概評》，馬彥祥的《戲劇概論》，田漢的《愛爾蘭近代劇概論》，都在 1929 年。1930 年代，由於戲劇學校的教學需要，一些戲劇史教材出版。如 1933 年，盧冀野根據他在河南大學等學校的講稿，寫了《中國戲劇概論》一書，其中有一個章節講「話劇的輸入」。〔註 54〕

第四類，口述史和回憶錄。建國後，一些曾經從事新劇演出的演員和藝術家的回憶錄和口述資料被整理出版。徐半梅的《話劇創始期回憶錄》，蘇州市文化廣播電視管理局編寫的《蘇州滑稽戲資料彙編》，及其《滑稽戲老藝人訪談錄》等。〔註 55〕

〔註 51〕參見朱雙云：《新劇史》，新劇小說社，1914 年。
〔註 52〕朱雙云：《初期職業話劇史料》，獨立出版社，1942 年。
〔註 53〕鄭正秋：《新劇考證百出》，上海：上海圖書集成公司，1919 年。
〔註 54〕盧冀野：《中國戲劇概論》，世界書局，1934 年。
〔註 55〕蘇州市文化廣播電視管理局編：《滑稽戲老藝人回憶錄》《蘇州滑稽戲資料彙編》，蘇州大學印刷廠印刷，2001 年 12 月。

六、思路及框架

本研究是一個跨學科的新文化史研究。一直以來，戲劇史一般被納入到文學研究中，而在史學領域的研究不夠。而就戲劇史而言，首先現代話劇構成一種主流和霸權的敘事結構。但是如果我們把文明新戲作為敘述的主線，將話劇史作為參照，將會有不同的發現。文明戲的社會文化史，必須是戲曲改良史，新劇史的結合。本研究不是要對文明戲的藝術表演方式做探究，而是在社會文化史關照下去解釋一個文化現象，必須從政治思想史上講明白，文明戲為何變成一個標籤和被污名化。

本研究也是從日常生活的視角，來反觀革命和啟蒙史。社會文化史取重大眾文化，研究大眾生活，這種轉變解開了以往被精英文化遮蔽的聲音。另一方面，社會文化史不排斥精英文化，而是提出精英文化和大眾文化的交互發展。

總之，本研究借助戲劇呈現二十世紀早期的社會文化變遷。這是一部用文化史的方法來研究戲劇的社會文化史，也是一部在社會文化分析基礎上展示的戲劇史；即不排除話劇史，也呈現其他劇種的發展變化；著重大眾文化，但是並不排除精英文化，既看到革命改良和啟蒙的政治變遷，也關注普通民眾的日常生活。

本文貫通全文的線索是文明新戲，在文明新戲這個主線上，基本是按照時間的脈絡處理不同的戲劇形式走向現代的進程，在某些地方打破時間順序進行論述。在一個縱的面向上，嵌入民族、性別、階級概念的分析。具體框架內容如下：

第一章，將戲劇改良運動放在民族危機的歷史背景下，講述不同政治力量的參與，包括改良派、革命派，新出現的學生團體。這些政治力量之間相互聯繫，演戲劇激發的「情感政治」，有助於文化民族主義之構建。第二章，從城市文化視野中，展示不同於政治史層面的新劇史，揭示新劇和傳統戲曲之間的關係。展示女性觀眾的參與，新階層的興起。第三章，女子新劇的歷史尋蹤，追溯其從革命行動到商業化的過程，早期自由主義女性運動的失敗，也是一種烏托邦理想的失敗。投射在日常生活中，展示在戲劇舞臺上，即是「悲旦」和「情迷」的彌漫。第四章，空間與階層：劇場情感結構的變遷，以新舞臺的故事為中心。從空間的角度，講述從茶園到戲院的變遷，和都市精

神生活的轉變。第五章，跨界與流轉，分析「文明新戲」分化和生成的新形式。第六章，揭示戲劇作為沒有硝煙的戰場，新舊各個政治和思想派別之間的文化政治在戲劇領域的展開。第七章，文明戲標籤化稱謂的出現，和「文明戲」的被發明。第八章，在五四之後，滑稽戲從新劇的一種角色類型中分離出來，結合民間的說唱藝術，形成滑稽戲，遊樂場變成民眾的娛樂形式。第九章為結語，通過戲劇的現代進程，進行對於現代性話語的反思。

第一章　戲劇作為想像民族的方式

　　十九世紀下半葉，世界各大洲的國家都向現代民族國家過渡。各個國家採取了不同的形式，有的國家通過改革，有的國家通過暴力革命。在民族主義形成過程中，一些國家民族戲劇運動的成功起到了重要的推動作用。政治危機是近代中國戲劇變革的動機和原因。甲午戰爭以來，尤其是庚子事變之後，精英階層認識到開啟民智，進行通俗教育的重要性。在報紙、演說、宣講等眾多途徑中，戲劇被認為是最有效的手段。

　　戲劇運動不僅是一場政治運動，更是一場社會運動。晚清新產生的社會階層，包括改良派精英，學生階層，及其在這兩個階層中產生出來的革命者，他們都嘗試通過戲劇來啟迪和發動民眾。他們或進行戲劇改良，或者借鑒西方戲劇形式，使得戲劇在現代化的進程中，出現了混雜的形式。

　　20 世紀初在民族主義激蕩下發生的戲劇運動，可以分為多種。一是士大夫自發的戲曲改良，這其中既有下層士紳的愛國心的激勵，也有清末新政的推動。在北方為士大夫階層的中下層，在南方則多是自治運動中的紳商階層。此外，還有伶人自發的戲曲改良運動，學生階層和革命者的新劇運動。這些行動之間，並非是界限分明的，他們通過各種社會關係聯繫在一起，顯示出新與舊，革命與改良，保守與激進的混雜。

一、「文明新戲」的興起

　　清光緒二十六年即 1900 年，義和團北上到達天津和北京地區，隨後八國聯軍侵華，戰爭造成混亂局面。正月間，義和團往京師蔓延漸廣。五月二十日，到大柵欄，放火焚燒大柵欄老德記西藥房，遂後又毀正陽門，大火蔓延

到附近的建築。七月十五日，梁濟早晨去內閣的路上，經過菜市口，「見無辜之被殺之男女老稚，橫屍百數十。」十八日，京師陷落。八國聯軍入城，兩宮倉皇西逃。義和團運動中所表現出來的迷信，讓梁濟感慨不已。儘管對於義和團的意見各有不同，但是梁濟「深痛國人之愚昧無知，決然以開民智為急。」〔註1〕從鴉片戰爭以來，到 1900 年的八國聯軍侵華，中國人的國際地位一落千丈，民族危機加深。同時改革派精英也認識到，必須動員下層民眾的力量，開民智成為戲曲改良的動機之一。

起初，改革派精英把報紙作為政治宣傳的手段，通過報紙創造一種新的政治力量——「公共輿論」，用來鍛造「國民」。梁啟超創辦的《清議報》，其後的報紙《時報》，成為流亡改良派的宣傳刊物。但這種手段只能是在讀寫階層，最廣大的群眾無法閱讀和領會，需要更有效的文化溝通的途徑。

1902 年《大公報》刊載「編戲曲以代演說」的論說：「天下開化之事有三：曰學堂、曰報館、曰演說。然而行於今日之中國，皆有名無實也。……嘗終日不食，終夜不寢，以求所謂開化之術，求而得之曰編戲曲。編戲曲以代演說，則人亦樂聞，且可以現身說法，感人最易。」〔註2〕1904 年四川《廣益叢報》刊登《改良戲劇之計劃》社論，指出需要戲劇改良，以促進腳本之改良與演劇之進步。具體的方法，主張排演新劇，不用文言而專用白話，不用歌曲而專用科白；編寫「異族受制於強族，亡國滅種之教訓」的內容；還認為演劇當根據實地，演出時事。「歐美各國之演劇，即撮近今世界舞臺上小影人物，雖假託而情事則畢（逼）真。」〔註3〕在清末實施新政前幾年，在公共輿論中關於戲劇改良的呼聲越來越強。

1905 年，清政府廢除科舉後設立學部，開始推行新式教育。1906 年宣布預備立憲，接著頒布《勸學所章程》和《地方自治章程》，認為通俗教育尤不可緩。清末的新政改革，重組官僚機構，新建學校和發展現代基礎設施。改革最主要的一項，主要是在教育領域，而且，他們以為國民教育絕非學校教育所能完成，必賴通俗教育以補足之。

在此號召下，通俗教育運動在各地開展起來。有的省份成立通俗教育社，

〔註1〕梁煥鼎校錄：《桂林梁先生年譜》光緒二十六年庚子，京華印書局鉛印本 1925 年版，第 17 頁。

〔註2〕論說《編戲曲以代演說》，《大公報》（140 號）（天津版）1902 年 11 月 11 日，第 1 版。

〔註3〕健鶴：《社說：改良戲劇之計劃》，《廣益叢報》1904 年第 44 期，第 1～4 頁。

負責辦理之事項，一則發行白話報，二則改良宣講書本，三則改良戲曲唱本，四則編譯新小說，五則批評改正舊小說。〔註4〕1910 年《教育雜誌》還刊登第三次「萬國通俗教育會」在比利時之波拉塞爾召開的消息，指出通俗教育補助方法，一為新聞雜誌，二為演劇，三為博物館，四為活動影畫、幻影畫等。〔註5〕晚清的通俗教育，也可以看作是「文化大眾化」的舉措。在語言文字等方面進行大眾化的努力，例如維新時期勞乃宣、吳稚暉等人的中國拼音字方案的草擬，黃遵憲的詩體解放嘗試，梁啟超新文言文的創造；革命宣傳品的通俗化，通俗科學故事，和警世小說的創作，文明新戲的產生，都是這一舉措的內容。〔註6〕

　　這場各階層參與的「通俗教育」運動，可以稱之為一場規模宏大的「下層啟蒙」。其領導者和發動者更加廣泛，既包括政治精英，下層官吏，也包括一般具有愛國情懷的知識分子的自發參與。如果從政府機構這個層面，推動通俗教育和舉行戲劇改良的主要是「學部」。

　　1906 年，清政府天津學務總董林兆翰，稟提學司提倡改良戲劇。林兆翰（1862～1933），字墨青，又字伯嘿，晚年號更生。他曾任內閣中書銜，梁濟也曾任此職，兩人為同儕並且一直保持良好的友誼。在這個奏章中，林兆翰認為應該打破文人和伶人之間不相通的情形。在傳統社會中，伶人地位低下，教育程度都不高。而精通文墨，具有改良維新思想的精英，往往只能製作「案頭劇」，或者適合上層趣味的戲曲。以致於「文人不識調，伶工不曉事，兩者之間隔閡太甚。」學司很快對此作出了回應：「據詳已悉改良戲劇，寓轉移風俗志權，各國視之與博士文豪並重。該學董等所稱，聘請文士召學徒，優異品格，啟牖顓蒙，所見甚是。」〔註7〕並派定專員，預算用款，專門用於戲劇改良。

　　在北京，梁濟是最早從事「文明新戲」改良的下級官員之一。清政府在新政過程中，新成立了巡警部，建立了現代警察制度。梁濟之前一直任內閣中書，到 1906 年被調到了巡警部，為其直接參與下層改革提供了機會。

　　自清政府新政及預備立憲以來，認為東西各國，凡通都大邑無不有宏敞

〔註4〕《南洋官報》1911 年第 141 期，11～12 頁。
〔註5〕《教育雜誌》，1910 年第 2 卷第 12 期，105～106 頁。
〔註6〕曹伯韓：《通俗文化與語文論文集》，重慶：讀書出版社，民國三十四年（1945年），第 18 頁。
〔註7〕文牘《本司詳據津郡學務總董林兆翰等稟改良戲劇藉資開化文並院批》（光緒三十二年六月），《直隸教育雜誌》，1906 年第 12 期，1～3 頁。

之公園，繁盛之市場，以活潑國民之精神，獎勵商業之發達。故而，對於戲院風氣的日益開放，持鼓勵態度，而不是以風化為由橫加禁止。北京戲院經常人滿為患，一些戲院以男女分座的方式，開始售賣女座。隨著看戲的婦女漸多，戲院周圍設立了商品售賣處和附設茶座。例如香廠附近的大觀樓內售各種商品，很多婦女看完戲，累了就去茶座歇息。戲院中有商家經營，小販行賈，每日出入遊人甚多。

梁濟經常去的戲院是廣和樓，在肉市北口路東。舊時京師內城並不允許開設戲院，但漸漸在內城和外城交接的「南城」，娛樂文化日漸發達。這裡即後來所謂的八大胡同，被稱之為「戲子窩」。因為便利和商業的繁榮，八大胡同也是京城很多官員的居住之所。在大柵欄一條街上，每天晚上十幾家開鑼演戲，以每個戲園子上座 500～1000 人，每天晚上近萬人在看戲。梁濟驚詫於能夠容納數千人的戲院天天滿座，並意識到，如果把劇院當做教育的場所必定是事半功倍。

戲劇在傳統社會被當做小道，士大夫一般抱有鄙視的態度。但是梁濟在瞭解地方戲曲越多之後，態度漸漸發生變化。他說「昔年最厭惡梆子青衣，以為俚俗，不堪入耳目。近年民事民情觀察日深，文雅之心思反覺其減。」〔註8〕在晚清以來，梆子戲也進入北京，並且和皮簧日益結合，廣和樓的義順和就是這樣的戲班。梁濟最愛看《罵秋胡》，認為「堅貞高潔之操，出自俚俗女子口中，更覺親切有味，慨然動高尚之思，謂此乃人世間真正可貴之事也。」〔註9〕於是，決定為這個戲班寫一齣新戲，這部戲劇就是《女子愛國》。

梁濟編戲以女性為題材，也源自他對女學的一直關注。他和中國社會黨的創始人張亢虎早就結識。江亢虎在 1905 年，任職學部員外郎。此時江亢虎致力於女子教育，在宰相胡同自己的家中創辦了「女學傳習所」。梁濟的夫人張春漪，在「女學傳習所」做教習。梁夫人出身於雲南士大夫家庭，受過較高教育。而在女子教育問題上，梁濟也不保守，把自己的女兒送到學堂讀書。

晚清對於女性問題的關注，要納入到新國民的塑造和民族國家興起的語境中。梁啟超在東京辦的《清議報》上刊登了《國民十大元氣論》。他指出「文明者，有形質焉，有精神焉。求形質之文明易，求精神之文明難。精神既具，

〔註8〕煥鼐、煥鼎校，梁濟著：《桂林梁先生遺書之五：伏卯錄》，京華印書局，1925年。

〔註9〕煥鼐、煥鼎校，梁濟著：《桂林梁先生遺書之五：伏卯錄》。

則形質自生；精神不存，則行質無依。然則真文明者，只有精神而已。」元氣
是塑造國民的根本，比之形體更為重要，而「愛國」是國民十大元氣之一。
1899 年他撰寫的《愛國論》又指出：「我支那人非無愛國之性質也。其不知愛
國者，由不自知其為國也。」除了不知道國家為何物之外，國人身上還具有
奴隸性。「西人以國為君與民所共有之國，如父兄子弟，通力合作以治家事，
有一民即有一愛國之人焉；中國則不然，有國者只一家之人，其餘則皆奴隸
也，是故國中雖有四萬萬人，而實不過此數人也。」那麼，如何去除民眾的奴
隸性，培育具有愛國主義的新國民？他指出：「二十世紀之世界，一民族競爭
之世界，欲求自存於大地，非使人人養成國民之資格不可，欲使人人養成國
民之資格，非使人人有國家思想不可，欲使人人有國家思想，非使一般社會，
咸受普通之教育不可。」〔註 10〕

　　梁啟超的理想女性是以西方女性為榜樣的。1902 年，他寫了《羅蘭夫人
傳》。又曾介紹過俄國無政府主義者索菲亞，索菲亞 1881 年因暗殺沙皇亞歷
山大二世被處死，對中國早期革命者來說，她是一個富有魅力的榜樣。她生
在富有家庭，祖父和父親都是沙皇政府的高級官員，可她卻成為聖彼得堡讀
書會的激進學生。她曾化裝，機智地騙過沙皇俄警察，與克魯泡特金聯繫。
為農民接種天花疫苗，熱心教導貧窮的工人如何在惡劣的環境下生活。她於
1873 年被捕又戲劇性逃脫，其一生充滿了自我犧牲與冒險精神。

　　梁濟雖然和梁啟超沒有直接的接觸，但在其遺書中提及，曾讀到梁啟超
刊登在《庸言報》的《國性論》，對其「國性」思想有認同之處。除此之外，
梁濟的戲曲改良思想，更多是由於經驗和長期觀察，和其所處的位置相關。
正如林毓生指出，梁濟之贊成變法，乃源自他對社會與政治情況實際的評估，
以及期望中國強大的愛國心。〔註 11〕

　　梁濟選取的素材，與梁啟超的西方女傑南轅北轍。《女子愛國》戲劇，源
自劉向《列女傳》。古《列女傳》的成書在漢成帝年間，劉向目睹趙飛燕姐妹
把持後宮造成的混亂局面，遂搜集散落在各處典籍的女性故事，編纂成《列
女傳》一書獻給漢成帝。書中把一百多位人物分為七個類型，其中「漆室女」

〔註 10〕梁啟超：《愛國論》，《清議報》1899 年第 6 期，第 319～324 頁。
〔註 11〕林毓生：《論梁巨川先生的自殺——一個道德保守主義者含混性的實例》，收
　　　　錄於林毓生：《中國傳統的創造性轉化》，生活·讀書·新知三聯書店 1994 年
　　　　版，第 205～226 頁。

故事列於《仁智傳》中。在晚清，類似《女誡》、《列女傳》這樣的傳統女教範本在新式學校漸漸遭遇冷遇，由「經典淪為罪書」〔註12〕。但是《女子愛國》開演之後，卻頗能感動當時社會民眾。

1906年，梁濟所編《女子愛國》新劇，由廣和樓義順和班的崔靈芝演出。此劇「以引國家思想為之宗，全稿兩萬言。」「丙午演於京師，為新劇首創。」〔註13〕今所見劇本，一共有四本，涉及當時社會改良的幾件大事。第一本主要是講廢除纏足；第二本討論亡國危機；第三本主要是創辦女學堂；第四本是講述現代地理科學知識。故事的主要情節是，縣令卞良法（正生）聽聞魯國魯至道（正旦）的名聲，前去拜訪並尋求改良之法。優葵女（至道別名）便先痛斥女子纏足之害，認為女性應該關心國事，並以波蘭和印度亡國的事例，講述當前的國家危機。此後，優葵女在縣令支持下，一起在漆室縣興辦女學，並且親自擔任教習。中間出場的人物還有兩位年輕女性，富家女鍾華仁、農家女畢可興。兩人在優葵的感召下，一位捐助自家房產為校舍，一位把自己的嫁妝拿出來辦學。還有一位老儒生郭粹存，及其滑稽丑角扮演的王大娘。這些人物的名字都有諧音，連起來就是：「變良法，魯至道；中華人，必可興；國粹存，萬年長。」

首先，此劇為廢除纏足等舊俗做宣傳。1906年，清廷下令廢止纏足。優葵告訴眾人放開腳，也不會耽誤她們的終身大事。鍾華仁等受此指點，把新做的繡花鞋面子都撕碎。在辦學堂一節，優葵管理學校，分配房屋的用途。新建的學堂有藏書樓、飯廳、宿舍，還有體操場。其中一段對話描述了優葵上課，講授新的地理知識的情形：

旦曰：天空共有八大大行星，地球是第五個大行星，有四個比地球大的，有三個比地球小的。你們就可以知道那星星有多麼大了，地有多麼大了！

鍾白：這八顆星，都是何名？

旦曰：金星、木星、水星、火星、土星、天王星、海王星。

新式女學堂講授不再是傳統女教的道德教化，而是新的地理科學知識。已經從以養成婦德為主的傳統教化，變成現代意義的教育。而《女子愛國》影響最大

〔註12〕夏曉紅：《晚清女子國民常識的建構》，北京大學出版社，2016年。
〔註13〕梁煥鼎校錄：《桂林梁先生年譜》，京華印書局鉛印本1925年版，光緒三十一年。

的，莫過於對於「女子愛國」精神的呼籲和養成。優葵在劇中唱段感人至深：

> 優葵女坐閨中淚痕滿面，我非比流俗女思想夫男。

> 我心中悲歡的是中國禍患，又貧窮又耐弱又懶惰，處處為難。

> 最可歡聖天子勤勞宵肝，常言道國與家一體相連。

> 倘若是國遭狹小民人焉能免，我因此每日裏愁緒萬千。

> 這其中悲苦情誰能如俺，只有是長籲氣仰望蒼天。〔註14〕

義順和班是梆子為主，加演皮簧。此劇的唱腔亦是如此，並且對白顯著增加，聽起來通俗易通。

　　《女子愛國》的演出，引起了轟動，各大報紙爭相報導。《大公報》上以「戲劇文明」為題報導：「茲於二十四日，前門外肉市廣和樓戲院義順和班班長，又編演《女子愛國》新戲，觀者坐為之滿。」〔註15〕《新聞報》也報導稱：「梁巨川侍讀編《女子愛國》新戲，其命意在振興女學，改良教育，情文兼到。共分四本，現經義順和班排纂，於上月下旬分演。聽者甚為擁擠，學界中人尤多，聽至吃緊之際，有揮淚者，亦可見感人之深矣」〔註16〕北京演戲的消息也傳到天津：「聞在京演《女子愛國》《潘公蹈海》諸新戲，誠足以感動女學界愛國之新，鼓舞國民自強之氣。每一試演觀者為堵，點頭鼓掌，驚心隕涕者頗不乏人。」〔註17〕

　　女子教育是清末一個迫切的任務，但直到1907年清政府才開始正式創辦女學。此前的女學堂都是民間力量自發成立的，經常因為經費支絀而無以為繼。杭州惠興女士為籌辦經費而自殺殉學，此事經報刊報導而引起全國募捐助學的熱潮。北京的女界，邀請名伶田際雲義務唱了三天新戲，實際為慈善募捐。她們專門舉辦了一個女觀眾的「專場」，把戲資全部捐給了貞文女學。這次演出之後，大家覺得這個辦法可行，就仿照國外慈善會的方式，成立了一個「婦女匡學會」，來演戲籌款。

　　婦女匡學會編演的第一臺新戲，就是四大本的《惠興女士》。這惠興女士的事蹟，為了渲染和突出矛盾，還塑造了一個叫做「白知識」的人，偷取了惠興女士辦學的錢。惠興女士為了去投遞上書的稟，還得給衙門塞錢，借機也諷

〔註14〕梁濟：《女子愛國》，《春柳》1919年第2期，第53～78頁。
〔註15〕時事《戲劇文明》，《大公報》（天津版）1906年5月21日，第2版。
〔註16〕各省新聞：《京師梨園改良》，《新聞報》1906年5月28日，第3版。
〔註17〕本埠《改良菊部二則》（996），《大公報》時事，1906年6月18日，第2版。

刺了官場。到最後惠興女士的自殺，把觀眾情緒推到高潮。「廣德樓田際雲（即香九霄）扮演《惠興女士傳》，正在眾賓客拍掌之時，忽聞哭聲起於南樓之下，一時觀劇者皆左右回顧，甚或立桌上。哭聲大號不止，警兵聞知，即前去勸解，方始停哭。細詢原由，實因觀劇觸發感情之故。〔註18〕

　　報紙上漸漸用「文明新戲」來指稱這些新戲。一篇「文明新戲續演之確聞」的報導稱：「都中各戲園，……演《潘子寅烈士》及《惠興烈女死事》，並《波蘭女子》愛國新戲，又調取上海汪笑儂新編之《黨人碑》、《苦旅行》等曲本以便開通下等社會云。」〔註19〕「文明新戲」這個名詞不斷傳開，在《順天時報》中，直接就叫做「文明戲」了。1906年5月26日，田際雲為籌集國民捐，又在廣德樓戲院重演該戲，《順天時報》特發表文章，鼓動前往觀劇：

　　　　學界中人，看勸辦學堂的文明戲，必能共發熱忱，觸起愛國家、
　　黃種的思潮。知學界關係重大，不更加意勵學，為興中國、強中國
　　的預備。這樣說來，這戲劇的影響，又有助我中國富強的力。〔註20〕

　　田際雲繼而向學務處稟請改良新戲，「職優王桂芬、田際雲前在學務處，稟請改良新戲，維持風化，力矯從前舊習而益社會，聞學務處已批准矣。」〔註21〕田際雲曾是精忠廟首，又為內廷供奉，出入宮禁比較方便。他與康梁過從甚密，並以供奉身份，為康梁和光緒帝內外互通消息，把進步書籍帶給光緒帝。田際雲，因為編演《惠興女士》，被當時報紙稱之為「北京改革戲劇之發起人」。〔註22〕此後婦女匡學會所演出改編的戲目，有近一百出戲劇。除了田際雲的《惠興女士》，又有玉成班的《賜福》，義順和班眾武行的《四傑村》、《取金陵》，崔靈芝的《春秋配》等，加上此後各省戲曲改良所改編和新編劇目，總數是相當可觀的。〔註23〕

　　田際雲的玉成班，也是一個河北梆子與京劇「兩下鍋」的戲劇團體。皮簧、梆子，不同聲腔混雜的情況，也並不自民國始。舊京梆子班演唱較早者為元順和，其次為瑞勝和、義順和。迨元順和、瑞勝和解散組之後，而義順和巍然獨

〔註18〕《文明戲劇之感動力》，《大公報》（天津版）1906年6月4日，第2版。
〔註19〕《文明新戲續演之確聞》，《大公報》（天津版）1906年4月2日，第2版。
〔註20〕《順天時報》，1906年5月26日。
〔註21〕「菊部改良」，《大公報》（天津版），1905年11月2日，第2版
〔註22〕「戲劇文明」《大公報》時事（天津版），1906年5月21日，第2版。
〔註23〕《匡學會所演各戲》，《惠興女學報》，1909年第14期，第10～11頁。

存，在肉市廣和樓奏技，無一日不滿座，梆子班之盛無逾之者。〔註24〕這些戲班，和演出梁濟《女子愛國》新戲的義順和，都屬於梆子皮黃混演的戲班。

在清末的通俗教育和商業戲院的推動下，各類通俗戲劇在城市獲得發展。梁濟等下層官員，首開士大夫參與地方戲曲劇本創作，提高了民間戲曲的演藝水平。梁濟也對女藝人寄予了社會教育的厚望。他一直扶植的女子坤班，在楊韻譜、林墨青、韓梯雲等主持下，組建奎德社。〔註25〕這個劇社的演出一直持續到抗日戰爭全面爆發，在京津滬各大城市都曾演出，編演了大量的新劇目，影響深遠。正如韓梯雲所言，半新半舊戲劇，已經自成一格，可以稱得上是一個獨立的劇種。〔註26〕這些劇班的演出，在《大公報》等報紙上的廣告，都稱作「文明戲」。

當我們圍繞戲劇改良去追尋那些行動者，發現這是一個由同鄉、親戚、同學、婚姻、朋友等關係組成的網絡。而這個行動者網絡中，有新興的專業人士，學生，商人，也包括舊士紳。這是一個由新派舊派組成的團體，即使在同一個人身上，也幾乎會顯示出現激進和保守兩種特點。

二、時事劇與歷史記憶

亡國滅種，是 19 世紀這一帝國主義時代所流行的社會達爾文主義的語言。嚴復是梁啟超關於社會達爾文主義知識的最初來源。1898 年戊戌政變失敗後，梁啟超受日本政府庇護逃亡至日本。這個時期，他有機會仔細研讀關於國家和種族的書籍，形成了新的國家和新民的思想，更突出了民族主義和種族主義，並且通過《清議報》傳播到國內。在明治時期，西方露骨的種族觀念傳入日本。1899 年，《清議報》上刊登關於黃種的文章，包括《黃種將來之禍》《黃種將來之移植》，還有日本人的《黃種之存亡》，通過這種方式，將日本和中國也以「同種」的方式聯繫起來。這種人種觀念不僅僅是在知識階層傳播，也傳達到下層社會。例如 1902 年的《杭州白話報》刊登了日本女校校

〔註24〕俠公戲話：《義順和梆子班之角色》，《立言畫刊》，1942 年第 172 期，第 5 頁。
〔註25〕「鮮靈芝之奎德社以排戲為主，其曲調亦黃秦平視。往往一齣戲中二黃與梆子相間而作，伊等似認黃秦都是劇中應用之唱調。其皮黃亦無什麼譚腔汪調，其梆子亦非老陝西梆子，乃津南一代之新式花梆子。但此種唱法只能自行其是，無取京調皮黃而代之能力。」閣：《舊都劇曲之變遷》（六），《大公報》（天津版）1929 年 3 月 22 日，第 15 版。
〔註26〕韓補青：《補庵談戲・談戲拾零》，《大公報》（天津版），1924 年 10 月 1 日，第 8 版。

長夏田歌子的演說，指出黃種人和白種人的競爭。〔註 27〕

梁啟超還撰寫《波蘭滅亡記》，記載了波蘭遭到俄、普、奧三國瓜分，及其亡國後波蘭人民的悲慘遭遇。波蘭民眾中稍有反抗的，皆被押解到西伯利亞充兵。三萬多波蘭人被流放到邊遠地區開荒，眷屬不能隨行。「檻車累累相屬於道，如驅牛羊。田產被沒於異族，妻子夷為奴匄。」〔註 28〕除了波蘭，晚清民初所見的書籍報刊中，改良主義者反覆談論，要從土耳其這樣已經垮臺的帝國歷史，或者從愛爾蘭人，美國印第安人這樣失去家園的民族歷史中吸取教訓。

梁啟超倡導戲曲改良，自己也創作了劇本。1902 年 11 月，梁啟超在日本橫濱創辦《新小說》雜誌上，發表了《劫灰夢》、《新羅馬》兩個傳奇。前者僅完成《楔子·獨嘯》一齣，後者有完整劇本。《新羅馬》傳奇一共有七齣，寫羅馬分裂之後，意大利燒炭黨謀求民族獨立的故事。這個傳奇劇本並沒有演出記錄，大概是詞語過於奧雅，更像是歷史故事，而缺少典型的人物和戲劇衝突。但 1905 他為大同學校所寫的新戲《班定遠平西域》，則在舞臺上演出過。這是一齣六幕劇，用粵劇舊調舊式，不避方言俗字。在《新小說》上刊登標「通俗精神教育新劇本」。六幕分別為言志、出師、平虜、上書、軍資、凱旋。在大同學校演出時觀者稱：「最後演《班定遠平西域》新戲，尤足激發吾國尚武精神。演至末齣，歡迎凱旋，從軍歌軍樂和之，其聲悲壯，令人慷慨激昂，泣數行下，華人莫不拍掌，呼中國萬歲，不愧教育精神。」〔註 29〕但是這類戲劇，大都成為案頭劇，僅僅在小範圍內傳播，不能在民眾中產生廣泛的影響。

專業的伶人從事戲劇改良和民族救亡的宣傳，汪笑儂是先鋒。汪笑儂是旗人，並且任過地方小官，終棄職而投身戲劇。早在 1901 年，他就自編自演《黨人碑》、《馬嵬坡》等新戲，之後又編寫《立憲鏡》，這一類中國故事能感動普通觀眾。1902 年《大公報》論說文章稱：「去年上海伶隱汪笑儂《黨人碑》一出，其登臺演說時，具愛國之肺腸，熱國民之血性，能使座中看客為之痛哭，為之流涕，為之長太息！獨是此等戲曲編者不多，誠能多編戲曲以代演說，不但民智可開，而且民隱上達。」〔註 30〕

〔註 27〕《日本女士夏田歌子演說》，《杭州白話報》1902 年第 2 卷第 12 期，5～7 頁。

〔註 28〕梁啟超：《波蘭滅亡記》，《時務報》1896 年第 3 期，2～4 頁。

〔註 29〕曼殊室主人：通俗精神教育新劇本《班定遠平西域》，《新小說》，1905 年第 2 卷第 7 期，139～142 頁。

〔註 30〕論說《編戲曲以代演說》《大公報》（天津版），1902 年 11 月 11 日，第 1 版。

　　《黨人碑》屬於清末的時事劇系列，共有十本，汪笑儂選取了其中二折上演。所謂「時事劇」，即以時事政治為題材而創作的戲劇作品。〔註31〕「時事劇」一詞出現在明代，此類戲曲在明代後期大量出現，到了明清之際仍然有許多創新。順治十四年（1657）江南發生科場舞弊案，以此事為題材的戲劇也廣泛傳播。但正因為如此，清朝政府開始注意士大夫與文人創作的時事劇。雍正乾隆年間的文字獄也加深了對文化的控制，述及明季政事之時事劇也遭禁演。巫仁恕教授認為，清末的「文明戲」是時事劇的再度繁榮。〔註32〕

　　《黨人碑》本事為明元祐年間，蔡京當權，明徽宗乃詔東林黨人出籍。此劇編演的時期，正值戊戌變法失敗，六君子慘遭殺害，汪笑儂演出這部戲劇，也是映像時政、借古諷今。汪笑儂飾演劉鐵嘴嬉笑怒罵：「此時做官譬如做強盜，做強盜還比做官清高些」，「此言足以罵盡一班貪墨之夫。」〔註33〕汪笑儂聲情並茂，有觀者為之歎：「劉鐵嘴詼諧入妙，舌底翻蓮，出臺說白一段，半時之久，更大博觀劇諸君之喝彩。」〔註34〕汪笑儂的時事新戲，打破了京劇的唱詞格調，穿時裝，用布景，在《花石綱》一節中還運用了燈彩。

　　1904 年，汪笑儂與陳去病聯合創立《二十世紀大舞臺》。陳去病是同盟會會員，因為這層關係，此刊物和革命派的反滿民族主義聯繫在一起。和立憲派國家主義的主張不同，對於革命派來說，民族的具體化採取的特殊歷史形式是反滿族主義。革命派把中國現代社會的混亂和危機轉移到一個假定的、內在的他者之上。在以孫中山先生為代表的革命派那裡，把滿族等同於現代的西方殖民者，從而擺脫殖民的唯一方法是反滿的種族——國家革命。〔註35〕在現代民族國家形成之前，在民間已經有強烈的漢人原型民族主義存在。這種原型的民族主義，往往在改朝換代和異族政權統治時期表現最為強烈。而這些歷史記憶，可能就沉澱和滲透在口耳相傳的戲劇中。

〔註31〕祁彪佳《曲品》云：《錢神》「直刺時事，毫無忌諱」，《冰山》「傳時事而不牽蔓，正是練局之法。」參見田根勝著：《近代戲劇的傳承與開拓》，上海：上海三聯書店，2005 年，第 161 頁。

〔註32〕關於時事劇，見巫仁恕：《明清之際江南時事劇的發展及其所反映的社會心態》，中央研究院近代史研究所集刊，第 31 期，第 1～48 頁。

〔註33〕第二本《黨人碑記略》《同文消閒報》，1901 年 5 月 24 日，第 1 版。

〔註34〕《汪笑儂重演黨人碑》，《遊戲報》，1904 年 2 月 5 日，第 2 版。

〔註35〕Karl, Rebecca E, *Staging the World: Chinese Nationalism at the Turn of the Twentieth Century*, Duke University Press, 2002. 第 194～195 頁。

　　陳去病還是「知恥會」的會員。1897 年，首先在北京成立了知恥會。在庚子之變之後，這種國恥觀念更加強烈。改良者把國恥繪成圖畫以警示國人。「繪庚子之役圖畫於壁，書某年某月某國與我國開戰，我國某員如何受挫，拳匪如何肇亂，聯軍如何入城，婦女如何被辱，一一注之以漢文，俾閱者觸目驚心，實激發人心之第一要義也！句踐之臥薪嚐膽，終以滅吳，豈中國人真不能有為也耶？」〔註 36〕臥薪嚐膽的故事為中國人所熟知，知恥而後勇，是知恥會成立的意旨。反滿和國恥，是陳去病創辦《二十世紀大舞臺》的宗旨。

　　此雜誌只出版了兩期即被查禁。兩期「班本」一欄，刊登的劇本都是明末遺事。有署名「孝農」的兩個劇本《長樂老》和《縷金箱》，實際上，這兩部劇作都出於陳去病之手，由汪笑儂根據舞臺演出需要對文學劇本進行了修改加工。〔註 37〕

　　《長樂老》主要有三場，分別為哭主、赴宴、諷刺。描寫曾經任崇禎朝錦衣衛正堂的張瑤星，在李自成起義清軍入關之後，隱居於棲霞山上。而故友王國恩先降於闖，又降於清，竟做三朝之官。適逢王國恩告老還鄉，於是張瑤星便邀請他來清風閣赴宴，排戲加以諷刺。開場張瑤星便說「有明養士三百年，國破家亡太可憐。世界已無乾淨土，人家何處是桃源？」宴席上先演出《擊鼓罵曹》，張藉此揶揄：「仁兄，那正平一罵，千古稱快，曹操恬不知恥，尚不及王朗稍有人心。」接著演《打嚴嵩》，唱到：「鄒應龍當日嚴嵩打，打的賊臣雙眼瞎，反把仇人當心腹，可笑他眼瞎心也瞎。」王國恩顏面無光，辯解道：「當今聖人在位，四海乂安，正當歌舞升平，何必演此亂臣賊子之戲。」劇中用數板形式諷刺「長樂老」，語言詼諧朗朗上口：

　　　　長樂老長樂老，我生好比牆頭草。成者王侯敗者寇，那邊風勁
　　那邊倒。

　　　　長樂老長樂老，功名富貴我能保。頭戴紅頂大花翎，迎降兩上
　　勸進表。

〔註 36〕外省新聞「繪圖警心」《四川官報》〈新聞〉，1904 年（甲辰三月中旬）第六期（冊），第 44 頁。

〔註 37〕梁淑安：《近代戲曲改良運動的先鋒柳亞子與陳去病——兼談南社社員在劇本創作與舞臺藝術方面的實踐活動》，《南京理工大學學報》（社會科學版），2001 年第 4 期，第 13～19 頁。

　　長樂老長樂老，馬蹄袖子大紅袍。天恩留我好頭顱，勝朝身子改不了。

　　長樂老長樂老，粉底官靴穿不好。闖王的官兒不久長，穿著草鞋好快跑。

　　一二三四五六七，孝悌忠信禮義廉。從明從清又從闖，二朝領袖三朝官。

　　長樂老長樂老，家中田產原不少。門前高插順民旗，縱然國亡我家可保。〔註38〕

　　汪笑儂改良新戲，在曲律上得到解放，不再受到曲律的嚴格限制。由以「曲」為主逐漸向以白為主。在不少作品中，說白的分量大大增加，成為決定劇情發展的核心關鍵。在內容上，此劇借巧妙的情節安排，戲中戲外的諷刺，痛罵那些只顧自己享樂，不關心國家危機，賣國求榮的官員。一篇觀後感稱：「《長樂老》者，譏之之詞也，二臣一傳，遺臭萬世，家國二字，不知云何，徒求目前之富貴，身為奴隸而不辭。」〔註39〕又有題劇本詩云：「大廈難求一木支，沉沉世界太離奇。我生不殺賣國賊，此恨綿綿無了期。」此劇以清軍入關為背景，也含有傳統戲劇忠奸之辨的意味。

　　汪笑儂此後奔赴天津繼續他的戲曲改良事業，在上海的戲曲改良被其演出所在的丹桂茶園，即後來的新舞臺及創辦者夏氏兄弟繼續下去。《明末遺恨》是1910年左右，新舞臺極受歡迎的暢演劇目。〔註40〕

　　《明末遺恨》的前身便是明末「時事劇」《鐵冠圖》。此劇在清初已很流行，方志記載順治初年，廣東東莞篁村演《鐵冠圖》，有觀者詩云：「上場人聽下場呼，野老吞聲定有無。落在眼前無避處，何須重看《鐵冠圖》。」〔註41〕雖然並沒有記載具體演出戲目，但是此劇描繪崇禎死前的動作、心理，對這位飲恨含悲的亡國之君表現出無限同情，乃至在座觀看的縣上鄉紳們，

〔註38〕孝農：《長樂老》班本，第三場《諷刺》，《二十世紀大舞臺》，1904年，第1期，第37～43頁。

〔註39〕胎石：《觀長樂老劇憤書》，《二十世紀大舞臺》，1904年第1期，第79頁。

〔註40〕據《申報》的戲院廣告登載，1909年《明末遺恨》已有演出。在民國初年演出場次最多，據筆者統計，其中1915僅新舞臺就演出11次，而全本的《明末遺恨》有43節，類似今天的長篇歷史劇，要數日才能演完。

〔註41〕（清）單興詩，史澄等纂；（清）瑞麟，戴肇辰等修《中國方志叢書‧東莞縣志》，臺北：成文出版社影民國鉛印本。

回去之後抱慚終夕不寐。

　　兩劇之間的傳承關係，也已經有學者研究。如吳新雷的《崑曲劇目發微》，指出《鐵冠圖》在清末民初曾長期盛演不衰，後來京劇藝術家周信芳據此改編為很有影響的《明末遺恨》。〔註42〕而在周信芳之前，新舞臺的演出已經盛極一時。新舞臺演出的版本是姚伯欣所編，根據《申報》載，「《明末遺恨》一劇，即崑劇中之全本《鐵冠圖》也。昔惟崑班演之，自新舞臺鼓吹革命，乃由姚伯欣先生編作京劇。」〔註43〕姚伯欣是《新聞報》的主筆，也是創辦新舞臺的紳商之一。

　　新舞臺的演唱雖然沒有劇本，但演出內容，可以通過劇評，及《圖畫日報》上刊登的劇情相互印證。清末的新知識精英利用報刊等新式轉播媒體，為了使不識字的下層也能閱讀和購買，還推出了圖畫報刊。《圖畫日報》屬於上海道蔡乃煌控制的《輿論日報》──《時事報》系列。與這一類的報刊相比較，《圖畫日報》更具有通俗性的特徵，與舞臺演出相互藉重。刊登在《圖畫日報》上的「新劇」，多是在新舞臺上演過的。《明末遺恨》全本，載於《圖畫日報》1909 年到 1910 年 247 到 249 號的「新劇」一欄。此劇共四十三節，有內容提要。〔註44〕

　　新舞臺版《明末遺恨》的情節，在《鐵冠圖》基礎上做了改編。對比兩劇，新舞臺版本《明末遺恨》去掉了《鐵冠圖》中的〈詢圖〉〈觀圖〉〈別母〉〈亂箭〉。另外，恢復了順治初年《鐵冠圖》所獨有的崇禎登場的情節，即〈撞鐘〉〈分宮〉〈煤山〉。另外《明末遺恨》中特地強化了兩個女性形象，即費貞娥與周后。《鐵冠圖・刺虎》貞娥只有一場戲，主要是刺殺「一隻虎」李岩。但在《明末遺恨》中，刑周、媚賊、索珠、懲奸、結婚、醉岩、刺虎、死貞都是講貞娥的故事，讚揚了貞娥的「愛國」及其膽識。

　　《明末遺恨》的演出在晚清的公共輿論中喚起歷史記憶，和引發對劇中人物的同情。報紙廣告宣稱，演員皆為當時滬上名角。潘月樵的崇禎帝，夏雨潤的李國楨，七盞燈（毛韻珂）的費宮娥，夜來香的周后，及夏月珊的周奎，把亡國之君的悽愴，忠臣死節，姦臣禍國，及其宮嬪貞烈愛國展示的淋

〔註42〕吳新雷：《崑曲劇目發微》，《東南大學學報》（哲學社會科學版），2003 年第 1
　　　　期，第 94～97 頁。
〔註43〕劇本考實：《明末遺恨》，《申報》1913 年 5 月 1 日，第 10 版。
〔註44〕《圖畫日報》《世界新劇》欄：《明末遺恨》，第 247 號到 299 號，1910 年 4 月
　　　　29 到 6 月 20 日。

漓盡致，每次演出必牽動觀眾情感，「均沉默無言」，乃至「痛淚奪眶而出，情亦不禁」。〔註45〕《申報》一篇《戲考》也稱：「新舞臺所編之新戲，以此劇最為聚精會神，有聲有色。前年第一夜排演，鄙人即往觀焉。憶當場有楊公贈以聯云：『國猶忍賣何論友，金不能捐況在軀。』亦可見此劇之悲憤動人，名重一時矣。」〔註46〕

　　王汎森在《權力的毛細血管》中指出，歷史記憶如同權力的毛細血管，在最細微、最日常，和在私人生活空間發揮意想不到的作用。但代與代之間的隔絕遠遠超過我們的想像，每一代人都將身邊存在的資源、現實的關心、生活的需要等，重新整合成為一個有意義的方案。〔註47〕也就是說許多歷史記憶資源必須通過「再發現」，才可能在另外一個時代活躍起來。明亡的歷史記憶被重新喚起和調用，和亡國之恥的意識聯繫起來，通過戲劇的激勵和鼓動，啟發底層人們的愛國愛種之心，來達到一種情感上的認同，從而構建一種情感上的民族共同體。

　　這種歷史記憶，在民眾間喚起的與其說是「反清」的種族意識，不如說是「忠奸之辨」的儒家氣節。巫仁恕教授通過對易代之際的戲劇《萬里圓》的細緻考察，也指出此時民眾的心態主要是對於貪官污吏的厭惡，和對於戰爭動亂造成的流離失所現實的無奈。〔註48〕在《鐵冠圖》中，塑造了忠臣周遇吉的形象。由《鐵冠圖》改編的時事新劇《明末遺恨》，塑造了李國禎和周奎一正一反，一忠一奸，對比更加鮮明，這更符合當時普通民眾的接受心態。

三、春陽社《黑奴籲天》

　　19世紀晚期到20世紀初期，正是列強瓜分非洲之時。非洲接大部分領土都淪為歐洲列強的殖民地，列強禁止原居族群建立自己的國家。但是《黑奴籲天》在國內的翻譯和傳播，最初並非是源自對非洲或者是美國黑奴的認知，最直接的導火索是華工事件。鴉片戰爭後，華工被販賣出洋到各地做苦工，被販賣的地點，從東南亞到大洋洲，從南、北非到拉美、北美，幾乎遍及

〔註45〕《申報》廣告，《申報》本埠增刊1935年5月13日。

〔註46〕吳下健兒：《明末遺恨》，《申報·戲考》，1911年11月13，《申報》第2張後幅第3版。

〔註47〕王汎森：《權力的毛細管作用——清代的思想、學術與心態》，北京：北京大學出版社，2015年，第534～571頁。

〔註48〕巫仁恕：《明清之際江南時事劇的發展及其所反映的社會心態》，中央研究院近代史研究所集刊，第31期，第1～48頁。

世界各地，數量起碼不下數百萬人。他們大多是破產農民，這樣的血腥貿易和販賣黑奴的性質是一樣的，只不過多掛出一塊所謂「自由移民」的欺人招牌。尤其是輸入美國的華工，對於西部大開發起到重要作用，但是 20 世紀初美國卻頒布華工禁約等法令。

1902 年，《京話日報》報導了華工被虐待事件。此白話報是梁濟的兒女親家彭翼仲所創辦，白話報也是晚清下層啟蒙的重要方式。《京話日報》最初幾年，一直被大眾漠視，報紙陷入嚴重的財務危機。梁濟自身並不富裕，卻竭力資助報紙。資助的錢或來自典質，或臨時挪用他款。他們利用讀報亭的方式，來普及報紙。之後的公立閱報處，通俗演講所，都是由此演變而來。報紙也由此流佈北方各省，大為風氣先導。自 1876 年，在《萬國公報》《字林滬報》等都有關於華工的報導，但沒有白話報這般能夠抵達下聽。《紹興白話報》《杭州白話報》相繼報導後，圍繞這一事件形成一股強大的輿論力量。在華工事件刺激下，林紓於 1902 年把斯托夫人作品翻譯成為《黑奴籲天錄》，林紓自序中曰：

> 「吾與魏君同譯是書，非巧於敘悲，以博閱者無端之眼淚。特
> 為奴之勢延及吾種，不能不為大眾一號。近年美洲屬禁華工，水步
> 設為木柵，聚數百遠來之華人，柵而之一禮拜釋其一二人，或逾越
> 兩禮拜，仍弗釋者，此即吾書中所指之奴柵也。向來文明之國，無
> 私發人函，今彼人於華人之函，無不遍發，有書及美國二字，如犯
> 國諱，遄逐不遺餘力，則謂吾華有國度耶，無國度耶？觀哲而治與
> 友書，意謂無國之人，雖文明亦施我以野蠻之禮，則異日吾華為奴
> 張本不即基於此乎。」〔註49〕

晚清的翻譯是跨文化的旅行，林紓的《黑奴籲天》把斯托夫人的小說從原來的文化脈絡中剝離出來，安置到一個亡國滅種危機的語境之中。《黑奴籲天》出版後引起很大反響。有讀後感曰，讀第四十三章哲而治與友人之對話，說有國家和無國家之人有霄壤之別，「回念同種羈絆美洲，坐聽白人夷滅吾種，比振興國民之氣，力保種以驅外辱。」《中外日報》刊登《黑奴籲天錄書後》：「今而直亡國之恫，為奴之慘，乃至是乎！」〔註50〕《新民叢報》一首題詩更直抒憂患之情：專制心雄壓萬夫，自由平等理全無；依徵黃種前途事，豈獨傷心

〔註49〕桐城吳芝瑛：《春陽社黑奴籲天新劇紹介》，《申報》1907 年 11 月 2 日，第 20 版。
〔註50〕匯論：《黑奴籲天錄書後》（錄中外日報），《南洋七日報》，1902 年第 19 期，第 15 頁。

在黑奴。〔註51〕亦有人將禁華工事與《黑奴籲天》相聯繫：「厲禁華工施木柵，國權削盡種堪哀。黑人可為前車鑒，特為黃人一哭來。」〔註52〕比起波蘭、印度等亡國的借鑒，華工事件更為民眾所理解，將黑奴與黃種相類比。

清末通俗教育的宣講會中，把《黑奴籲天》作為宣講的小說之一。〔註53〕提要為「述美人蓄奴之殘酷，可以動人道之感，增愛國之心。」〔註54〕而1906年，學部又把這部書列入教科書中。在學校教育和社會教育兩個層面，都有效傳播了關於黑奴的知識。從學部採擇的宣講書目表來看，有很多西方翻譯的書籍，而且一般用白話體。

《黑奴籲天》通過小說、宣講、圖畫等在民間傳播，隱喻亡國滅種的民族危機，並且化為鮮明的黑人奴隸的形象。通過這個形象，漸漸生產出受奴役是因為有「奴性」的認識。亡國奴的形象，變成對任何一個民族都可能墮入的歷史深淵的隱喻性的和文字上的表述，原來所攜帶的種族意識反而不被強調。亡國奴也超出了「黑奴」的範疇，只要是有奴性皆為「亡國奴」，吸食鴉片也變成奴性的一種。所以，不難理解，《黑奴籲天》之後，新舞臺所編演《黑籍冤魂》大受歡迎。此劇痛沉鴉片之危害，使國窮民弱，漸入亡國之境，禁煙便成為晚清公共空間的重要事件。

1907年，王鐘聲以禁煙委員的身份在上海進行活動。這一年6月23日，張園舉辦禁煙慶祝大會，王鐘聲上臺演說煙害，「言辭淋漓痛快，在座千餘人鼓掌之聲雷動，由是『王鐘聲』三字遂大噪於上海。」〔註55〕在座的沈敦和、馬相伯等士紳，聆聽王鐘聲言論，大為歡服，於是邀其組織「春陽社」。王鐘聲（1880～1911），〔註56〕為同盟會會員，鐘聲此藝名取自「鐘聲木鐸」，即

〔註51〕醒獅：《題黑奴籲天錄後》，《新民叢報》《詩界潮音集》1903年第31期，第126頁。
〔註52〕《黑奴籲天錄》，《國民日日報彙編》《黑暗世界：詩歌類》，1904年第4集，第102頁。
〔註53〕1902年開始舉辦新政之後，招集有一定文化程度的認為宣講員，培訓一月，即支付薪水宣講。規定宣講的時刻，規定為每日午後一鍾至四鍾。宣講地區涉及城鎮街市，通衢鬧市、人煙稠密之地，也涉及距城鎮較遠之處村落，要求宣講人，「有積於言之先者，以誠意相感召，乃可動聽者之精神。故無論莊語、諧談、巴歌、里諺，必以真誠之意出之。」（清）馮煦主修，陳師禮總纂：《皖政輯要》，黃山書社，2005年，146頁。
〔註54〕（清）馮煦主修，陳師禮總纂：《皖政輯要》，黃山書社，2005年，第150頁。
〔註55〕朱雙云：《新劇史‧春秋》，上海：上海新劇小說社，1914年，第6頁。
〔註56〕如《上海文學誌稿》，詞條王鐘聲，記載1880～1911。而熊月之主編《大辭海

為革命吶喊之意。他生在一個官僚家庭，光緒二十年（1894 年）至上海學習外文。光緒二十四年，自費到法國攻讀法政。1906 年回國後，初在廣西巡撫處當幕僚，後任法政學堂監督和洋務局總辦。他認為「宣傳的辦法，一是辦報，二是改良戲劇。」〔註57〕於是他不顧家人反對，離開廣州到上海。並在汪笑儂和馬相伯的幫助下，組織起「春陽社」（圖1-1）。

王鐘聲和上海自治精英的合作，也是改良派和革命派的聯合。〔註58〕在1908 年之前，激進學生和職業革命家在政治舞臺上扮演著重要的角色。但是在1908 年之後，關鍵的角色落到另一群人身上，他們就是改革派精英。這是一個由商人、紳商以及新式士紳結合而成的兼具進步思維和商業導向的新階層。〔註59〕在20 世紀的前十年，這些改革派精英決然轉向了民族主義。他們積極利用新式媒體作為其傳播思想和下層啟蒙的工具，尤其是報刊雜誌。這些報紙包括地位崇高的口岸報紙《申報》，推行地方自治的《東方雜誌》，及其作為梁啟超和其他進步分子喉舌的《時報》等。這些報人形成了一個新興的中間階層。〔註60〕《時報》的大部分報人都是江蘇省教育總會的成員，總會創建於1905 年，組成人員包括教育家，立憲派，和自治運動領袖。清政府在1906 年承諾立憲改革後，江浙立憲運動頗為活躍，馬相伯也屬於這一集團。

故而春陽社應該放入清末戲曲改良的脈絡，而不是春柳新劇的脈絡。〔註61〕春陽社和江蘇省教育總會舉辦了許多活動，宗旨在於用戲劇達到社會教育之目的。1907 年11 月26 日，春陽社召開初次特別會議。主席沈仲禮宣布開會宗旨，

中國近現代史卷》，1874～1911，多數人慨歎其就義時比較年輕，1880 比較合乎情理。多數資料指出其為浙江人，但是又有說他帶有雲南口音。

〔註57〕梅蘭芳：《戲劇界參加辛亥革命的幾件事》，《戲劇報》，1961 年9 月28 日，第1～18 頁。

〔註58〕在晚清最後時間裏，兩股政治力量漸漸走向聯合。（季家珍，第9 頁）沙培德也指出，成功的士紳和商人間的新聯盟開始起作用，因此，只是關注資產階級還是關注士紳都是誤導性的。沙培德（Peter Zarrow）：《戰爭與革命交織的近代中國（1895～1949）》，高波譯，北京：中國人民大學出版社，2016 年，第48 頁。

〔註59〕羅威廉（William Rowe）著，李仁淵、張遠譯：《中國最後的帝國：大清王朝》，臺北：臺大出版中心，2013 年，第284 頁。

〔註60〕〔加〕季家珍（Joan Judge）著，王樊一婧譯：《印刷與政治：〈時報〉與晚清中國的改革文化》，廣西師範大學出版社，2015 年，第60 頁。

〔註61〕臺灣學者鍾欣志在「重探『春陽社』」一文中指出，春陽社演出的《黑奴籲天》更適合放在改良戲曲而非早期話劇的脈絡下解讀，筆者也同意此觀點。鍾欣志：《劇場變革的社會動力——重探清末春陽社》，傅瑾、袁國興主編《新潮演劇與新劇的發生》，北京：學苑出版社，2015 年，第176～192 頁。

之後即奏新編國樂，「社員全體高唱社歌」，慷慨激昂令人憤發。繼而由沈仲禮、馬相伯等發表演說，闡明該會「為輔助社會教育說演之不及」，「社員當集合團體，互愛其群，反覆推敲。」〔註62〕社員選出來的評議員為陳潤夫、廉慧卿、廉勵卿、談小蓮。陳潤夫為上海天順祥棉衣公司老闆，又曾任上海商務總會總理。廉慧卿、廉勵卿是吳芝瑛的兒子。而談小蓮是上海《小說七日報》的主編，此報1906年8月創刊，後改名為《改良戲曲報》。談小蓮為海鹽人，做《孝娥記》。《小說七日報》，為週刊，設有小說、劇本、傳記、時評等。其中刊登新劇《烈士投海》，此劇後來也成為新劇的保留和常演劇目。

　　1907年農曆九月，通鑒學校以「春陽社」的名義舉行了第一次公演（圖1-2）。這公演的劇本，並非是來自日本春柳社的《黑奴籲天》，而是根據林紓的譯本，「由許嘯天給他們編的，是借博物院路的蘭心大戲院演出。」〔註63〕蘭心戲院在當時上海舞臺中，設置和規模首屈一指。蘭心戲院先是木製結構，後遭火焚。1874年1月27日在圓明園路口（今博物院路），臨近英國領事館的地方，重新修建了一座更完美的蘭心大劇院。重建之後的戲劇設備更加完善，音響效果也更好，臺上唔歎一聲，樓上後座也可以聽得到。

　　春陽社借臺演出前，蘭心戲院上演的話劇都是用西文，而且故事也是西洋的，所以其演劇、看戲的圈子，僅圍於外僑範圍。國人很少涉足，一是因為內容的隔閡，二是因為票價太貴。春陽社的演出是以為雲南旱災籌款的名義發起，「雲南旱災，尚需急賑之際，茲籌捐早成弩末，托缽之技已窮，發棠之請彌切。爰集商、學兩界客串，並邀丹桂菊部諸名伶登臺助演。」〔註64〕正巧三天為西人賽馬會，圓明園戲院空閒正好可以租用。

　　王鐘聲在蘭心戲院的演出，把本土的觀眾帶到這裡，皆對其燈光布景讚歎不已。當時親歷者兼新劇演員徐半梅曾講：「一般的觀眾，一向在舊戲院中，除了《洛陽橋》、《斗牛宮》等燈彩戲有些彩頭外，這確是初次看見。而且蘭心的燈光，配置的很好，當然能使臺下人驚歎不止。」〔註65〕關於春陽社演出《黑奴籲天錄》的情況，《申報》中也有報導。1907年11月1日《申報》刊登消息：「本社係商、學界組織而成，新排《黑奴籲天》，專為喚醒國人。是劇

〔註62〕《春陽社開會紀事》，《申報》1907年11月26日，第19版。
〔註63〕徐半梅：《話劇創時期回憶錄》，北京：中國戲劇出版社，1957年，第19頁。
〔註64〕《春陽社演劇助賑記》，《申報》1907年11月1日，第20版。
〔註65〕徐半梅：《話劇創時期回憶錄》，北京：中國戲劇出版社，1957年，第19頁。

本西國名搆，今譯成華詞，譜為新劇，……皆令人可泣可歌、可驚可愕。而詼諧處尤足拍案叫絕。至所裝園林山水、風雪精緻，惟妙惟肖，恍如身入書畫，為吾中國所創見。」〔註66〕

春陽社的演出是新舊參半的。正如時人所指出，「其戲以布景寫實為主，惟舉動仍用舊式。」〔註67〕其演出像西方戲劇那樣分場分幕，但是「人物登場時，仍然用念引子或上場白自報家門」，這恰恰是京劇的特點。更有甚者，「在運用對白的同時，又用鑼鼓唱皮黃；有的人物仍然揚鞭上馬。」「不管是劇本編寫、演出形式和表演等各方面，都未跳出時事京劇的框框。」〔註68〕但是畢竟是在西式的劇場，舞臺設置的改變倒逼戲劇形式的改編。當時人還是稱之為「專以西法演戲者」，「因之特創一格，革除鑼鼓歌唱，以及舊劇上所有一切特異之點，而悉以自然之體態出之，是即戲劇界別開生面之表情新劇也。」〔註69〕此後便有了「表情新劇」的稱謂。

從《申報》「春陽社演劇助賑記」報導所見，當時演出共有十二齣。分其目曰：送學、索債、規夫、別妻、竊聽、夜遁、落店、索奴、追逃、遇友、取湯、贈別。有戲評寫道：「販子海流悍橫絕倫，固足令人髮指，而其妻獨能深明大義，反覆規勸。一種慷慨激昂之概，殊足令人動容。至『黑奴別妻』一段，尤為描寫入神，天愁地慘，雖鐵石心腸，亦將感動。他如『夜遁追逃』等齣，其顛沛流離、奇危極險之象，輒令人驚駭莫狀。甚至酸鼻墮淚，不忍觸目。」

《黑奴籲天》的傳播，在晚清的公共空間中具有重要的意義。對於知識階層而言，《瓜種蘭因》中波蘭被瓜分，《女子愛國》中印度被瓜分，給中國人提供了警示作用。反殖民主義的鬥爭，如菲律賓反抗美國，布爾人反抗英國，為中國人提供了榜樣。梁啟超在遊歷了夏威夷等地，意識到了帝國主義的「亡國新法」，並不是改朝換代王朝更替，而是種族意義上的「亡國滅種」。這個理解的可怕之處在於：現代帝國主義並非來源於傳統強權，而是來自單一民族的民族主義擴張。典型的就是英國，這種「民族帝國主義」根源於民眾對經濟擴張主義的支持。而對抗的方式，只能是像敵人那樣動員自己的國

〔註66〕「春陽社演劇助賑記」，《申報》1907年11月1日，第20版。

〔註67〕韓補青：《談戲拾零五》，《補庵談戲第一集》，1924年鉛印本。

〔註68〕柏彬：《我國話劇的來源及其形成的探索》，《戲劇藝術》，1979年第2期，第85～92頁。

〔註69〕《清季滬上新劇之三派》（一），《大公報》《劇談》（天津版），1925年4月6日，第8版。

民。〔註70〕這反映了達爾文進化論，和源自西方的種族主義在全球的轉譯。

但是《黑奴籲天》並沒有變成一部大眾流行的戲劇。實際上，在晚清的大眾戲劇舞臺上，非常賣座是另外一部表現鴉片危害的新劇《黑籍冤魂》。在民國之後，《黑奴籲天》演出漸少，以新舞臺 1915 到 1916 年的演出統計，一共演出 7 次，而《黑籍冤魂》是 19 次。此後，《黑奴籲天》漸漸退出市場。

1917 年，劉半農翻譯的版本變名稱為《湯姆之小屋》。〔註71〕到 1920 年，鴛鴦蝴蝶派作家姚民哀在《小說新報》上唱歎：「此書（《黑奴籲天》）遂不脛而走行，銷不可勝，算一時盛名無與倫比。及今回思，已陳成跡！熱潮既過，迅變灰冷，此時再有談之者，則又群起而斥為不達時務矣！《黑奴籲天錄》之無人顧問，即可代表群眾心理矣！」〔註72〕姚民哀此言，是為林紓抱不平。但是通過《黑奴籲天》漸受冷遇看到，種族觀念在中國普通民眾心目中，始終沒有扎根。當時國人宣傳和接受這部劇，是為了警惕淪為亡國奴，而不是具有人種和種族的觀念。從《黑籍冤魂》的流行可見，民眾更為痛恨販賣和吸食鴉片，這也是造成國人孱弱和淪入亡國滅種境地的關鍵因素。

北方和南方的戲劇改良，其運動的主體不同。北方以下層士紳為主，南方以上海紳商和學生團體為中心，兩者之間也有諸多的聯合和合作。1909 年，應北京名伶田際雲邀請，王鐘聲和劉藝舟北上，和田際雲的班子同臺演出。改良戲曲和新劇也現了共享的劇目庫，例如梅蘭芳曾經提及，「我那是也看多王鐘聲主演的《禽海石》《愛國血》《血手印》等新戲，我以後排演時裝戲就是受他們影響，其中《宦海潮》那出戲，還是根據鐘聲演出的新劇改編為京劇的。」〔註73〕京劇和新劇也經常同臺演出，歐陽予倩在談到王鐘聲時也說，「他在上海就曾和京劇演員合作演出過一些戲」，「當時他能夠一個人打進京戲班子，又組織春陽社那麼大規模的演出，後來他還帶著幾個人到北京跟楊小樓、尚和玉這些大角色同臺演出。」〔註74〕不僅京劇演員演新劇，不少新劇演員也演出京

〔註70〕〔美〕沙培德（Peter Zarrow），高波，譯：《戰爭與革命交織的近代中國（1895～1949）》，北京：中國人民大學出版社，2016 年，第 77 頁。

〔註71〕劉半農：《靈霞館筆記·縫衣曲》，《新青年》1917 年 6 月第 3 卷第 4 期。

〔註72〕民哀：《談海·花萼樓隨筆》，《小說新報》1920 年第 6 卷第 10 期。

〔註73〕梅蘭芳：《戲劇界參加辛亥革命的幾件事》，《戲劇報》，1961 年 9 月 28 日，第 1～18 頁。

〔註74〕歐陽予倩：《談文明戲》，《中國話劇運動五十年史料集》（第一輯），中國戲劇出版社 1958 年版。

劇，演出的劇目，也是相互借用移植，相互影響。在京劇的時事新戲中，常常像新劇那樣，插進大段鼓動人心的演說，有時還把演說詞編成戲詞來唱。演出新劇時，又加唱京劇和其他地方曲調。

圖 1-1　春陽社創始人王鐘聲

資料來源：《新劇雜誌》1914 年第 1 期圖畫。

圖 1-2　春陽社全體社團扮演《黑奴籲天》攝影。
春陽社為男班，女角由男旦扮演

資料來源：《新劇雜誌》1914 年第 1 期，圖畫。

四、革命新劇

革命新劇主要指的是在春陽社影響下，出現的新劇劇團。「進化團」是早期新劇的一個重要團體，其「天知派」新劇的名號曾經風靡大江南北，專司演講的「言論派」正生角色也自「天知派」始而名聞。這一類型的革命新戲，在辛亥革命前後比較盛行，他們把這種演劇自稱為「新劇」。

1908 年任天知自日本回國回國，和王鐘聲一起創辦通鑑學校。此後進化團的成員，出自這個培訓班的比較多。有評論家指出：「一言以蔽之，上海各式戲院而蟬蛻變化，以及今日新劇排演出，如是之多，及布景種種之發明，無不濫觴於通鑑學校。」〔註 75〕在此之後，南方各地伶界聯合會紛紛舉辦通鑑學校，「召集青年學子數十人，開辦通鑑學校，專聘文學、音樂、絲竹各藝師分班教授。每日上午仍習國文、歷史、地埋、體操諸科，下午則授以改良警世新劇，以造就名角，整飭伶界為目的。」〔註 76〕這一系列通鑑學校皆是以改良戲曲，演習新劇為目的。

關於任天知的生平閱歷有多種說法。任天知自己曾說自己是旗人，但又說是臺灣人，入了日本籍，因為做了日人藤堂氏的養子，所以又叫藤堂調梅。〔註 77〕朱雙雲在所編《新劇史》中說任是「世滿洲而籍臺灣」。張庚在文章則指出任天知「是一個隱名的革命活動家。」〔註 78〕總之，任天知的這些多重身份有利於他開展新劇活動，依靠自己特殊的身份和高明手腕多次化解查禁。他會用旗人文印的名片去見地方政府的長官，用日本人藤堂調梅的名片去見日本領事，仗著自己旗人，日本人的多重身份請求保護，常有奇效。例如當進化團在蕪湖演出遭到查禁時，任天知電請南京日本領事館保護，日本領事打電報給蕪湖警察廳廳長，「為辭甚厲」，廳長遂撤其禁。〔註 79〕

辛亥革命前夕，任天知在上海登報招聘人員組織進化團。本名「進行團」，「恐為當道見疑，遂經團員公議，易其名曰進化。」〔註 80〕領導者為任天知、溫亞魂，先後加入的主要成員有汪優游、錢鋒辛、顧無為、蕭天呆、陳大悲

〔註 75〕鴻年：《二十年來新劇變遷史》，《戲雜誌》，1922 年創始號，第 35～37 頁。
〔註 76〕《通鑑學校開幕記》，《民立報》，1912 年 10 月 19 日第 8 版。
〔註 77〕歐陽予倩：《自我演戲以來》，北京：中國戲劇出版社，1959 年，第 13 頁。
〔註 78〕該文載《戲劇報》1955 年 1 月第 11 頁，轉引自柏彬：《中國話劇史稿》，上海：上海翻譯出版公司，1991 年，第 17 頁。
〔註 79〕朱雙雲：《新劇史》，上海：上海新劇小說社，1914 年，第 16 頁。
〔註 80〕朱雙云：《新劇史·春秋》，上海：上海新劇小說社，1914 年，第 13 頁。

等。進化團於宣統三年（1911 年）初，打出「天知派新劇」的旗號，首演於南京升平大戲院，連演三個月，主要劇目有《血蓑衣》、《俠女鑒》、《東亞風雲》。其中《東亞風雲》在上海也多次演出，觀者擁堵，人心激昂。

《東亞風雲》又名《安重根刺伊藤博文》，講述朝鮮愛國者安重根刺殺日本首相伊藤博文的史實。故事背景是日本在明治維新之後，帝國主義形成，其對於周邊侵略的野心也越來越膨脈。朝鮮首當其衝，在日本有預謀的一系列策劃下漸入亡國之境。亡國後的李完用傀儡政府，更是腐化墮落，投敵賣國。朝鮮民族志士安重根，趁日本首相伊藤博文去中國東北之際，於清宣統元年（1909 年）九月某日，在駛向滿洲里的火車上，成功刺殺了伊藤博文，血書「朝鮮獨立」四字於旗幟。任天知表演安重根時，穿插激烈的演講，頗能振聾發聵，啟迪民心。新民社時，鄭正秋把這部劇改為《朝鮮閔妃》，《新劇考證百出》中有《高麗閔妃》。〔註81〕

日本於 1905 年擊敗俄國，德國又在一戰中戰敗，日本趁機控制了東北以及內蒙古大部分地區。1910 年正式吞併了朝鮮，並覬覦德國在山東的殖民權益。《東亞風雲》的編演，和《瓜種蘭因》、《黑奴籲天》一脈相承，仍然是在警示亡國和被瓜分危機，影射時政激勵國人。朝鮮與中國一衣帶水，唇亡齒寒。這一類劇目，或抨擊時政，或揭露帝國主義侵略的野心，在革命形勢下，受到民眾歡迎，天知派新劇也名聲遠播。進化團演出的成功及其影響，引起了清政府的疑懼。

革命新劇不僅是在江南一帶，更是擴展到全國各大城市。因為新劇演出和宣傳者多為革命黨人，故而經常被禁止。例如在漢口，辛亥革命前湖北都督禁止演出新劇稱：「漢口近有醒世聯合社社長溫競歐，邀集學界中人編演新劇以鼓動士氣。茲聞該社已租定棉花街榮華戲園舊址，改名為楚舞臺。業已布置完全，準備不日開演。事為瑞制軍所聞，以該社均激烈派中人所組合，所演新曲專於嘲笑怒罵輕侮官場，宗旨頗不純正。特飭關巡二道禁其開演，並函知各領事，通告各洋商，不得為之出面掛旗，且不令在租界內開演。」〔註82〕湖廣總督瑞徵以任天知鼓吹革命、蠱惑人心的罪名，電請朝廷下令拘捕，迫使進化團不能在漢口演出，倉猝逃回上海。

辛亥革命勝利後，在革命熱情持續的鼓舞下，進化團在上海又編演了《共

〔註81〕鄭正秋：《新劇考證百出》，上海：上海圖書集成公司，1919 年。
〔註82〕《鄂督禁演新劇原因》，《申報》1911 年 07 月 25 日，第 12 版。

和萬歲》、《黃金赤血》等時政劇。在這些劇目中，都專設發表政論演說的角色，即使和劇情沒有關係，演講者也能任意發揮，嬉笑怒罵。但是，隨著社會形勢的轉變，新劇需要一種新的內容和形式適應新的觀眾要求。任天知曾經帶領劇團嘗試商業化的演出，和新新舞臺合作，在前半時段演出京劇，後半時段演出新劇。但是前半時段京劇的演出往往會佔用太多的時間，輪到新劇時，演不完就到了法定的關門時間，經常被迫中途停演，招致觀眾非議。朱雙雲曾經在《新劇史》中提及：「首夕演日本小說《鬼士官》，演未及畢，時促而止，四座大嘩。二夜演《情天恨》，亦未演畢，神龍見首，座又大噪。」〔註83〕最終導致營業日衰，進化團無形中解散。

在戲劇史論及話劇起源，一般會談論到「天知派」新劇。以上我們從進化團與王鐘聲春陽社，通鑒學校之間的傳承關係，看到新劇和改良戲曲之間的聯繫和行動者網絡，比之日本留學生驚鴻一瞥的演戲影響更為直接。

1907 年，雲南同盟會會員楊振鴻途經越南，看到越南亡國後人民被奴役欺凌的慘狀，編寫了《苦越南傳奇》。這部戲劇後來也名《亡國恨》，是一部流傳很廣的戲劇。20 世紀初，亞洲諸國漸淪為殖民地，而日本崛起進入帝國主義行列，中國民族危機日益嚴重。除了以較為遙遠的國家和黑色非洲為亡國之鑒，給國人以直接震撼的莫過於朝鮮、越南等國漸漸被侵佔。這些戲劇，並沒有直接譴責帝國主義的侵略，而是強調和顯示了國內的腐化墮落，貪官污吏和賣國賊，造成了民族的衰落。這些警示「亡國」的戲劇，強調一國被瓜分之後，內部經濟被掠奪，民眾不能講本國語。晚清戲劇通過如許方式，將警示注入人心，並召喚著民族主義的形成，和在此號召下的統一行動。這種民族主義是誕生自恥辱而非是自豪。

五、學生演劇

學生階層的興起是晚清最重大的事件之一。新式學校的舉辦，培養了新興的學生知識分子。自維新變法以來，一些思想較新的士紳認為改良學堂和學校教育，是培養人才，促進政治進步的重要途徑，經常向學生介紹新的思想言論，鼓勵學生閱讀新式報刊。在他們的影響之下，青年學生的思想逐漸發生變化。1902 年，上海南洋公學發生學潮，這並非個案，各地學潮相繼興起，顯示青年學生開始追求民主自由，反抗專制權威。在 1903 年到 1904 年，

〔註83〕朱雙云：《新劇史・春秋》，上海：上海新劇小說社，1914 年。

國內的學生運動已經發展起來。1903 年的拒法運動中，參加者除了立憲派人士，中國教育會成員外，學生界有愛國學社、育才學堂、愛國女校、務本女校學生，共一千二百人。這是清末學生參加政治運動的開端，至此政治運動由士大夫階層擴大到青年學生界。〔註84〕1904 年，針對俄國對東北之佔領問題，發生學生運動。至 1905 年美國禁約虐待華工事件發生後，學生運動真正發展起來，聯合抵制美貨，首次發起了反帝抵制運動。

中國的學生階層就此大規模產生，並走向了政治舞臺。新興的學生群體通過內容極其激進的宣傳品，群體集會和示威遊行等，主要是反對迫在眉睫的帝國主義的威脅。所以，在學生群體編演的新劇中，反對種族主義和帝國主義的成分更多。學生界對於迫近的社會危機，經常率先表現出強烈的關心。二十世紀初期，中國態度最明顯的激進派和反帝派，產生於學生階層。

早在春柳社之前，上海就已經出現了學生演劇。甚至可以認為，春柳社的演出也是學生演劇的組成部分。春柳社發起人之一李叔同，在留學日本之前，就曾經主管「滬學會」的「演劇部」，利用演劇進行籌款賑災等活動。春柳社首演《茶花女》，是為江淮災民籌款，由此我們幾乎可以認為東京的演劇活動是上海學生演劇傳統的繼續。

在學生演劇之前，已經有西方僑民的演出。根據資料顯示，1843 年上海登記居住的外國人只有 26 人，第二年只有 50 人，到 1860 年為 569 人，至1865 年已高達 5000 人。〔註85〕上海外國僑民組織的 A.D.C 劇團是蘭心戲院的主要演出者，並於 1867 年 3 月 1 日，創造了蘭心戲院的首場演出記錄。隨著外國人的不斷湧入，西方物質文明的吸引，開啟了中國人接受西方文化的大門。租界內經濟的發展促進了都市人口的增長，而生活節奏的改變則使得市民階層更容易接受外來文化，並為國人普遍所接受，尤以演劇方式對我國傳統戲劇的衝擊最大。

中國人最初看西方的演劇，對於西方伶人地位之高感到困惑。尤其是西人風俗以學生演劇，與中國迥然不同，這就更令他們不明白了。這些疑惑可以在一些早期遊歷歐美者的筆記中找到。例如曾隨李鴻章赴歐美考察的蔡爾康，對

〔註84〕李達嘉：《商人與共產革命：1919～1927》，臺北：「中研院」近代史研究所，2015 年，第 49 頁。

〔註85〕程華平：《中國小說戲劇理論的近代轉型》，上海：華東師範大學出版社，2001年，第 230 頁。

外國伶人可以和政府官員平起平坐，甚至以此招待外賓的禮節頗感到驚奇，故而在其筆記中特別提到：「英俗演劇者為藝士，非如中國優伶之賤，固戲園主人亦可於冠裳之列。」〔註86〕王韜在《漫遊隨記》中也道：「習優是中國浪子事，乃西國以學童為之，群加讚賞，莫有議其非者，是真不可解矣。」〔註87〕

　　在中國「無心插柳柳成蔭」，傳播和促成學生演劇的是教會學校。十九世紀六、七十年代，在北京、上海、天津、廣州等城市，已經有了教會興辦的學校。在上海，聖約翰書院和徐匯公學，都是較早創辦的有影響的教會學校。教學之餘，他們還會組織學生用英語或法語等編演聖經故事或者是其他短劇，用來慶祝宗教慶典或校慶等活動。尤其是聖誕節，當天必定會有戲劇表演以示慶祝。在他們看來，這樣既教授了語言，又傳播了教義和文化。

　　1899 年，上海聖約翰書院就有了學生演劇的記載。朱雙雲在《新劇史》一書中說：「乙亥冬十一月，約翰書院學生，於耶穌誕日，節取西哲之佳言懿行，出之粉墨，為救主復活之紀念。」這可以看作是近代西洋戲劇被國人搬上舞臺的開始。聖約翰書院演劇之後，上海的學生界開始興起了一股業餘演劇的風潮。徐匯公學在聖約翰之後也演出。朱雙雲說：「徐匯公學踵而傚之。然所演皆歐西故事，所操皆英法語言，苟非熟諳蟹行文字者，則相對茫然，莫名其妙也。」李叔同在南洋公學讀書期間，這個學校就經常演出新劇。《新劇史》記載，1903 年南洋公學演劇，「是年適丁拳亂」「取《六君子》《義和團》事編成新劇。」1906 年，李叔同在上海滬學會演劇任「主事」，編演《花子拾金》舊劇，「而此後為新舊劇之雜然並奏者，實自此始。」〔註88〕

　　隨著學生演劇的頻繁，漸漸不再限於學校內部，他們開始組織社團在校外演出。其中汪優游發起的「文友會」，可算作第一個專為演戲而成立的業餘演劇團體。據汪優游回憶，1906 年，文友會演出《捉拿安德海》、《江西教案》等三齣戲。演出效果不佳，不久就解散了。是年夏天，上海又成立了一個「學生聯合會」，假座寶善街春仙茶園開了一次遊藝會，汪優游也參與其內。這次的表演是學生假座營業戲院的開始。〔註89〕此類表演，當時社會皆稱之為「學生戲」。1906 年末，朱雙雲、汪優游、瞿保年、王偉生、周啟明、張汝范諸位

〔註86〕蔡爾康：《李鴻章遊歷歐美記》，長沙：嶽麓書社，1986 年，第 151 頁。

〔註87〕王韜：《漫遊隨錄》，長沙：嶽麓書社，1985 年，第 141 頁。

〔註88〕朱雙云：《新劇史·春秋》，上海：新劇小說社，1914 年。

〔註89〕汪優游：《我的俳優生活（三）》，《神會月報》，第一卷第 2 期，民國 23 年（1934 年）7 月 15 日，第 92 頁。

同學「慨國勢陵夷，教育之不普及」。〔註90〕因而在上海召集各校演新劇的積極分子，組織了「開明演劇會」。這個時期學生通過演劇來籌款，已經變成一種普遍的形式。在朱雙雲的《新劇史》中記載的學生演劇團體，大多數是為了籌款而建立，籌款演劇過後又解散。

　　初期的學生演劇主要是在聖誕、校慶上，之後在報紙上所見的學生演劇，多是為賑災募捐或者是學校籌款等的公益演出，後來這些漸漸走向了商業化的道路。甲寅中興之後社團的成員，很大一部分來自這些人員。學生演劇活動不僅僅在上海，還波及到廣州、香港、蘇州、杭州、天津等地。1913 年，隨著革命形式的轉變，革命類的新劇已經漸漸消退了，但是改良新戲、及其學生演劇卻匯入了商業化的演出浪潮而盛行起來。學生演劇團體為 1914 年的甲寅中興積蓄了人員，甲寅中興後的劇團幾百，演員數千，其中部分來源於此。

小結：觀劇的情感政治

　　戲劇在晚清的公共輿論形成中起到重要作用。正如徐國琦在一戰的研究中指出，在 1900 年，我們看不到任何全國性的公共示威，但是在 1905 年反對美國排華法案時，群眾抗議活動已經組織良好，目標明確。〔註91〕從亞里士多德的詩學以來，認為藝術和生活是分離的。而中國的藝術，從來沒有脫離文以載道的精神。雖然戲劇被視為小道，但是戲劇從「優孟衣冠」就可以具有其諷喻的功能，也具有控訴的功能。在晚清危機下，戲劇的功能重新被調動，並且有效進行全民動員和團結，召喚民族記憶。

　　在近代民族國家形成之前，很久以來，漢民族認同已經存在，中國人無需擔心自己的民族認同，中國性被視為理所當然。這和近代的民族國家觀念並不相同，民族國家首先是 19 世紀歐洲的地理觀念，然後在安德森所講的印刷文化下形成了「想像的共同體」。在 20 世紀翌始，中國人必須重新確立一種民族認同和身份。

　　戲劇演出，促進了「想像的共同體」的形成，達成一種屬於團結在一起的感覺。戲劇可以調動的歷史記憶和資源，包括原型的民族主義，歷史文化認同，及其儒家思想等。但不僅限於此，晚清的言論空間也有移植來的現代

〔註90〕王衛民：《辛亥革命前後的戲劇運動》，《戲劇論叢》，第 4 期，1981 年 10 月，第 167～168 頁。

〔註91〕徐國琦著，尤衛群譯：《亞洲與一戰：一部共有的歷史》，四川人民出版社，2020 年 5 月，第 27 頁。

民族國家觀念。現代「殖民」的「滅國新法」，以語言等的喪失和文化的改變為標誌的，和舊的亡國觀念完全不同的現代亡國觀念，也通過戲劇得到傳播。這些思想抵達下聽，在民眾間產生影響，則是在晚清各階層共同的努力下達成的。無論是改良派、革命派，學生群體，還是下層知識分子和具有先進思想的藝人，都參與了這一過程。而且，士紳階層和革命者之間的界限也很模糊，很多革命者是來自士紳家庭，是這些人的學生或者兒女，而他們之間，通過師友、同鄉、婚姻等都聯繫在一起。

馬克思・韋伯也指出，19 世紀晚期，民族─國家變為合法的強有力的壟斷形式。但僅僅依靠邊界和政權意義上解釋是不夠的，因為民族國家也依靠人們對民族的身份認同。而民族主義和民族身份認同，在很大程度上是依靠共同的歷史記憶。〔註 92〕文化民族認同來源自於文化認同，這種認同在民間可能是祖先祭祀禮節儀式，儒家思想與道教佛教，也可以豪傑和忠良，霸主與偉業，以及漢語本身。〔註 93〕晚清時期的文化民族主義，是一種民族精神的延續。這些精神在民間時代相傳的戲文中得以保存和流傳，促進了民族團結，以及在遭受外族侵略時，成為民族力量的源泉。

情感實際是文化通過情緒詞彙來定義的，傳統儒家思想中「先天下之憂而憂」的思想道德情懷。梁濟「漆室女」故事，最突出的就是「憂」。歷代吟詠中不斷出現這一類的詩句：「可憐倚楹女，徒為魯君憂」；「況復漆室女，浪為魯國憂。」在晚清，從士大夫到民間社會，儒家思想仍然深深扎根其中。在戰爭頻仍，社會動盪的時代，儒家更常常發揮經世濟民的思維，先天下之憂而憂，以天下人之苦為苦。在敏銳情感的浸潤中，苦樂的個人感受往往擴大為對於歷史境況與政治秩序的判斷，這往往引發「忍不住的關懷」，更激發實際的政治行動。

在晚清時期，全民族處於殖民主義的壓迫之下，在這個意義上，戲劇承擔了「壓迫者劇場」的功能。情感是任何成功的社會運動中最為關鍵的資源。情感以及產生和維護這些情感的交往儀式，是所有對抗社會結構的集體行動的關鍵資源。高水平的情感激活通常能夠引發實際的政治行動，甚至更為強烈的社會變革。

〔註 92〕Thomas Bender. *A Nation among Nations: American's Place in World History*. Hill and Wang, 2006. p7.

〔註 93〕〔美〕沙培德（Peter Zarrow），高波，譯：《戰爭與革命交織的近代中國（1895～1949）》，北京：中國人民大學出版社，2016 年，第 84 頁。

第二章　城市視野中的新劇中興

　　民國初年的戲劇運動和通俗教育，並沒有因為政治的斷裂而斷裂，反而呈現出某種延續性。晚清十年，廢除科舉制度，興辦學堂，行政和軍事上的近代化，鼓勵發展工商業，制定逐步過渡到君主立憲和地方自治的計劃。雖然很多計劃只是流於形式，但是戲曲改良運動和通俗教育卻繼續推行下去。在北京、天津等北方城市，學務公所成立戲曲改良會和新劇練習所，而西安、濟南、廣州等城市都出現了易俗社，繼續戲曲改良。在南方，尤其是上海，民國翌始，各個政黨成立新劇社以宣傳自己的主張，學生演劇也繼續發展。

　　戲劇的現代化進程，不僅關注政治對戲劇運動的推動，也應該放到近代城市化的經濟背景中。近代商業戲劇的發展，首先是市民階層和城市文化的出現。城市的早期現代性，可以推進到明清城市文化的發展，甚至一些西方學者，認為早在宋代中國就出現了「城市文化」。〔註1〕近代以來的城市，以開埠城市為中心，市民和消費文化發展起來。尤其是在一戰期間，城市人口的增加和工業化的進程，都促進了新劇商業演出的繁盛。

　　在新劇領域，1912年帶有政治性質的「新劇俱進會」變為1914年具有商業行會性質的「新劇公會」。1913年，「新劇家」鄭正秋以出售家鄉產業所得5000元為基金，孤注一擲在上海謀得利劇場試演家庭劇《惡家庭》三天，取得空前成功。此後，新劇的演出內容發生了顯著的變化，由關注政治到「家庭劇」和「言情劇」。〔註2〕鄭正秋商業演出的成功，驅使更多新劇團體轉向

〔註1〕姜士彬：《中國唐宋時期的城隍崇拜》，引自羅威廉：《漢口：一個中國城市的衝突和社區（1796～1895）》，第17～18頁。
〔註2〕例如，《惡家庭》大獲成功後，我們在報紙上接連看到《家庭恩怨記》、《真假姻緣》、《雌老虎》、《血淚鴛鴦》等「軟題材」的演出廣告。《申報》廣告，

商業演出。1914 年，形成了比較有影響的六大新劇團，是年為農曆甲寅年，史稱「甲寅中興」。

一、城市：一九一四

　　20 世紀初期大都市的形成和出現是一個世界性的現象，全球只有非洲是個例外。1848 年，世界上只有兩個城市人口超過了 100 萬，即巴黎和倫敦。到了 1900 年，柏林、東京、維也納、聖彼得堡、莫斯科、紐約、芝加哥、費城、布宜諾斯艾利斯、加爾各答、大阪，及一些城市都跨過了這個門檻。研究十九世紀末期都市化問題的權威性表述這樣開頭，本世紀最顯著的社會現象就是城市人口的集中。人口這種驚人的增長速度，是由資本主義工業化推動，及其和新一輪的全球化進程聯繫在一起的。電報的發明使得遠距離的交流在瞬間變得可能，蒸汽動力的航行工具使得國際之間的交流變得更加容易並且速度更快。國外投資增加，甚至已經幾乎達到了一個世紀之後的 1990 年代的水平，工業化以驚人的速度從發達國家擴展到全世界。〔註 3〕

　　大眾文化在城市中的生產，首先要考慮到是否出現了穩定的消費和生產群體，這涉及到人口的增長和工業化的程度；其次是通過什麼樣的機制，使得作品得以在城市中流通，這依賴於城市的劇院、交通，及其報紙印刷媒體等的發展。在一戰期間，在中國的大都市中，隨著經濟快速工業化和商業化，大眾消費文化也隨之興起。以上海為例，我們分析這些前提條件和因素。

　　首先是城市移民。在 20 世紀初期，中國許多城市變成新晉的移民城市，因為其優越的地理位置決定了商業重要性，為密集的移民運動提供了契機。這些城市如漢口、南京、廣州、天津。上海在開埠之後的飛躍是獨一無二的。從 1895 年到 1914 年間，上海已經初步確立了全國工業中心的地位。尤其是 1914 年，一戰的開始，給中國的民族主義發展提供了一個契機。由於列強忙於戰爭無暇東顧，民族主義工商業獲得長足發展；而且歐洲各國對物資的需求旺盛，中國產品出口較多；國際白銀價格上漲提高了中國貨幣的購買力等等。許多因素交織在一起，使得這個時期的經濟比較繁盛。繁盛的經濟提供了更多的就業就會，更多人口湧入上海。1915 年增加到了 200 多萬，在短短

1913 年 9 月 14～24 日。

〔註 3〕Bender, *A nation among Nations*. New York: Hill and Wang, 2006. P243.

的五年時間裏，人口幾乎淨增了 100 萬。〔註4〕工業化的高度發展導致了人口的急速上升，從而使得娛樂和消費需求隨之暴漲，商業性娛樂業的興起也成了必然。

上海人口概況（1910～1927 年）

年份	華界人數	公共租界人數	法租界人數	總人數
1910	671,866	501,541	115,946	1,289,353
1915	1,173,653	683,920	149,000	2,006,573
1920		783,146	170,229	
1927	1,503,922	840,226	297,072	2,641,220

（資料來源：鄒依仁《舊上海人口變遷的研究》，上海人民出版社 1980 年版，第 90 頁。）

　　上海在一戰之前湧入的移民，大體是以中上層為主。此前人口增長，主要是動亂造成的，一是太平天國運動，一是上海小刀會起義。義和團運動中，也有一些北方官員和家眷南逃，這種情形在小說《恨海》中多有描述。正如盧漢超指出，早期遷入的人口，都是手頭有點積蓄的商人和地主，住得起外國人提供的住房。〔註5〕僅在 1860 年到 1862 年，中國人帶到上海外國租界大量白銀，使上海成為做生意和尋歡作樂之地，大量移民融入找工作的高峰還沒有到來。〔註6〕這些人口的加入，繁榮了上海的娛樂業。姜進教授在研究上海的言情文化時，指出上海不僅是工業化，而是商業化的產物。以言情小說為中心，創造了上海這個城市的「想像力」傳奇。〔註7〕

　　除了人口因素之外，上海的城市化在民國初年已經初具規模。以電燈、煤氣、自來水、排污工程、公共交通、電話通訊等為主要標識的近代城市生活基礎設施已基本建立。電的廣泛應用讓城市變成了不夜之城，也延長了娛樂時間，夜生活變得日益重要。交通設施於戲院的發展亦有重要的關係。很多的戲院在廣告中寫明，電車可以直達。夜戲的演出即使持續到很晚，便利的交通會

〔註 4〕鄒依仁：《舊上海人口變遷的研究》，上海：上海人民出版社，1980 年，第 90 頁。
〔註 5〕盧漢超著：《霓虹燈外：20 世紀初上海日常生活中的上海》，上海古籍出版社，2004 年，第 26 頁。
〔註 6〕盧漢超：《霓虹燈外》，第 141 頁。
〔註 7〕姜進：《追尋現代性：民國上海言情文化的歷史解讀》，《史林》2006 年第 4 期，第 70～79 頁。

為居民看戲提供便利。上海作為娛樂的中心，也吸引了居住在上海周邊城市的遊客，火車的通行為外地人來上海遊玩提供了便利。為了提供住宿和飲食，戲院旁邊又建造了很多旅館和飯店，以至後來出現了集吃、喝、玩、樂、住為一體的遊樂場。新式劇場在新舞臺之後，大舞臺、亦舞臺也建立起來。霓虹閃爍、車水馬龍、摩天建築、商業繁華無不顯示著一個現代都市的形成。

新聞出版、廣告印刷等現代媒體傳播方式獲得長足發展，在二十世紀的前三十年間，上海的印刷業擴展了六倍。「竹枝詞」《報人》稱：「申報時報新聞報，時事新聞換不休。大晚銷行四萬分，張竹平繼史家休。」〔註8〕隨著傳媒的增長，廣告的作用也漸漸為人所知並加以利用。《新劇雜誌》說：「近世紀人士趨重廣告學，日報、雜誌及各種出版品各皆以廣告為紹介招徠之媒。」早期新劇運動者周劍雲也講到：「近來吾國人頗知注重廣告學，而戲館尤甚。廣告與營業有莫大之關係。申、新二報之第三張，縱橫排列，不留餘際，五花八門，各顯其妙。」〔註9〕廣告也成為劇院老闆宣傳與包裝演員，製造明星的方式。梅蘭芳回憶他初次來上海的情形時說：「新角在報上登的名字、占的篇幅，大得可怕。滿街上每個角落又都可以看到各戲院的海報……日報和海報，都在我們的名字上面，加上許多奇奇怪怪的頭銜。民二爺是『禮聘初次到申天下第一汪派鬚生』、『環球第一鬚生』；我是『敦聘初次到申獨一無二天下第一青衣』、『環球獨一青衣』，像這種誇張得太無邊無際的廣告，在我們北京戲報上是看不見的。所以我們初到上海，看了非常眼生，並且覺得萬分惶恐。」〔註10〕這樣的名號在上海的劇院宣傳廣告上比比皆是，廣告甚至成為另外一種娛樂。笑舞臺每天刊登在報紙上的廣告，很多妙文，很多好的題目，往往傳誦一時。有時散文，有時韻文，韻文尤能使婦孺們當山歌唱。〔註11〕

作為一個華洋雜居的地域，上海的政治環境相比北京等城市還是比較寬鬆，即使是在軍閥統治時期，其他城市不能上演的戲劇在上海也可以演出。

〔註 8〕顧炳權：《上海洋場竹枝詞》，上海：上海書店出版社，1996 年。

〔註 9〕周劍云：〈上海梨園廣告談〉，《鞠部叢刊‧品菊餘話》，上海：上海交通出版社，1918 年，第 78 頁。收入《民國叢書》第二編 69 卷，上海：上海書店，1990 年。

〔註10〕梅蘭芳自述，許姬傳記：《舞臺生活四十年：梅蘭芳回憶錄》（上），北京：團結出版社，2006 年，第 138 頁。

〔註11〕徐半梅：《話劇創始期回憶錄》，北京：中國戲劇出版，1957 年，第 87 頁。

上海的性別關係也相對開放，在北京被禁止的所謂「淫戲」，在上海可以正常演出，而且法租界的歌舞臺很早就開始男女合演。辛亥革命之後，從日本歸國的留學生，也把上海當做首選落腳之地。

二、六大新劇社

　　民國初年的新劇運動，和政黨活動密切相連。許多政黨為了宣傳自己的主張和發動成員，下設新劇團。民初政黨林立，社團也多如牛毛。例如中國社會黨，江亢虎為發起人，張繼及其曾經春柳社的發起人之一李懷霜為黨內核心，其下屬的新劇團體有數十個。〔註12〕再如黎元洪創設的東亞大同社上海支部，下屬有大同演劇社。

　　除了政黨所隸屬的新劇團，還有（留）學生發動的新劇團體。留學生建立的新劇團體，熟知的有春柳劇場。日後成為六大新劇團之一的「新明新劇社」，其發起人朱旭東曾經在比利時專習聲樂，回國後「設音樂大學校於燕（北京）。」「與新劇泰斗王鐘聲肝膽相交。江南起義，被收入獄。共和告成，始得逸。」〔註13〕1912年，朱旭東聯合潘鏡芙、李君磐在上海成立開明新劇社。他們認為教育為二十世紀立國之要素。「今者吾民國政體雖已改革，民智仍多閉塞。」「知通俗教育尤為急要之圖，爰合學界同志組織開明社於海上，編演新劇現身說法，以為社會教育之助。」〔註14〕

　　開明社還招收學員，加以訓練，並禮聘西樂名師佟量月為指導。〔註15〕其入社門檻較高，要求有一定的文化程度，「所招社員出題作五百字始收」。此外，對社員的品格也有要求，培養「融融穆穆，真堪作國民之模範」的學員。有作風不端者，皆逐出社團。每天定時課和訓練，上午音樂，下午排戲。晚餐後跳舞與西洋音樂。「規矩頗嚴，不到者懲之。」除了朱旭東，還有文學家張櫨候、劉半農加盟，親自創作並加以潤色。大約半年之後，新明社進行了公演。1912年農曆端午節期間，英大馬路（南京路）的謀得利戲院，演出編排的中西戲劇。〔註16〕也曾「在大舞臺、新舞臺、張園等處，演串各劇，

〔註12〕黃彥《中國社會黨述評》，《近代中國》第十四輯，2004年8月，第120～164頁。
〔註13〕天悲：《朱旭東軼事》，《戲劇叢報》1915年第1卷第1期，251～252頁。
〔註14〕《申報》1912年03月24日，第7版。
〔註15〕《民立日報》，1912年2月24日。
〔註16〕《開明社大演新劇》，《民立報》，1912年6月21日。

因其兼重歌曲，又加之以跳舞和之，以音樂頗為各界所歡迎。」〔註 17〕新明社是六大新劇團中，最注重音樂者。

　　1912 年，上海的主要新劇團體聯合組成「新劇俱進會」。主要由國民黨黨員領袖發起，把鬆散的社團組織起來，進行新劇研究。國民黨機關報《民立報》在 1912 年 7 月 28 日，發布了「新劇俱進會」簡章：「結合群力聯絡聲氣，研究新劇學術上事實上之問題，謀新劇界共同之進步，以翼增進民智，培養民德為宗旨。」設立各部：

　　　　（甲）演劇部　專研究演劇上之言語、技術。分歷史劇、世界
　　劇、社會劇等。

　　　　（乙）編輯部　專以文字出版物供會員之參考，如劇本、雜誌、
　　月刊等。

　　　　（丙）美術部　專研究樂器、圖畫、布景、化裝及其劇場構造
　　等。

　　　　（丁）事務部　屬於實行之事務，分會計、書記、庶務及劇場
　　上至各職務。

規定研究辦法為集會研究、講壇研究、通訊研究。王漢強被舉為臨時理事，正理事為曾經與王鐘聲合稱「鐘聲木鐸」的劉藝舟，任天知為演劇主任，許嘯天、陸鏡若為庶務主任。〔註 18〕發起人（以姓氏筆劃為序）為王漢強、王家衛、任文毅、吳敬恒、吳惠仁、李君磐、汪洋、杜鵑魂、林孟鳴、洪自逸、徐悐僧、陶天演、陸鏡若、徐半梅、高一某、徐俠隱、徐光華、曉柴雲、殷天憂、殷怡怡、許嘯天、許伏民、黃喃喃、曾囂囂、傅笨漢、葉太空、董天涯、賴敬軒、潘漢麟、劉藝舟、劉養如、劉炎林、錢玉齋、鍾驥丞、龍漫翁等。贊成人為鄭正秋、張蝕川、經營三、潘馨三。〔註 19〕

　　這個組織是國民黨、社會黨黨員，及其留學生，學生劇人，新式知識分子，買辦商人組成的一個鬆散的，以資產階層各層為主體的社團組織。〔註 20〕新劇

〔註 17〕《新劇發達》，《民立報》1912 年 06 月 22 日第 7 版。

〔註 18〕《新劇俱進會之組織》，《民立報》1912 年 06 月 29 日，第 7 版。

〔註 19〕《新劇俱進會簡章》，《民立報》1912 年 7 月 31 日。

〔註 20〕傳統中國的工商團體，有所謂行會制度，就其組織而言，約略可分為公所、
　　　　會館、工行及工幫，或行之於都市，或行之於鄉村，大體並非純粹的勞工團
　　　　體，與近代公會組織當然不同。傳統京劇有梨園公會，或者是梨園公所。鴉
　　　　片戰爭後，新式的工商團體應運而生。

俱進會是新興資產階級中在戲劇團體中的一個小圈子，他們是一個現代化的資產階級。新劇俱進會雖然自稱「新派」，但並非是西式戲劇。其所演之劇，與戲曲改良所的三類「新劇」，即帶唱新劇、說白新劇，新編舊劇，幾乎無法歸類到「新劇」還是「舊劇」。即使是革命派的新劇，實際上也採取了很多傳統戲曲和曲藝的形式，例如吳稚暉最喜歡灘簧，而且還在新舞臺現身說法演唱灘簧。

　　民初新派演劇的盛行，和社會捐助慈善演出也有關。自《惠興女士》演劇開創籌款助學，慈善助賑演劇漸漸成為慣例。1905 年，吳芝瑛發動女子國民捐運動，也曾以演劇相號召。民元之後，各城市演劇籌款演出更加活躍，例如鎮江演劇籌款極其踴躍，並編成《武漢起義》《攻克南京》《浦口光復》等各種新劇，以新耳目。〔註21〕1912 年，為了阻止袁世凱「善後大借款」，黃興亦呼籲國民捐，甚至自斷一指以明志，新劇市場馬上將其時事編演上舞台。

　　二次革命失敗後，袁世凱下令取締革命派的新劇演出。並加緊對戲劇的審查控制，許多社團被迫解散或者做流動演出。由於各省政治氛圍大異，對新劇的政策也不一。蘇州是一個和平過渡的城市，由比較保守的江浙立憲派掌握，對新劇的政策比較溫和。蘇州亦有開明社的分部，有官員「以新劇相繼發現，請調查嚴行取締等情」。但都督府認為「該團員既以改良新劇為社會教育之一端，務當確定宗旨切實進行」，倘查有他項劇團，編演有礙風紀之新劇，可於官廳查禁之。〔註22〕在湖南，歐陽予倩的文社演出也遭到軍閥破壞，甚至演出人員遭到殺害。新劇的所謂「衰落」，並不僅僅是戲劇本身藝術上的殘缺或者成員的「墮落」，和政治破壞也有極大關係。

　　一些劇團為了謀生，走上商業演出的道路。進化團進行商業演出後，內部不久產生分裂，顧無為主張脫離新新舞臺，遭到拒絕之後，拉走一部分人馬去浙江一帶演出。剩下的成員，最終也離開新新舞臺，其成員生活困頓。1913 年，鄭正秋與經營三、杜俊初、張蝕川聯合組成新民公司，召集一批新劇演員，欲攝製中國影片，但由於各種原因而擱淺。其麾下演員窮困潦倒，生活無以為繼。鄭正秋慷慨解囊，供養演員的衣食住行，最後甚至典當以維持生計。三個月之後，支出捉襟見肘，他們決定以演出新劇謀生。鄭正秋先是想要租借南市的新舞臺，但是條件沒有談妥，最後租借了外國人的 A.D.C戲院。這個戲院是當時上海裝備最先進的戲院，租金極高，演出的票價不得

〔註21〕鎮江新事紀《演劇助捐》，《申報》1912 年 01 月 24 日，第 7 版。
〔註22〕《蘇都督指令一束》《開明社會團》，《申報》1912 年 04 月 11 日第 6 版。

不相應抬高。見《申報》廣告，最高價格達到三元，而當時最豪華的京劇舞臺的最高價格也不過是八角。只演出二日，雖不至於說是出師未捷，但也絕不是一炮而紅。演出劇目為鄭正秋編寫的《苦丫頭》，看過的觀眾都讚不絕口。而且，報紙也對於其演出做了報導和宣傳。這次試演之後，鄭正秋租下了謀得利小劇場做長期演出，並把社團定名為新民新劇社。謀得利劇場本來是叫做謀得利洋行，僑寓上海的音樂家，常常藉此處開音樂會跳舞會。規模不大，有三四百個座位。但是布景和揭幕垂幕，設備完全。

　　1913年農曆八月十四日，新民新劇社正式開幕，並在謀得利戲院演出《惡家庭》。此劇開創了新劇演出以來最高的票房紀錄，從此被稱為「奠定新劇中興之基」的代表之作，家庭戲從此盛行。周瘦鵑《空谷蘭》劇評寫道：「《空谷蘭》說部，為天笑先生之傑作。前夕新民社演之，觀者滿座，幾無隙地，後來者不能駐足，嗒然而退。春申江畔各劇場，從無如此盛況。」〔註23〕也有將新劇舊劇相比較：「昨日余往某舞臺觀劇，入夜又往新民社觀劇，兩兩相較，覺舊劇遠不及新劇之有趣。新劇做工逼真，實高出舊劇萬倍。」〔註24〕文人為劇場寫文章，固然有溢美之詞，但也反映了當時新劇之受歡迎。

　　隨著新民社的生意日漸興盛，經營三、杜俊初、張蝕川等也組織成立了民鳴新劇社。民鳴社挖走了新民社的演員，於1913年11月28日正式成立於法界歌舞臺，社長經營三，張蝕川、杜俊初輔之。但新民社已經有了一定的基礎，尤其是「各報亦紛紛提倡，加以新民圖書廣告隨報紙附送，灌輸即久。」〔註25〕民鳴社初期在競爭上並不能勝出，為了挽回在和新民新劇社競爭上的頹勢，民鳴社不惜重金，排演布景華麗、規模宏大的新戲。1914年，顧無為和鄒劍魂入民鳴社，顧無為以《庚子國恥記》、《胭脂井》為藍本，改編成32本的連臺本戲《西太后》。該戲耗資數千，集演員百餘人，布景精緻華貴場面宏大。庭殿宮院以及花木舟車，無不力求精緻華資，故一劇之費，動輒數千金。觀劇者以為大觀，於是新劇又一變而注重布景。此後一系列的清宮戲，成為該劇社的特色劇目，也出現了擅長演清宮戲的旦角（圖2-1）。民鳴社還在新劇演出中夾雜電影放映。除了電影，還有魔術表演、舞蹈，吹奏軍樂。舉

〔註23〕周瘦鵑：《志新民社第一夜之空谷蘭》，《申報·自由談·劇談》1914年2月28日，第14版。

〔註24〕丁悚：《劇談》，《申報·自由談》，1914年2月27日，第14版。

〔註25〕義華：〈民鳴之肇興〉，周劍雲編：《鞠部叢刊·歌臺新史》，第11頁。

辦各種促銷活動，贈送觀眾演員小照。由於民鳴社有雄厚資本的支持，新民社漸漸不敵。1915 年 1 月，兩劇社以民鳴社之名義合演新民社保留劇目《空谷蘭》，標誌著民鳴對新民社的合併成功。

除了開明社、新民社、民鳴社，規模和影響比較大的新劇團體，還有民興社、啟民社、春柳劇場，史稱「六大新劇社」。民興社發起者為蘇石癡，在法租界的歌舞臺打著男女合演的旗號，營業也頗為發達（圖 2-2, 2-3）。啟民社發起人為「鴛蝴」作家孫玉聲，曾受聘為黃楚九《大世界報》的主編職務。各個新劇社又創辦雜誌，作為機關刊物。例如民鳴社的《新劇雜誌》，啟民社的《繁華雜誌》，春柳劇場的《劇場月報》。除了六大新劇社，其他社團也遍地開花，東處一社，西處一所，僅在上海，新劇從業人員達到六千多人。〔註 26〕

這些劇團之中，大多是按照從學校劇、改良戲曲學來的經驗，劇團成員熟悉的還是京戲、崑曲；他們所改編的劇目，大多數是傳統的唱本。在表演上，受到傳統戲劇的耳濡目染。這些社團中，只有春柳劇場的戲是先有了比較完整的話劇（drama）形式，是西方近世劇的嫡傳，並且嚴格按照西方近世劇的形式演出。但是後來為了賣座，春柳劇場也開始改編彈詞小說。但仍然沒有起色，部分原因在於所用的語言。春柳用的是普通話，別的劇團用的是相當漂亮的蘇白，而且對話活潑流利，容易引起觀眾的興趣，這得益於傳統說書和灘簧的經過藝術加工的生動語言。〔註 27〕在新劇公會中，新加入了許多從周圍城市湧入上海謀生的傳統戲劇和曲藝藝人。

1914 年 5 月，上海新劇社團以六大新劇社為主成立了「新劇公會」。《新劇雜誌》刊登的人員名單上有 200 多人，這比「新劇俱進會」時期龐大了許多。〔註 28〕新劇公會的主要成員，我們大致可以分成幾類：第一類　日本留學生：許嘯天、錢化佛、陸鏡若、徐半梅、黃喃喃、李叔同等。第二類　新式學校畢業生：汪優游、查天影等。第三類　半私塾半新式學堂出身：馮叔鸞、朱雙雲、鄭正秋等。第四類　出身下層社會：張冶兒等。第五類　資本家、買辦：經營三、張蝕川等。第六類　女子新劇家：悲悲女士、醒民女士、競兒女士等。和

〔註 26〕魏照風、趙銘彝、柏彬等編寫《中國話劇史綱要》，1962 年油印本，第二編第 3 頁。

〔註 27〕歐陽予倩：《憶春柳》，田漢等編：《中國話劇運動五十年史料集》，北京：中國戲曲出版社，第 44 頁。

〔註 28〕新劇公會詳細人員名單，參見林存秀：《城市之聲：「文明戲」與 20 世紀初上海都市文化》，華東師範大學博士論文，2011 年，第 121～122 頁。

1912 年的新劇俱進會相比，新劇公會更具有商業行會的性質，政治性減弱。

從新劇俱進會到新劇公會，從一個政治性較強的團體轉化為商業團體。正如沙培德指出，新興資產階級想要一個有充分共識的政府，他們中的很多人，如不能走進政治核心地位的學生，商人等，把自己中介者的地位及社會責任看得很重。資產階級儘管在 1912 年之後，對國家權力及其感興趣，但是他們沒有任何政黨代表。他們的數量在擴大，由於缺乏政治權力，在改善物質和商業設施方面沒有多大貢獻。但是他們在現代教育與出版機構中擴展，也促進了大眾娛樂機構和娛樂方式的轉變。〔註 29〕

圖 2-1　民鳴社潑辣旦張雙宜旗裝照

資料來源：《新劇雜誌》1914 年第 1 期圖畫。

圖 2-2　民興社是第一個也是早期唯一男女合演的新劇社，在法界歌舞臺

資料來源：《戲劇叢報》1915 年 1 卷 1 期圖畫。

〔註 29〕〔美〕沙培德（Peter Zarrow），高波，譯：《戰爭與革命交織的近代中國（1895～1949）》，北京：中國人民大學出版社，2016 年，第 136 頁。

圖 2-3　民興社演出廣告

資料來源：《申報》1914 年 11 月 1 日第 9 版。

三、新劇帶唱

關於新劇和舊劇的爭論在民國初年非常激烈。戲劇領域的爭論是更大範圍內新舊之爭的組成部分，早在 1900 年左右，論證新舊之文章就常見諸於報端。所謂「舊莫舊於孔子之道，新莫新於泰西之學。」《杭州白話報》上，甚至以衣服、器物等淺顯的譬喻，普及新比舊好的知識。《京話報》關於新舊的文章，辯證地指出了新舊的相對性，新舊是循環和變動的，新舊之間的界限可破。拘泥於新舊問題，無非是醫病名，而沒有觸及真正原因。民國之後，代表新舊思想的雜誌也分派對抗。《東方雜誌》推出一篇《再論新舊思想之衝突》的文章，也指出所謂新思想和舊思想，不多是因為利益的驅使，新舊爭論的問題根本不在於維新，也絕不在於守舊，而是在於利益和意氣。〔註30〕

1914 年之後，關於新舊劇的爭論多了起來。有無鑼鼓和加唱，成為劃分新舊的重要標準。時人謂，「吾國謂高腔二黃為舊劇，不用鑼鼓歌曲者為新戲。」這種劃分方法及其不合理，是因為即便是高腔二黃，也可以編排古今事實，編為新劇，譜為歌劇。〔註31〕新劇雖然謂之「新」，但是新的標準是什麼，是否西方戲劇的方向就是新？誠如所見，新劇是在戲曲改良基礎上發展而來的，並非是後來以西方近世劇（drama）為標準的話劇，而歌劇等概念這個時候還沒有命名。新劇本來是一種混雜物，也可以是作為現代成型和分化時期的統稱。在民國初年演出的新劇，基本都是加唱的。

作為新劇「甲寅中興」功臣的鄭正秋，就是「加唱」的擁護者。鄭正秋早

〔註30〕傖父：《再論新舊思想之衝突》，《東方雜誌》，1916 年第 13 卷第 4 期，1～6 頁。
〔註31〕無瑕：《新舊劇名稱不適當》，《娛閒錄：四川公報增刊》，1915 年第 2 卷第 1
　　　　期，第 65 頁。

年的教育經歷，決定了他是個「半新半舊派」。鄭正秋生於前清光緒十四年，童年在家跟隨前《中華民報》主筆莊成黃先生讀書。早年曾經一度入仕在張之洞門下，任湖北候補知士。宣統元年（1908年），鄭為于右任聘為編輯，常在《民呼》《民立》等作「麗麗所劇談」。他明確表示「唱工不可廢」。〔註32〕又斷言：「吾謂新劇家欲受社會歡迎，欲伸張勢力，非從舊劇上詳細研究，痛下苦工，截長補短以借鑒不可。」〔註33〕他的劇評大多是評論新舞臺戲劇的，如《黑奴籲天》《血淚碑》《黎元洪》《猛回頭》《秋瑾》《新茶花》等。從他的人際關係網絡來看，他和新舞臺夏氏兄弟為結拜之交。

新劇中的唱，和傳統戲曲中的唱並不一樣。首先是唱工少，且不是重點。傳統戲劇中的唱是用來敘事的，而且是大段的唱。在新劇中的唱，大多只是為了抒情。加唱的腔調，根據演員能唱什麼而定，可以加唱皮簧、崑曲、灘簧，或者民間小調俗曲。鄭正秋在《新劇經驗談》中指出：

> 新劇不加唱主張者多，我則以為不必定。……我常插極淺近之傷心歌於各戲，如《隱痛》有唱，《竊國賊》有唱，《雪裏小梅香》有唱，《愛國雙鴛鴦》有唱，《落花夢》有唱，《貂蟬》有唱，《堯舜》有唱，《不可說》有唱。而每唱人必大受感觸。

《貂蟬》一劇，又叫做《連環計》，此劇取材自《三國演義》第八九回。鄭正秋編劇並自飾王允，古裝登場。其中的唱段叫做「拜月」，用疊字雙聲。〔註34〕

歐陽予倩編演的一系列「紅樓戲」都是加唱的，且唱詞更加文雅。早在1913年，歐陽予倩就已經編演過第一齣紅樓戲，叫做《鴛鴦劍》。這是湖南文社演出時編演的劇目，講述的是尤三姐的故事。歐陽予倩在劇中飾演尤三姐，並把她潑辣爽朗、愛憎分明、見棱見角的性格，演繹的淋漓盡致。她對賈璉之流的蔑視、奚落，對柳湘蓮愛情的堅定、熱烈，以及為人處世的倔強，和斬釘截鐵的個性，描繪出一個新女性的性格特徵。此後，歐陽予倩搭班上海笑舞臺演出，又有查天影這樣的英俊小生配戲，一演必然滿座。便把《紅樓夢》中可以編戲的材料全都搜尋出來，隨編隨演，總共有《葬花》《焚稿》《補裘》《饅頭庵》《鳳姐潑醋》《鴛鴦剪髮》《大鬧寧國府》等十齣。笑舞臺的古裝戲，

〔註32〕鄭正秋：《麗麗所戲言補》，《國華報》1910年12月15日，第4版。

〔註33〕鄭正秋，《麗麗所劇談》，《民權素》1914年第3期，第1頁。

〔註34〕鄭正秋：《新劇經驗談》（二），周劍雲主編：《菊部叢刊·劇學論壇》（上編），據交通圖書館1918年版影印，第90頁。《民國叢書》第二編，69美術·藝術類，上海書店。

如歐陽予倩所說:「雖然是照二簧戲編寫,卻是照新戲分幕的方法來演,因為嫌舊戲的場子太碎,所以把許多情節歸納在一幕來做,覺得緊湊些,而且好利用布景。」《黛玉葬花》和《焚稿》,朱雙雲特地製作了瀟湘館布景,很是雅致:畫廊下掛著鸚鵡,紗窗下隱隱翠竹附青,偶一開窗,竹葉子伸進屋裏來。配上唱詞,「春寫愁秋寫怨纏綿惝恍,好一似蠶自縛麝惜臍香。到今朝息奄奄難保早晚,倒不如斷情根都付消亡」。〔註35〕和盤托出黛玉孤獨淒涼、憤懣絕望的心境。《補裘》共分三場,有唱作念白,用鑼鼓。劇本寫出寶玉無事一身忙的特性,更描繪出晴雯對寶玉內心疼愛和表面譏諷的微妙心理狀態。她即是性如烈火,又是柔情似水,戲劇結尾處唱:「可憐我負韶華心高氣短,可憐我如飛絮傍水和煙,可憐我十五載春愁秋怨,可憐我一夜裏骨碎心寒。猛然見舊衣襟血花點點,怕只怕衣如舊人要長眠。」她的巧手補得了裘,卻補不了自己的命運,結尾恰為點題。唱和音樂,更適合表現言情故事的情感。

對於「說白」的強調,要放到晚清以來通俗教育的脈絡中。自清末以來,白話文運動已經開展。較早的白話報紙出現,有《無錫白話報》,還有梁濟好友彭翼仲創辦的《京話日報》。但是讀白話報也需要識字,報紙的侷限性在於,當時民眾識字率太低,大約在 3%~5%之間。所以,在晚清的戲曲改良言論中,多主張擯棄歌唱,改用說白。1906 年,自費到日本考察的清政府官員吳陰培,在遊覽日本三個月中,曾經觀摩日本演劇。回國後擔任廣州潮州知府期間,上陳條請求仿照東西各國改良戲劇:「日本演劇學步歐美,……說白而不唱歌,欲使盡人能解。中國京滬等處戲劇,已漸改良。惟求工於聲調,婦孺不能遍喻,似宜倣日本例,一律說白。」

但實際上,清代戲曲已經有俗化的傾向,方言俗語的對白大量夾雜到戲劇中。中國戲劇至元雜劇始有純粹戲曲,並不斷吸收民間曲調。傳統戲曲分類也漸以聲腔為依據。元雜劇以北曲和北方民歌為主,南戲則主要是南曲,及其江浙一帶的民歌。到了明代又陸續出現了許多各地民間曲調為基礎的聲腔系統,如弋陽腔、海鹽腔、崑山腔、京腔。明清時期是民間俗曲發展的高峰,不僅在數量上浩如煙海,而且風靡民間社會。當戲劇主張用說白時,所謂的說白,即為各地方言。中國境內存在不同的方言系統。以中國某一地域來觀察,在當地便有文言、白話、方言等不同階層的語言。

〔註35〕冥飛編:《歐陽予倩之黛玉焚稿》,周劍雲主編:《菊部叢刊・舊譜新聲》,第28 頁。

　　總之，知識精英主張普及教育，完成向下層傳播國民意識的功能。在這個過程中，語言是關鍵因素。由於文言文是一種高雅文學，普通人難以參與，在晚清的言論空間，也就出現了這樣的落差，士人扮演了主要的角色。而這個語言系統之外的民眾接受度不夠，他們缺乏操控這種文化符碼的能力，這便阻礙了新國家的陶鑄。故而戲曲改良的內容之一，就是變奧雅的演唱為通俗的對白，以利於底層民眾的理解。新劇中「言論派老生」和通俗教育中的演說不無關係。因為演說如果在戲園或茶館這類人多的地方，將事半功倍。而戲園演說，又分為兩種，一直是在演劇完畢之後，或者在演戲中途演說；另外一種則是利用戲院的設備，不涉戲劇的演出。李孝悌先生認為在演戲中插播演說，「很可能對『文明新戲』（文明戲）的發展，有所影響。」〔註 36〕

　　但完全模仿西方戲劇的說白新劇並不受歡迎。實際上，王鐘聲 1911 年在京津開演新劇，「每至一處，費開辦費不少，然數日之後，必門前冷落。」〔註 37〕新劇為了吸引觀眾，還是加唱和有鑼鼓的，甚至王鐘聲帶領劇團在日本的演出，被報紙稱之為「歌劇」。〔註 38〕關於早期進化團的演出是否有唱，資料少見。但是在 1915 年左右，任天知業餘組成了仁社。任天知「常在城隍廟內吃板茶，對演劇興致非常之佳，如有人招致，不問慈善抑公益性質，莫不立應，從未聞拒卻之。」編排《愛國精神》一劇，「有說有唱，有文有武，且用鑼鼓，以叶音節，絕似現在流行之新劇化的本戲。」〔註 39〕可推知早期進化團演出也有唱。

　　民國初年的新劇市場，六大新劇社中只有春柳劇場是完全不加唱的。歐陽予倩也指出：「從學校演劇，經過進化團的組織，成了一個系統。可以說除掉春柳劇場，上海當時所有的劇團都是屬於這個系統的。春柳劇場另外成一個系統。」〔註 40〕春柳社日本成立之時，雖然新派劇方興未艾，但是近世劇（drama）也已經傳入。春柳社章程稱其研究有兩個方向：「曰新派演藝（以言語動作感人為主，即今歐美所流行者）；曰舊派演藝（如吾國之崑曲、二黃、秦腔、雜

〔註36〕李孝悌：《清末的下層社會啟蒙運動》，臺北：「中央研究院」近代史研究所，1982 年初版，2003 年 2 版 2 刷，第 97 頁。

〔註37〕失名：《華聲閣劇談》，《民立報》1910 年 10 月 12 日，第 6 頁。

〔註38〕梁淑安：《近代戲劇變革和外來影響》，《新疆師範大學學報》（哲社版），1989 年第 3 期，第 53～59 頁。

〔註39〕鴻年：《二十年來新劇之變遷史》，《戲雜誌》1922 年第 5 期，「新劇」，第 1～2 頁、58～59 頁。

〔註40〕歐陽予倩：《談文明戲》，《中國話劇運動五十年史料集》（第一輯），北京：中國戲劇出版社，1958 年版，第 48～108 頁。

調皆是）。」〔註41〕特意強調了「歐美所流行者」，顯然並非由日本傳統戲曲改良而來的新派劇，而是易卜生戲劇為源頭的西方戲劇。如果認為話劇延續了春柳社的脈絡，也言之成理。春柳劇場的角色也不分派，「在春柳是無論什麼角色都沒有名稱，可是別家便有所謂什麼派什麼派的。無為是激烈派正生，正秋是言論派正生，還有所謂風流小生，風騷派、閨閣派、徐娘派種種旦角。」〔註42〕但是春柳劇場在上海商業演出中並不能立足，演出一年即告停演。

　　學生演劇時期也大多數也是帶唱新劇。例如 1912 年「競義社」的新劇《青年鏡》，有戲劇評論說：二十七晚競義社同人，假座青年會演劇助振，友人約余往觀。「至時正值影戲演畢，新劇開幕，所演之戲仍有歌唱，仍用鑼鼓，蓋宗新舞臺一派半新半舊之方法也。」〔註43〕六大新劇社時期的商業新劇演出，形成了許多固定化的有韻道白，如「公公駕到，有失遠迎，當面恕罪」等。走路亦研究臺步，第一要亮靴底，強盜角色亦要開臉。〔註44〕新劇的角色分類，也是參照傳統戲曲分「行當」辦法，根據演員的擅長，分為生、旦、老旦、正派、反派各專行。

　　正如一篇評論指出，「文明戲，有純白以白話表演者，有參（摻）加鑼鼓唱腔者。」有唱「卻不注重唱而在白話」，唱工相對舊戲比較簡單，「亦不過散板二句四句者多。」〔註45〕新劇保留了很多傳統戲曲的特點，又吸收了寫實主義戲劇的特點。新劇融合了傳統戲曲，日本新派劇，西方舞臺劇（drama）在此基礎上，又綜合和吸收了民間曲藝和說唱藝術，成為一種雜糅、混合的形式。

四、情節劇

　　「新劇」作為進入現代工業社會之後，因城市化而出現的大眾文化產物，可以與西方在同一社會形態下出現的情節劇作比較。歐陽予倩在不同的場合提到這個時期新劇的特徵，是「佳構劇（well-made-play）的方式，而不是近代劇（drama）的方法，是比較齊整的 Melodrama 而不是近代劇（drama，即後來的話劇）。」又或者說「大家雖然不用劇本，戲也並不怎麼壞，不過是一

〔註41〕《春柳社文藝研究會簡章》專件，《大公報天津版》1907 年 5 月 10 日，第 4 版。
〔註42〕歐陽予倩：《做職業俳優的時期》，《自我演戲以來》，上海三聯書店，2014 年 8 月版，第 82～83 頁。
〔註43〕評《競義社新劇〈青年鏡〉》，《申報》1912 年 01 月 29 日，第 8 版。
〔註44〕T. Z.（任天知）：《二十年來新劇變遷外史》，《戲雜誌》1922 年第 4 期，第 129～134 頁。
〔註45〕文明戲容易學，《新天津》，1930 年 8 月 10 日，第 20 版。

種 Melodrama 式的東西罷了。」〔註46〕

　　西方的情節劇產生於 18 世紀末期的法國通俗劇場，其作為一種「現代」的劇場形式與當時貴族的新古典主義劇場相對立。情節劇是當時政治主導地位尚未確立的資產階級反映於社會文化層面的一種心理代償機制。隨著工業化和城市化的進程，劇場文化獲得長足發展。劇場藝術樣式新奇，品類繁多。在維多利亞時期，有雜耍劇院（vaudevill）歌劇院和一般性戲劇。演劇類型包括情節劇、滑稽劇（burlesque）、默劇（pantomime）等等。佳構劇是 19 世紀出現的通俗戲劇形式之一，屬於「輕喜劇」，起源自法國，它和默劇、笑劇屬於同一行列。

　　工業化也造就了第一批劇院的平民觀眾，他們的趣味決定了情節劇是什麼。新出現的劇院光顧者不是精英或者知識階層。由於工業革命的展開，人們潮水般湧進英國的大城市，擴充了城市的中下階層，但是很少有人躋身進入上層社會。倫敦的人口從 1800 年的 100 萬，到 1865 年已經擴展到 350 萬。同樣因為工業化，中產階層開始出現，但是這個群體還不成熟，他們的趣味很難和在經濟上低於他們的階層相區分。劇院的經理主要是為了盈利，他們很快就認識到伊麗莎白時期的戲劇不受這批觀眾的歡迎，他們喜歡新奇和奇觀，不需要過多的思考，美德能夠獲得獎賞的戲劇。觀眾需要的是放鬆，和進入一個看起來更好的世界。情節劇的世界觀是理想主義的，並且有點簡單化。渴望夢想和渴望正義的人們，這正是在現實的世界中得不到的。情節劇不是對現實的反應，而是一種浪漫的想像，更確切地說是一種白日夢。正是以為如此，對於情節劇的評價批判和訴病居多。但是在長達兩個世紀的時間裏，情節劇卻一直是最流行的戲劇形式。〔註47〕它自在 19 世紀的劇場出現後，至今仍然還活躍在電影和電視屏幕上。情節劇所創造的善惡各得其所的世界，小人物也得到公平正義和實現浪漫愛情，對於從寧靜的鄉村進入競爭激烈的工業社會內心充滿惶恐的人來說，是一種暫時的逃避。但是劇場總是有門在裏面，觀眾走出了劇場，也即回到了現實。在追求感覺震撼的背後，暗湧的是害怕、憤恨、被壓抑的情感。在這個意義上，情節劇是資本主義的文化症候。

　　情節劇的出現，也得益於現代工業技術的發展。例如電的發明，舞臺的機關設置和裝置等，使情節劇的「景觀」震撼效應得以實現。上海茶園要到

〔註46〕歐陽予倩：《自我演戲以來》，上海三聯書店，2014 年，第 82 頁。
〔註47〕Earl F. Bargainnier. Hissing the Villian, Cheering the Hero: The Social Function of Melodrama. *Studies in Popular Culture*, Vol.3（Spring 1980），pp.47～56.

1883 年，也就是「上海電光公司」成立的第一年之後，才開始使用電燈。〔註48〕電的使用，促進了燈彩戲的演出。但這一類的設施，通常是上海的新式舞臺才能裝得起，例如新舞臺、大舞臺等商業大劇院。民鳴社等六大新劇社，也往往假借大劇場演出。大多數的新劇社，演出的場所一般較小，比較簡陋，燈光之類都不考究。臺上只有電燈，表示夜景就用綠光等，或關閉幾盞電燈。新劇社比較注重的，主要是布景。

　　傳統京劇原是不用布景的，舊式戲臺，臺上左右兩門，上書「出將」「入相」兩條橫幅，右首的門稱為「上場門」，左首的門稱為「下場門」。新舞臺開始採用西洋式的布景，這固定的「出將」「入相」的兩扇門被打倒了，而用一副正中繡著獅子滾繡球，兩邊開著兩門的大幕掛在舞臺的上面，在不用布景的戲裏把它放下來，來代替舊時「出將」「入相」。〔註49〕布景的耗費資本是比較大的，一種景要用到數百元，和演戲的收入相比，已經費力。若是數千元，幾萬元的布景，更是辦不到。對於財力相對比較弱的新劇社，沒有能力置辦太貴的布景。而且，布景若是不合法，反而畫虎不成反類犬。例如最簡單的雨景，「要是真正講究起來，都非由真正的學問不行，不是隨便安個水管子，從上面留下來，就算下雨。」「要是這種布景，反倒不如舊戲全仗做法的好。」舊戲中的《御碑亭》，是形容雨景的，若是好伶工演出精神來，真彷彿是雷雨奇作的樣子。

　　由於布景的運用，舞臺裝置的變化，使得新劇越來越趨向寫實。比如哭泣，在舊戲中稍微一哭，用袖子一拭臉便算完事。在新劇中，布景處處和真的一樣，所以形容一些情景也需較真，非得哭得聲淚俱下，感染觀眾一起哭泣才算好表演。舊劇中向來不講究布景，一切的表情，就是摸空，上樓有上樓的身段，開門有開門的樣子。新戲則不然，無論何處都有布景，一切與真的無異。〔註50〕

　　除布景外，也有實物的道具。如吃酒的席面，出局的轎子等，是用真的。戲裏如果需要桌椅，還要擺設一套真的桌椅。布景和道具都不再像舊戲中那樣固定，都是按照劇情而更改。例如鄭正秋拿手的《乞丐武七》和《家庭恩怨記》（圖 2-4），有桌子椅子窗簾和基本家具，鄭正秋的要飯棍子和竹籃等。在排演《惡家庭》時，有的出現樓梯、牆壁、門窗等（圖 2-5）。布景和道具的運用使

〔註48〕鍾欣志：《走向現代：晚清中國劇場新變》，藝術大學戲劇學系博士論文，2012年，第 153 頁。
〔註49〕陳大悲：《數典忘祖的戲劇界術語》，《都市生活》，1943 年第 1 卷第 7 期。
〔註50〕齊如山：《新舊劇難易之比較》，《春柳》1919 年第 2 期，第 28～32 頁。

得一些程式化的動作成為了多餘。據說當時福建的布景做的最好，以後上海很多劇院的機關布景都是福建人做的。在福建也有林天民組織的文藝劇社，1912年開始演出，到 1915 年演出《血手印》，新編《國民捐》《鍾馗降鬼》等。

文明戲的服裝，有古裝、清裝、時裝、西裝等（圖 2-6）。古裝劇，如話本小說、彈詞故事改編的《金玉奴》《三笑》等。時裝新戲，這種戲是扮相上是現代人，穿日常衣服，但是唱皮黃。劇中是否用鑼鼓，也根據不同的劇團不同城市而定，有的還使用鋼琴等西式樂器。例如天津的奎德社演劇，「劇中角色，雖衣時裝說白話，而仍用鑼鼓胡琴。中有跳舞一場，舞蹈尚好，且約西人奏琴，亦合節拍。後場又有自行車、小汽車等上臺，無非湊趣逗笑。以實質論，仍不脫新舊過渡時代文明戲之範圍，而各角演作歌唱似較時下一般文明戲為勝，且配搭整齊，始終不懈。」〔註51〕

與西方工業化時期的情節劇相比，一戰前城市的產業工人的數量並沒有那麼龐大，反而是中產階層支撐了新劇的市場，其中大量女性觀眾。大眾文化理論中，指出婦女在文化實踐中有無產階級的痕跡。「女性的趣味之所以與無產階級的趣味有相似之處，並非因為她們是無產階級的，也不是由於無產階級是女性化的，而是因為她們都屬於被剝奪了權力的階級，所以很容易把自身與大眾文化實踐聯繫在一起。」〔註52〕

圖 2-4　新民社《家庭恩怨記》《義丐武七》布景

資料來源：《餘興》1915 年第 9 期第 10 頁。

〔註51〕《遊藝消息·奎德社開幕之一夕》，《大公報》（天津版），1930 年 4 月 13 日，第 10 版。

〔註52〕〔美〕費斯克（John Fiske）：《理解大眾文化》，成都：西南財經大學出版社，2001 年，第 57～58 頁。

圖 2-5　新民社《惡家庭》布景

資料來源：《新劇雜誌》1914 年 2 期圖畫。

圖 2-6　著名新劇男旦陸子美的西裝和時裝照

資料來源：《中華實業叢報》1914 年週年紀念大增刊。

五、女性觀眾

　　民初的商業劇場，開始面對女性開放。關於女性看戲，明代婦女尚有機會觀劇，高彥頤在解讀明清時期流行的戲劇《牡丹亭》時，指出有三類劇團塑造了江南的城市文化，這三類之中的堂會戲，是允許婦女觀看的。〔註 53〕明清易代之際，江南尤其是蘇州的人口銳減，戰亂也損耗了江南士紳階層的大量財富，使得家樂不復以前的輝煌。〔註 54〕清代一直禁止婦女入戲院看戲，

〔註 53〕高彥頤：《閨塾師：明末清初江南的才女文化》，李志生譯，南京：江蘇人民出版社，2005 年。

〔註 54〕郭安瑞：《文化中的政治：戲曲表演與清都社會》，北京：社會科學文獻出版社，2018 年，第 89 頁。

清政府對於維持社會性別秩序保有濃厚的興趣，尤其是維護家庭和性別秩序。清中葉以後，許多明末戲劇已經成為禁劇。到了康熙年間，改編或者新出現的戲劇，則多是頌清和表現儒家的忠孝節義。到 18 世紀始，商業戲院開始發展起來。到 19 世紀中後期，禁令在北京仍然沒有廢除，但這些禁令也未必能徹底貫徹。〔註 55〕

晚清時期，北京最早允許婦女看戲的戲院是文明戲園。儘管這種風尚遭到一些保守主義者的反對，但是為了市面繁榮，並不令行禁止。1909 年，吏部員外郎黃允中曾以「新設遊觀有傷風俗」為由，奏請民政部查禁。民政部回覆：「查大觀等樓內售各種商品附設茶座，婦女前往多係購物，勢難禁止。且茶座向分男女座位……文明戲園素來演劇雖售女座，然座位則上下顯分，出入則門徑各別。且有巡警在場監視，均無混淆之弊。」〔註 56〕可見，北京的戲院旁邊也建造商場。此外，雖售賣女座，也並非男女雜坐。

民初劇場，有不同檔次的包廂和正廳，日戲和夜戲的價格不同。以上海新舞臺為例，1915 年 8 月 25 日夜戲特別包廂一元，頭等正廳六角，二等正廳三角；日戲的價格分別為夜戲的一半。新劇社的票價要便宜一點，民鳴社夜戲一律收五角，民興社一律三角。〔註 57〕女子新劇又比男子新劇社的票價便宜，而且因為沒有固定演出地點，只能假座男子新劇劇場演出日戲，一般是一角或者五分。女子新劇低廉的價格，能吸引部分女工和學生，也確有女工因為愛看新劇而去學習演唱新劇。

新劇的觀眾群體主要是婦女、小孩和老人，也包括學生群體，當然也不排斥上層的男性偶而光顧。在譚延闓日記中，記錄了多次觀劇的情況。1914 年 3 月 26 日，「吃完晚飯後，有客來訪，然後攜諸小孩到新民新劇社觀劇。初開幕，趣劇為《鳴不平》，正劇則《綠窗紅淚》。」27 日，晚間老人率女眷出觀新劇。但是他本人更偏好京劇，而貶低新劇。「（新劇）特搬演故事而已，無甚可觀。嘗謂舊劇新劇之分，正如古畫與油畫，油畫非不神似，然八法之妙已湮。」〔註 58〕

新劇中有大量的劇目改編自彈詞。在過去的江南地區，流行彈詞和宣卷，

〔註 55〕郭安瑞：《文化中的政治：戲曲表演與清都社會》，北京：社會科學文獻出版社，2018 年，第 107。
〔註 56〕《民部議覆黃允中查禁遊觀條陳》，《申報》1909 年 04 月 07 日，第 3 版。
〔註 57〕《申報》廣告，1915 年 8 月 25 日。
〔註 58〕《譚延闓日記》，臺灣「中研院」近代史研究所檔案館館藏資料。

是女性熱衷的娛樂形式。鄭振鐸甚至稱「彈詞」為「婦女」的文學。彈詞的前身為唐代的俗講變文，起初為講經說佛法之用，後來逐漸用故事人物的對話代替唱詞，反而接近後世的戲曲。起初變文多以駢偶體行文，但演變到宋元話本時，也融入了民眾喜聞樂見的講唱文學。俗講變文轉變為說唱形式後，說書人須將曲詞與說白結合運用，因為故事的對象是普通民眾，如果不能唱作俱佳，就吸引不了觀眾。所以彈詞演出時要散韻結合、即說即唱。元代有女性說書藝人表演。文人也模仿民間講唱文學形式進行創作，明清的彈詞名家，都因市場需要而改編不少彈詞劇本。如馬如飛曾改《珍珠塔》，俞秀山改《倭袍記》，他們專門從事把民間故事融入彈詞中，並且由說唱藝人來演出。〔註59〕南方的評彈有大書和小書之分，所謂的大書，多取材自英雄傳奇故事；而小書，多是表現男女愛情。由於韻文部分可以唱，便於民眾口耳相傳，又可抒發激烈昂揚的情緒，便於說理，更易於將道理傳入民間，這也是講究敘事論道的革命宣傳，運用民間彈詞的關鍵因素。〔註60〕

新劇劇團編演彈詞作品，一開始是因為「劇本荒」。汪優游等人首先實驗將彈詞作品改為新劇，反而「觀者大集，迥異昔日」。1914年民鳴社排演《三笑》，觀者大盛，「後演劇非彈詞不足以動人」。〔註61〕在上海的市民觀眾中，尤其是家庭婦女，對彈詞小說都頗熟悉，如果演的不夠逼真，不夠親切，就很難吸引他們。

新劇在語言上，因為使用方言更切合觀眾的日常生活。「新劇白口多於唱工，而又以土語出之，視聽之餘較舊劇易於明瞭。」〔註62〕在上海即周邊城市演出的新劇，「以官話、滬語、蘇白三種為主腦」。〔註63〕傳統戲劇以唱腔為主，說白運用的韻白，並不容易懂。而新劇所用的所謂白話，很容易讓觀眾融入劇情，並且被情緒感染。例如任天知指出：

　　　　新劇完全說白，且演有全本，有始有終，連頭搭尾，最博婦

〔註59〕張樹亭：《彈詞文學興盛之原因》，《濟寧師範專科學院學報》，2003年2月，第87頁。

〔註60〕邱巍：《清末俗文學作品與「民族國家」的形象建構——以陳天華的〈猛回頭〉為中心》，《中共浙江省委黨校學報》，2003年02期，第87～91頁。

〔註61〕義華：《六年來海上新劇大事記》，周劍雲編：《菊部叢刊·歌臺新史》，交通圖書館1918年，第12頁。

〔註62〕《論編演新劇當取材於中國史》，《新聞報》1913年03月19日第10版。

〔註63〕T. Z.（天知）：《二十年來新劇變遷外史》，《戲雜誌》，1922年第4期，第4～9頁。

女歡迎。尤合於燒香吃素之老太太眼光。因其娓娓喃喃，大類老
太太之講家常故也。即不懂京劇之男子，亦樂趨之。只有說唱之
說書，尚且嗜痂有人，何況此有做作而添布景之說書，自然更受
人歡迎。〔註64〕

　　天津的文明戲，卻用天津方言。據說金月梅在天津連唱了一百天文明戲，
沒有雷同的，轟動一時。〔註65〕「她雖不十分改變表演的成法與格式，雖還
不會用布景，但一部分道具，如吃酒的席面，出局的轎子等，已經是用真的
了。」「她還儘量廢除了北劇念白的腔調，改用清楚流利的京音，差不多同平
常說話一樣。」〔註66〕甚至她的配角演員，全說天津土話，甚至梳的頭，穿
的衣，都是天津流行的樣式。在表達情感方面，她更竭力地寫實與模仿。所
以，她的新戲，讓觀眾覺得不是在看戲，而是在和臺上的人聊天。

　　後期的新劇藝人，有很多民間藝人。得益於說書和灘簧經過藝術加工的
生動語言，他們的語言更生動活潑。至於表演方面，他們或多或少，有意識
無意識地吸收了舊戲的表演方法，這樣就更容易使觀眾感到親切，引人入勝。
當時有人這樣說，春柳是洋派，某些劇團是土派。就是土派大約指的是帶些
中國民間藝術氣息，結果是洋派不受歡迎，土派漸漸站穩了腳跟。彈詞演唱，
只是一人一弦。當與新劇融合後，提升為一種新的藝術形式。新劇能夠抓住
觀眾，總結下來，有以下的原因。第一就是有頭有尾的故事情節。第二是用
方言，念白為主，加唱。第三，取材以家庭和言情為中心。第四，運用布景，
時裝，燈彩。第五，注重寫實表演，往往引得觀眾落淚，引起共鳴。第六，一
般不用鑼鼓，不是那麼嘈雜。第七，舊戲演出時間超過五、六小時，到凌晨一
點才結束；而新劇一般三小時，分幕，中間有休息時間。

　　傳統京劇和崑曲有很多折子戲，由於重視「抒情」傳統，故事情節不強。
晚明的傳奇劇，尤其是崑曲，詞曲雅奧。這樣的戲劇，往往成為文人的案頭
劇，刻印出來供文人雅士案頭賞玩之物。例如戲曲刻本常常富有精美的插圖，
評論性序跋和詳盡的眉批夾註，這表明傳奇劇的讀者和觀眾基本是在文人圈
裏，遠遠不如一般人想像的那麼廣大。傳奇劇絕對不是販夫走卒有條件和能

〔註64〕T. Z.（天知）：《二十年來新劇變遷外史》，《戲雜誌》，1922年第4期，第4～
　　　　9頁。
〔註65〕奎德社的廣告，一直自稱「文明戲」。
〔註66〕洪深：洪深：〈從中國的「新戲」說到「話劇」〉，《現代戲劇》，1929年第1卷
　　　　第1期，第1～21頁。

力欣賞的通俗文藝，當時為後者服務的是說書和曲藝。〔註67〕晚清崑曲的衰落和京劇的崛起，是雅文化向俗文化的轉變。姜進教授在關於越劇的著作中指出，近代中國一個重要的文化變遷，就是女性演劇文化的興起和晚清男性中心的演劇文化的衰微。〔註68〕

六、《家庭恩怨記》：家庭劇的衍變

家庭情節劇在早期工業化城市的繁榮，在世界各地區出現了驚人的相似。這是因為資產階級核心家庭漸漸出現，大家族制度逐漸受到衝擊。核心家庭即為一夫一妻為基礎的近代家庭，並漸漸成為社會結構的基本模式。這一制度在西方形成於 18 到 19 世紀。以十九世紀維多利亞時代的英國為例，這不僅是資產階級經濟秩序發展的結果，背後還有基督教的文化強勢作為後盾。和之前的家庭形態相比，「近代家庭」有如下特徵（1）以夫妻為中心；（2）以孩子為中心；（3）排除非血緣親屬。〔註69〕

工業革命引發了都市流行小說的全球化傳播。這一類從 18 世紀的英國傳入歐洲其他國內和美國，又通過翻譯傳播到全世界。在東亞，日本最先受到這種潮流的席捲。在 1870 到 1880 年代，最初是在大阪和東京，一些通俗小說家的作品被翻譯，如狄更斯、哈葛德、凡爾納，以滿足新興的城市中產階層的讀者。在戲劇市場相應而生的是新派劇（shinpa），新派劇目前在日本仍然存在，叫做「劇團新派」。新派劇以採自歐洲浪漫派戲劇的「翻案劇」和由家庭小說改編的「家庭悲劇」稱盛。而且，新派劇也被稱為「連鎖劇」，這和 20 世紀中國城市戲院出現的「連臺本戲」異曲同工。

新劇在晚清和民國初年，表現出激進的政治化傾向。而一戰期間和一戰以後，卻轉向了社會家庭倫理的關懷。家庭倫理劇的創作者，是城市化進程產生的新興中產階層，他們是大眾文化的生產者。他們不能進入政治的核心圈，卻致力於改變日常生活風尚。這一類城市「印刷資本主義」的從業人員，或者叫做「文人」階層，在中國晚明時期就出現了。16～19 世紀，社會經濟結構的變化，促使了城市大眾文化的出現。而經濟的增長，促進了教育機會

〔註67〕〔美〕浦安迪（Andrew H. Plaks）：《中國敘事學》，北京大學出版社，2018 年第 2 版，第 251 頁。

〔註68〕姜進：《詩與政治》，北京：社會科學文獻出版社，2015 年，第 3 頁。

〔註69〕〔日〕上野千鶴子著，王蘭譯：《厭女：日本的女性嫌惡》，上海：上海三聯書店，2015 年，第 133 頁。

的增多。但是科舉考試錄取人數卻比較固定，這就注定很大一部分書生窮其一生也進不了仕途。尤其是在晚明出生，在清代康熙年間度過成年的文人，彼時漢人不但上升機會少，而且不時面臨「文字獄」，促使更多的人轉到大眾文化領域。〔註70〕

在 1905 年科舉制度廢除之後，更是擴大了城市中的「文人」群體。蘇州等地的文人，紛紛來到上海謀生。自己創辦報紙，或者做報社記者、編輯，或者成為流行通俗小說作者。他們多是出生於 1880 年左右，早年曾經接受過私塾教育，後進入新式學堂，在他們身上體現了新舊參半的特點。而其在內心，確也存著社會改良的願望，保持著儒家的社會責任感。

學生是 20 世紀新興的政治力量。到 1914 年，新式學校的畢業生人數已經非常龐大。在傳統社會，他們要走的路是很確定，學而優而仕。但是新式學校的畢業生，卻產生了分化。有些人成了職業的革命家，尤其是以海外留學生為主。歸國留學生在國內政壇特別活躍，比如在孫中山臨時政府的 18 名內閣成員中，就有 15 名有留學經歷。〔註71〕國內學校的畢業生，有的也積極參與政治，有的能進入銀行、商業、文化等領域和部門。也有一些人，當走出學校之後，找不到相當的出路。曾經在學校熱衷演劇的，則繼續之前的新劇事業。1914 年後成立的新劇社，有些著名演員畢業或肄業自國內新式學校。比如汪優游（1888～1937），畢業於上海民立中學，在學生時代組織過「文友會」演劇。陳大悲（1887～1944）出生於官宦家庭，畢業於蘇州的東吳大學。鳳昔醉，畢業於江南高等實業學堂，有口才通英語。周劍雲，出生於 1893 年，幼年也曾接受私塾教育，後入兵工廠專門學校。〔註72〕學生在學校期間受到政治的激蕩，故而即使是在商業新劇時期，他們內心也存有「社會教育」的關懷。在以往研究中，往往關注以蘇州、杭州到上海的「鴛鴦蝴蝶派」文人群體，而對於這批源自學生階層的中低階層知識分子關注不多，他們中間很多人成為「新劇家」。

1912 年 4 月 20 日，以留日學生為主體組成的新劇同志會假座上海青年

〔註70〕Evelyn S. Rawski, Economic and Social Foundations of late Imperial Culture. David Johnson, Andrew J. Nathan, Evelyn S. Rawski edited, *Popular in Late Imperial China*. University of California Press, 1985. P.13.

〔註71〕徐國琦著，馬建標譯：《中國與大戰──尋求新的國家認同與國際化》，四川人民出版社 2019 年版，第 38 頁。

〔註72〕《新劇潮流·傳略》，《繁華雜誌》，1914 年第 1 期。

會首演《家庭恩怨記》。同年 12 月，又假座大舞臺演出。1914 年春柳劇場開幕後，也曾多次演出。此後的商業劇團新民社、民鳴社，女子新劇愛華社的演出版本，皆在此基礎上改編而來（圖 2-7）。這部戲也曾被旅行劇團帶到江浙一帶，湖南、漢口等地演出，是一戰前後比較流行的通俗戲劇。我們利用多次演出的資料和信息，來還原這部戲劇在民初的演出情況。

圖 2-7　新民社演出廣告，加唱京調、崑曲

資料來源：《申報》1913 年 10 月 21 日，第 12 版。

　　首先我們看大體故事情節。有劇評介紹六幕分別為納寵、私約、毒計、奇冤、追悔、殺妾。第一幕，前清標統黃伯強委身軍界，光復之際侵吞鉅款，後挾資來滬，娶小桃紅為妾。第二幕和第三幕，桃紅為勾欄中人，與李三有舊，入黃家後仍與之暗通。一日兩人私會之時，被伯強之子重生撞見，李遂設計害黃父子。第四幕，黃生日宴會將至，桃紅命重生購洋酒獻父，而偷偷下毒嫁禍。黃受蒙蔽，逐重生。重生冤憤莫白，以手槍自裁。第五幕，重生之妻菊仙與之伉儷頗篤，至是悲痛成癡。在忠僕的幫助下，黃亦漸知妾奸，痛子憐媳老淚暗彈。某日，李三潛至後花園，被兩僕所擒。第六幕，黃怒殺妾，盡以家財四十餘萬捐助孤兒院，投軍而去。也有劇評六幕名為嫖妓、遊園、毒計、自盡、哭夫、殺妾。鄭正秋的《新劇考證百出》列為七幕。〔註 73〕

〔註 73〕鄭正秋：《新劇考證百出》，上海：上海圖書集成公司，1919 年，第 3～4 頁。
　　　　因為演出時間跨度長，劇團也不同，所排演幕數及每幕名稱亦不相同。

　　我們先以 1912 年新劇同志會所演《家庭恩怨記》為例，《申報》上刊登有較為詳細的演出實況描述。此次演出全劇分六幕。劇評有一段論及陸鏡若所扮演之角色：

> 　　陸鏡若飾黃伯強，精神雄壯狀態糾桓，做工老到說白清爽。《嫖妓》一場，與筱桃紅並肩密語眉目相傳，描摹得入情入理。同時與孤兒院經理何三山對白謂：「現在經濟困難，自顧不周，安有餘欸以助孤兒院耶？」數句說得奕奕有神。嫖妓則揮金如泥，公益則一毛不拔，可為一般守財虜寫照。又《夢境》一場謂：「我最親愛的兒呀，我以一時之昏昧，致冤屈汝以不孝之罪，汝亦何忍竟捨我以長逝耶！」數句說得淒慘動人，是殆深於新劇智識而極有心得者也。〔註74〕

　　以上劇評，首先從戲劇表演論上，把演劇的逼真與否作為必要條件，強調對白和做工。第二，從戲劇觀眾論上，非常看重能否感動觀眾，引發共鳴。第三，強調戲劇的社會改良功能。新劇強調逼真，演員的表情和真情實感。新劇在辛亥革命前多政治劇，在青年會的演出，仍強調劇中的社會責任教育，有前期革命演劇中類似演說的部分。黃伯強這一人物的塑造，是對辛亥革命中投機政客的諷刺，具有極強的時代色彩。

　　新民社和民鳴社的演出，和最初新劇同志會的版本有所差異。在新民社、民鳴社演出版本中，重申的名字被改為「孝先」。〔註75〕越來越傾向於傳統家庭倫理，《家庭恩怨記》被當時報紙冠之以「家庭慘劇」，被宣傳為「有益於社會之良劇」。

　　其一，這部戲劇以父子人倫為中心，重申因為「孝」而不願拆穿毒計，以自殺引發觀眾同情和表現出對於儒家倫理的眷顧。如果說五四精英知識分子的討論，並不容易在日常生活層面被接受，那麼如陸鏡若一類的知識分子，他們是和民眾較為接近的。在劇評中，重申之「孝」也成為爭論的焦點。1914年 9 月 12 日針對春柳劇場的演出，署名為筠霄的觀眾發表觀後感，認為對申

〔註74〕 新劇團體往往有自己的機關刊物，我們借助劇評瞭解當時的演出情況。民初新劇理論處於形成和發展時期，劇評包羅萬象，有時劇評人和劇團成員之間亦有重合。鳳昔醉：《青年會連日演劇之盛況》，《申報》1912 年 04 月 22 日，第 7 版。

〔註75〕 藥風，即為鄭正秋。劇評稱，「藥風飾王孝先體貼戲情極為周到，至痛哭故母執刀自盡時，語語淒慘……演時神情之悽楚者，多為下淚。」丁悚：《劇談》，《申報》1913 年 11 月 02 日，第 13 版。

生的模仿再逼真也無法描摹眾人心中已有的形象。在民初的戲劇中，三從四德和三綱五常這一類明顯的說教，已經遭到了鄙棄。但某些儒家倫理，以道德情感的形式留在戲劇中。民初新劇除了宣揚「孝」，也保留了傳統倫理中的「忠」。例如《家庭恩怨記》中的僕人，幫助主人揭穿真相，擒拿奸人。如細讀民初的家庭劇，多部戲中都有一名忠心的僕人。

其二，《家庭恩怨記》屬於傳統懲戒故事。這一齣戲的最後一場，筱桃紅被殺，展示了暴力的淫婦懲戒過程，以達到維護正統倫理秩序的目的。這一列帶有厭女症特徵的戲劇，在元代就已經出現。田仲一成在分析元代雜劇的商業演出時，指出勾欄裏演出綠林雜劇，妖豔女角經常扮演出現在這些戲中的毒婦，最後被英雄殺死。〔註76〕郭安瑞（Andrea S. Goldman）對清代戲劇的研究表明，關於悍婦、妒婦或者淫婦的故事，是皮黃戲的一個重要種類，而且往往以反面的女人被懲罰為結局。京劇根植於正義且暴力的男性豪傑激情，及其對女人的私行暴力來獲取愉悅，在男性觀眾中還是有一定的市場。〔註77〕

在民初戲劇市場，當觀眾群體發生變化時，劇情會發生那些改變來適應新的觀眾需求？僅僅從劇評入手，也很難看到演出的實情，因為劇評本身就帶有觀者的偏見和意識形態。我們從劇照、情節，及其布景等方面，以春柳劇場歐陽予倩版的《家庭恩怨記》來分析筱桃紅形象。人物性格塑造的不同，和劇中游園情節的凸顯，使得整部戲的表現重點和情感指向發生變化。

1915 年《劇場月報》刊登了歐陽予倩扮演的小桃紅劇照。《劇場月報》是春柳劇場的機關報，多刊登春柳劇場的演出劇目和劇評。春柳劇場演出場所為謀得利劇場，雖然不如演出京劇的商業劇場設備齊全，但也有布景、燈光的現代舞臺設置。

照片展示了一個室內場景，小桃紅側臥在床上，纖指放於唇畔，凝神一張照片。以寫實主義的方式設置場景，背景以繪圖的方式展示牆壁。屋內家具、擺設，包括茶几、花瓶、床，薄裘、窗紗，都是實物。演員著新式服裝，梳新式髮髻。營造了一個靜謐的，又充滿情色意味的封閉空間（圖 2-8)）。在劇照下，並有題詩一首：

〔註76〕〔日〕田仲一成著，雲貴彬、于允譯，黃美華校譯：《中國戲劇史》，北京：北京廣播學院出版社，2002 年，第 161～162 頁。

〔註77〕〔美〕郭安瑞（Andrea S. Goldman）：《文化中的政治：戲曲表演與清都社會》，北京：社會科學文獻出版社，2018 年，第 230 頁。

圖 2-8　　《家庭恩怨記》之小桃紅

（資料來源：《劇場月報》1915 年第 1 卷第 3 期，第 11 頁）

素手纖纖玉照擎，秋波斜盼最多情。

昨宵曾記花園立，私語喁喁礙月明。

鴛鴦枕畔玉釵斜，薄擁香裘臉泛霞。

心事滿腔誰可訴，莫教偷覷綠窗紗。〔註78〕

這首題詩呈現了一個心事重重，充滿柔情的小桃紅，而非一個淫蕩的毒婦。如「心事滿腔」「秋波斜盼」，都非常細膩地刻畫了筱桃紅的多情。從照片上，人物觀看照片時的深情款款，也令觀眾產生同情。此處「小桃紅」這一人物所呈現的空間，兼有訓誡、欲望、愛情的多種複雜成分。

　　單純這張照片，可以理解為女性是色情凝視的對象。但是在劇場中，有著三重凝視。照片中筱桃紅對情人的深情凝視，觀眾對筱桃紅的凝視，同時還有女觀眾對男旦的凝視。這些凝視，體現了複雜的性別和權力關係。

　　在商業化戲劇的背景下，以「工業文學」為特徵的大眾化消費文化，對欲望和野心的呈現必定變成一種常見的形態。而在其中，色情身體的變遷和命運，身體的凝視和權力關係，也變成一種值得討論的情節敘事風格。即這種色情身體的展示，可能借助懲戒的風格。由此可見，世紀初的城市民眾消費的雖然還是前現代的故事，但是故事的內核和主要情節已經發生巨大變化。

　　《家庭恩怨記》最重要和最有趣的是第二幕遊園。首先，這一段情節展

〔註78〕 「新劇家歐陽予倩君扮《家庭恩怨記》中之小桃紅照片」，《劇場月報》，1915
　　　　年第 1 卷第 3 期，第 11 頁。

示了三對情人的親密談話。先是「伯強與桃紅攜手過橋。亭畔花前，兩情相得，令人豔羨不至，竟忘其為劇中之化身也。」稍後，伯強因事離開。「李生冒昧而來，阿秀傳語，桃紅初未之信，既而睹面，喜出望外。即贈銀幣二紙，李生負氣不受，桃紅悲憤欲絕。」〔註79〕而在暗處，還有重申夫婦在遊園。

這一段情節又充滿了緊張的衝突。這其中有發現和突轉，筱桃紅和李生曖昧情事被重申夫婦撞見，從而密謀了一個令人感到恐懼的毒計。觀眾從中看到了什麼，大概是各取所需，因人而異，仁者見仁智者見智。比較保守的觀眾，對這個角色及其扮演者甚為不滿，批評這個角色演出的太過「狎褻」，編劇者是「自貶聲價」：

> 予倩去桃紅，煙視媚行儼然一妓。其演置毒勸酒，投入伯良懷中，作種種狎褻之態，尤以為未足。且加之以淫調，使人膚生三日粟。此等處豈必如是而後為佳耶？蓋編者演者均不過欲博當場一贊，遂不惜自貶聲價而為之，不知群雌粥粥對此作何感想？吾願神聖尊嚴之劇界，居常以化俗牖民為己任者，於此等處加之意也。

對此，冥飛則辯駁，妓女就應該有妓女的樣子，不應該演成道學先生：

> 小桃紅之在《家庭恩怨記》中，其性質純然是一妓女。予倩之去小桃紅，當然以妓友之態度出之。……信如筠霄言，則妓女不應煙視媚行，自當正襟危坐，岸然面遵貌而後合於筠霄之心理？此等妓女大約可名之為「理學妓女」，為之狎客者又必周、程、朱、張諸大儒而後可者也！〔註80〕

這段話換個視角，指出表演恰合人物身份。歐陽予倩也曾對此評論做過回應，認為「批評當然出了戲劇範圍以外」，反而因為「揣摩的苦心收到了效果」，演出逼真而「非常得意」。我們也可以理解為，商業新劇以懲戒和社會教化，將情色身體的公共展示加以合法化。

對真摯愛情觀念的宣揚，還體現在重申和菊仙之間。如《自盡》一場，重申哀痛真摯，泣呼「我只丟不下最親最愛的菊仙！」聞者多淚下。」而扮菊仙者《發癡》一場，「忽哭忽笑，兩目呆定，酷肖神經病者：『我的哥哥那裡去

〔註79〕病鴻：《新劇管見：〈家庭恩怨記〉》，《聯益之友》，1926 年第 16 期，第 1 版。
〔註80〕此外，冥飛還提及：「至予倩是所唱，乃梅龍鎮中鳳姐所唱四平調，居然為筠霄聽成浮調，不知四季相思以至侉侉調等類又屬何等，殆所謂仁者見仁，淫者見淫者歟。」可見，此演出中亦有歌唱與音樂。

了？』令人聞之酸鼻。」〔註81〕多處劇評都重點提及，可見亦是當時所重。

　　民初戲劇上布景和燈光的運用，使得園林景色逼真優美，使愛情的發生更加自然。《家庭恩怨記》有多幅劇照留存，其中就有花園的場景。當時評論也稱「布置園景，頗合劇情。」在「家庭恩怨記之一幕」的劇照中，有畫片做背景的煙樹樓臺，近景實物的花，石凳等擺設。戲景是戲劇的六個組成部分之一，戲景雖然和戲劇的藝術性關係稍疏，但是卻最能吸引人。尤其是在民國初年，電的應用在大城市才普及，光電和布景在舞臺上應用，具有震撼的景觀效果。在清代的劇場中，並不使用布景，例如在舞臺上演出《嫂子我》等戲劇，其情色的表現是直白和淺陋的。而布景的應用，就像《牡丹亭》中的優美詞句一樣，將情色日常化和藝術化。

　　民初的新劇家，作為新興的資產階級，製造了既能反應他們的理想，又能適應市場的大眾戲劇。如果我們把民初戲劇作為家庭倫理的修正時刻，在經歷危機之後，也正是一種新的倫理秩序的重構，有各種力量參與的「閾限」時刻。新的家庭倫理和兩性道德的形成，是各種力量相互競爭和妥協的結果。民初的思想界是非常複雜的，有非常保守的傳統士紳，有新興的中產階層，有學生群體，婦女等等。他們的話語競爭都在戲劇領域得到體現。

　　新劇沒有完整劇本，實行的是「幕表制」。新劇因為使用幕表製備受詬病，但對於注重劇場演出效應的情節劇來說，幕表制更有利於演員的即興表演。問題是我們如何利用情節來做劇情的分析。「情節」對應的英文詞為「plot」，從語義學來講，plot 對應漢語中的四個意思：情節、布局、故事、陰謀。故而，雖然新劇雖然沒有劇本，但是幕表已經顯示了基本的情節。在中國的傳統戲劇理論中，情節也是非常重要的。李漁在《閒情偶寄》中提到「結構第一」。就如同建築一座房子，好的布局已經成竹在胸，格局了然。幕表是一個「腳本」，演員在演出過程中，可以即興說出臺詞，經典和常用的臺詞才漸漸固定下來。〔註82〕

　　亞里士多德在《詩學》中，指出情節是悲劇的根本。在所有的組成部分中，最重要的是事件的組合，或者故事情節。《詩學》中指出：「因為悲劇模仿的不是人，而是行動和生活。所以，人物不是為了表現性格才行動，而是為

〔註81〕《紀新劇同志會演家庭恩怨記》，《申報》1912 年 12 月 16 日第 10 版。
〔註82〕杜書瀛：《論李漁的戲劇美學》，北京：中國社會科學出版社，1982 年，第 89
　　　　～90 頁。

了行動才需要性格的配合。由此可見，事件，即情節是悲劇的目的，而目的是一切事物中最重要的。」〔註83〕情節便是悲劇的主要部分——好似它的靈魂，而性格則是次一等的；悲劇為一種行動的模仿，主要是通過那些動因的行動。

　　布魯克（Peter Brook）在論及情節時，也引用的亞里士多德關於悲劇的觀點。並且指出，敘事情節屬於世俗化的過程，始於啟蒙運動時期。因為基督教神聖化的力量已經消失，當現實世界不能用這些超驗的力量解釋的時候，個人和社會的生活就具有了介入的緊迫性。作為一種視覺藝術，必須在舞臺實踐中呈現並為觀眾接受。情節需要經過精密設計和布局，能夠呈現某種特定意義。情節使得連續的事件成為故事，故而情節使得我們處在時間性和敘事性的交叉點上。角色只是行動的代理人，最重要的不是主體或者人物性格，而是主人公所執行的動作。因此，「情節是敘事話語（discourse）的動態推動力量。」〔註84〕

　　1913 年家庭劇初興，家庭劇還是照搬了傳統故事，多是關於悍婦和懲戒。改編自《聊齋誌異》的悍婦故事，如《馬介甫》《恒娘》《珊瑚》。其他如《河東獅吼》，新編時事新劇《妻黨同惡報》等。研究《聊齋》的學者指出，這些故事現實了一種「厭女」心理，這些譬喻實則象徵了對於女人和戀情的恐懼，因為這些都足以威脅到家庭和社會秩序。《恒娘》則講述的是一個正妻戰勝滕妾的故事。《新劇雜誌》刊登《恒娘》的劇情為：洪大業之妻朱氏，資致頗佳，伉儷甚篤。後大業納婢寶帶為妾，又在外置公館。無奈朱氏徙其居，與布商狄姓者為鄰，見其妻恒娘，姿僅中人，妾則甚娟好。而狄獨鍾愛恒娘，殊不解其所以。因問之曰：「夫人果以何術而至此？」恒娘一一告之，朱從其言。盡易常服，霧鬢鳳鬟，光豔奪目。於是大業牽帷審視，遂親朱氏而疏寶帶。〔註85〕也反應了民國初年納妾盛行，妻妾爭風的事實。儘管如此，《家庭恩怨記》卻顯示了敘事的傾向正在發生轉變。「遊園」的情節，在之後的女子新劇中被繼承，在後面章節我們還會論及。《家庭恩怨記》作為家庭劇開始興起的標誌性劇目，和傳統的家庭戲有了性質上的改變，從懲戒劇慢慢轉向以言情為核心的敘事。

〔註83〕〔古希臘〕亞里士多德著，陳中梅譯注；《詩學》，上海：商務印書館，2019年，第 64 頁。

〔註84〕第 13 頁。

〔註85〕《恒娘》，《新劇雜誌》（劇史），1914 年第 1 期，第 130 頁。

　　《家庭恩怨記》作為現代家庭劇的濫觴，懲戒的意味漸漸減少，而言情的成分逐漸增加。這一趨向在後來的家庭劇中日趨明顯，尤其是在女性主導的戲劇中，懲戒劇漸漸變成翻案劇，通過再現劇中被壓迫女性的心理和生活狀況來重新詮釋戲劇情節。戲劇中所演繹的愛情故事，對現實生活產生反作用。從傳統以農業為基礎的社會組織形式向現代核心家庭的轉變，以及新的科學和技術的進步，要求生活在城市裏的人們不得不去關注和學習新的東西。無論是在東方還是西方，都是雜誌和報刊首先擔當起普及這種流行文化的任務，為市民提供了自我學習和實踐的機會，也滿足了人們對於都市生活知識的需要。

第三章　革命與日常：女子新劇尋蹤

　　這群女子新劇演員，幾乎已經被遺忘了，她們曾經的風靡一時，她們曾經的掙扎和奮鬥，都被塵封在歷史的記憶裏。但是當掀開那些發黃的舊報紙，看到那些報導和圖片，你彷彿又聽見了當年的喧囂，當年的鑼鼓，當年塗了厚重的油彩又唱又跳的花旦。歷史又變得鮮活起來。

　　本文所要講述的是在民國初年出現的一批女子新劇演員的故事。大眾文化和女性文化，二者都曾經被宏大歷史邊緣化，被貶低和不被重視。那麼，我們就把兩種視角結合起來重新審視女子新劇。拿上海的娛樂文化而言，劇場、演員、觀眾，劇場的形式和演出的內容，以及新興的近代媒體，諸多因素組成一個公共空間，新的社會價值觀念，就在這個空間裏面演練進而影響整個社會價值體系的嬗變。女子新劇演員，作為最早的職業女性，與日漸興起的女性觀眾，為女性文化空間的出現做出了開拓性的貢獻，使得整個都市文化開始籠上一層女性色彩。

一、第一女子新劇社

　　1914 年 7 月 9 日，星期天，這天《申報》上突然大字刊出三個女子新劇團同天開幕演出。其中第一女子新劇團尤其醒目（圖 3-1）。其廣告所佔版面和斗大的字體都顯示出浩大的聲勢。陣容也非常齊整，列出演員有 77 人。「皆係讀書明理之士」，「所演各劇，宗旨純正，情節離奇」。演出的地點是圓明園路的 A.D.C 劇院，此「係上海最宏達最完美之劇院」，所用布景電景皆係西人特製，為各處劇院所未有。且座位寬敞、空氣涼爽，招待周到，布置完密。道路平坦，車馬皆可直達，電車尤為便利。〔註1〕

　　演出的三劇依次是《情海劫》、《紅拂淚》、《俠義緣》。相比於男子新劇在

〔註 1〕《申報》廣告，1914 年 7 月 9 日，第 9 版。

圓明園戲院第一次演出時的默默無聞，女子新劇獲得了空前成功。時人描述為：「紅男綠女，聯袂偕來，黃童白叟，接踵而至，一時愛提西劇場之外，車水馬龍，往來如織；愛提西劇場之內，人山人海，萬頭相昂。」〔註2〕而且，演員林如心、謝桐影成為「各中翹楚」，聲名遠播。

女性進入公共空間尤其是戲劇表演舞臺，女演員的誕生，絕非僅僅是一個商業事件，它也是革命社團和政治參與的產物。我們通過散落在報章雜誌的零碎信息，尋找女子演劇與民國初年女性運動之間的聯繫。

民國初年的女性雜誌《眉語》中，刊登了一副名為「女新劇家」的照片，我們看到 35 位不同年齡階層的女子，這便是上文所言第一女子新劇團的部分演員。左邊的小字有一行小字：「發起人為丁靜嫻女士，即圖中上列左首之第一人，是志之以供參考」；右邊字為：「按此係女子新劇家最初之一部分人，其團體名第一女子新劇社。」（圖 3-2）

《眉語》雜誌中還有一首《送丁靜嫻女士回杭》的詩歌，作者為褚鐵華。鄭逸梅在回憶錄中提到，「褚鐵華，她是褚輔成的妹妹，辦女子新劇社，幹練不讓鬚眉。」〔註3〕褚鐵華是中國社會黨黨員。1915 年在上海派克路（今黃河路）廣育醫院養病期間所做一首《夜雨不昧》小詩云：「細數鐘鳴心暗傷，臥聽風雨近重陽；身如泡影為憂國，家在雲山莫望鄉。」又一首：「遙起笛聲來入耳，靜聞雁唳去成行；村農哪有興亡感，東作西成歲歲忙。」〔註4〕旁白小字：「余曾發起女子商店及創辦《復報》等事，均因經費支絀，遂亦中止。」褚鐵華不僅是一位投身社會，憂國憂民的女革命者，而且曾經參與民國初年女子實業的創辦，女子新劇社也是這些實業之一。

丁靜嫻曾任杭州女子成績品發行所第一所的經理。所謂女子成績品發行所，也即開設商店，資金由各位女同志和女師學生合股，每股二百元。商店服務人員，從上到下都用女子（圖 3-3）。貨品也是女性製作的，主要是毛線手織品、挑繡、機器縫製品，另外加入洋貨。這個女子成績品發行和上海的男女平權維持會有密切關係。1912 年 2 月，陳振志等社會黨女黨員曾發起了男女平權維持會。並組織女子工藝傳習所、女子實業學堂、女子醫院、女子

〔註 2〕振公：《女子新劇團興衰之始末》，《新劇雜誌》1914 年。
〔註 3〕鄭逸梅：《鄭逸梅選集》（第 3 卷），哈爾濱：黑龍江人民出版社，1991 年，第 721 頁。
〔註 4〕《碎錦集：送丁靜嫻女士回杭》，《眉語·詩歌》，1915 年第 1 卷第 5 期，第 5 頁。

染紡局、女子市場、女子蠶桑、縫紉、刺繡各學校，對於女子生計上種種之進行，莫不竭力提倡。〔註5〕

　　中國社會黨成員陳振志也曾辦過女子新劇社。1912年8月7日，一新聞稱：「社會黨黨員陳振志女士，痛恨社會之晦暗，自願以身作則，排演新劇以改良社會。業已糾集同志女士，編就新戲。聞俟暑氣稍退，即可登臺演唱，貢獻社會。」〔註6〕社會黨內的演劇，除了發展女子職業，部分也是因為宣傳需要。

圖3-1　第一女子新劇社演出廣告

資料來源：《申報》1914年7月9日第9版。

圖3-2　第一女子新劇社，成員35人，前排左四為林如心，左六為謝桐影

資料來源：《眉語》1915年1卷4期1頁。

〔註5〕《天鐸報》，1912年2月25日，轉引自：中華全國婦女聯合會婦女運動歷史研究室編《中國婦女運動歷史資料 1840～1918》，中國婦女出版社，第613頁。

〔註6〕《申報》新聞1912年8月7日，第7版。

圖 3-3　杭州女子成績品發行所

資料來源：《眉語》，1915 年第 1 卷第 6 期，第 1 頁。

二、女黨員演劇宣傳

　　1913 年 9 月 26 日新聞報導：「神戶電某輪船由大連駛抵，此間頭等艙內有一美少年，自稱年僅十六。有人見而疑之，乃向盤問，旋知該少年實江蘇傅文郁（譯音）女士。聞前年光復時，該女士頗為出力。」[註7]

　　這描述的正是社會黨黨員傅文郁在二次革命失敗後，被袁世凱懸賞一萬元通緝，而由大連逃亡到日本時的情形。傅文郁是女子參政同盟會的成員。1912 年，唐群英派她和沈佩貞，一起去河南組建女子參政同盟會河南支部。為了宣傳革命，進行啟蒙，成立了河南新劇團。沈佩貞在成立大會上發表演說：「新劇為通俗教育無上之良法，劇曲感人之功，可與報紙演說並駕齊驅。而對於一般不知字之人民，其收效為尤速。鄙人素來主張平民政策。故對於程度太低，知識太陋男女同胞，不怕舌敝唇焦，與之開導，究不如新劇感人既深其迅速。」[註8]而傅文郁則現身說法。她說：「如云女子不能演劇，猶言孫、黃不能革命，則女子必能演劇；且有男劇，又有女劇，二個對峙，則開通社會之功力莫大。」[註9]和男子新劇以上海為中心不同，女子新劇則到了北方演出和宣傳。

　　1913 年 3 月 20 日，宋教仁在滬寧車站北刺殺。出殯之日，送行者數千

〔註 7〕特約路透，《申報》新聞 1913 年 9 月 26 日，第 2 版。

〔註 8〕《新劇團歡迎沈佩貞女士筆記》，《自由報》，1912 年 10 月 25 日。

〔註 9〕《本埠新聞‧戲劇團歡迎誌盛》，《河南實業日報》，1913 年 2 月 15 日。

人，哭聲震宇。宋教仁被刺殺後，接著大借款也成立。革命黨人開始策劃發動二次革命。傅文郁集合成員成立「秘密鐵血會」，進行反袁活動。秘密鐵血會簡章中稱以推翻政府為宗旨，推選會長十人，每會長各帶十人，按甲乙丙丁戊己庚辛壬癸為暗號。為嚴守秘密，會所不擇定地址，凡會長會議縱擇一報館編輯部，開臨時會。儘管如此，1913 年 06 月，天津警廳楊以德逮捕了傅文郁及二十名女子「秘密鐵血會」成員。並於 5 日公布了所謂的證據，打算處死傅文郁。被稱之為萬柳堂夫人的吳芝瑛，聞其事，百計營救，託其夫廉南湖上書袁世凱，方得釋放。這時候，袁世凱先是在天津殺害了中國社會黨的天津和北京支部領導人陳翼龍，之後下令取締中國社會黨，對於全國的社會黨員進行捕殺。在這種白色恐怖下，同樣身為社會黨員的傅文郁便住到了萬柳堂廉南湖家。廉南湖是江蘇無錫人，清代曾任度支部兩種。與載澧私交甚厚，且輕財好義以遊俠自居。廉夫人即吳芝瑛，與秋瑾為舊交。在秋瑾就義之後，吳芝瑛收斂遺骨，葬於西子湖畔。故同情革命，與女革命黨人聯繫頗多。一段時間之後，恰逢另外一個社會黨兼新劇家劉藝舟赴大連演出，傅文郁便混入新劇團中，女扮男裝，從大連而流亡日本。

傅文郁原籍在浙江紹興，生於 1898 年。她的父親傅肇敏，原係清光緒年間廣東凌水縣知事。由於傅肇敏思想傾向於孫中山的民族革命，被同僚參奏而被革職。不久母親病故，父親帶著她來到北京定居，住在宣武門外丞相胡同。之後，父親把他送到本胡同由學部員外郎江亢虎開辦的女學傳習所讀書。1911 年 11 月 3 日，上海光復。5 日，中國社會黨宣布成立。這時候，傅文郁聽到了江亢虎的名字後，便去簽名加入中國社會黨了。

中國社會黨是一個無政府主義的組織。早在 1903 年，劉師復、吳稚暉等人就在東京和巴黎出版無政府主義的報刊，宣揚自己的主張。到 1906 年國內也出現無政府主義的革命組織和綱領。最初，中國人沒有直接接觸到無政府主義者的，常常和俄國的民粹主義和虛無主義混為一談。1902～1907 年間，被無政府主義所吸引的中國年輕的激進派，是通過虛無黨的政治實踐，即通過個人的政治行動，特別是暗殺為最突出特徵的反專制主義的鬥爭來認識無政府主義。在上海組織成立新劇公會的吳稚暉，是第一代無政府主義的代表人物。褚鐵華的哥哥褚民誼，也是無政府主義的一員。這些網絡關係，表明新劇和無政府主義，尤其是其政黨中國社會黨有密切的關係。

　　通過以上的脈絡，我們看到背後，把各個革命黨人連接起來的網絡，就是中國社會黨。中國社會黨到 1911 年底，已在全國各地建立支部「四百九十餘起」，黨員達「五十二萬三千餘人」，這其中包括眾多的女黨員。早期的婦女參政團體，很多借用演劇來籌款和募捐。在中國社會黨內部，女子演劇已經屢見不鮮。中國社會黨在第一次聯合大會中，就規定定期舉行社會主義「演講會」。中國社會黨成立以後，其在組織上的發展，在某種程度上得益於這種社會主義演講會。每次「聽講後簽名入黨者實繁有徒。」上海本部，每月第二、第四個星期日為演講會。從 1912 年 1 月下旬開始，改為每星期舉行一次，是為「星期演講會」。

　　中國社會黨的支部遍及全國，創辦的刊物包括《社會星》《社會》《社會黨月刊》《人道週刊》《社會世界》《女權報》等。為了到各個支部宣傳，還成立了流動宣講部，組成音樂隊和新劇團。因為社會黨的支部遍布各大城市，故新劇團也流動到各個城市。據專門研究中國社會黨的專家統計，中國社會黨在民初的所屬機構有 47 個。其中涉及新劇演出團體的，主要有中國社會黨隨軍宣講隊、開明社新劇團、中國社會黨本部流動宣講團、晉鐸演說社。由中國社會黨及其黨員發起的黨外團體單位 53 項。黨外團體中的戲劇演出團體，包括新劇同志會、伶界聯合會、進化團、女子工藝傳習所、新劇團等等。1912 年 9 月，社會黨女黨員張亞昭等發起的「女子跳舞音樂新戲演戲團」。除了這些專門戲劇團體，其他團體在集會和籌款中也經常進行新劇演出，例如1912 年 6 月 6 日，女子教育研究會因經費支絀，特聘文士編劇，陽曆六月六即四月二十星期六，假座張園安凱第演劇一天。1912 年的國民捐運動，把各種籌款演出推向了高峰。

　　中國社會黨下屬神州女界協濟會還專門成立了「國民捐勸導會」。國民捐勸導會的成員，除了神州女界協濟會的全體成員外，另外又有八十人加入。經過集體討論，把人員分為三個部分。一為編輯部，專門從事編輯歌文或淺近文字的工作，以激發人之愛國心，並且廣為分送。二為宣講部，專事演說。三為演藝部，會員自編演醒世新劇，用演劇的方式比之演講更能激發人的愛國心。由於人員的不敷支配，之後「又召集貧兒與以工值，教之各種愛國歌詞，至市中歌唱。各部應用經費以簡要為主，由本社擔任也。」〔註 10〕

　　1912 年國民捐期間，學校尤其是女校的演出籌款變成全國響應的民眾活

〔註 10〕「本社紀事」（國民捐勸導會之成立），《神州女報》1912 年第 5 期，第 1〜2 頁。

動。各類報紙，大量報導女校開展遊藝會或者音樂會等籌款活動。如「中西書院舊址開國民遊藝大會，所收入座券資（每券一元）撥助國民捐。」所定節目列下：「警世新劇、名人演說、中西女藝演唱班演唱、留美音樂家史女士奏琴、十齡女童獨唱、中西學校扶雅會國樂、文明幻術，尚有種種遊藝不及盡述。」〔註11〕1912 年舊曆七月十號，西安女子助餉音樂會假全浙會館開會，該會副會長常伯清女士謂：「中國數千年來，女子無才便是德之說，深中人心。故我等今日提倡音樂會，其樂歌皆合新國民之程度。一藉以捐輸，一藉以聯合各界。」會上也有女學生合唱，花園女學生五人一人執小紅旗，前導舉手合拍音節中度。女學校校長李啟秀女士率學生十人，年均六七年齡，合唱放足歌。〔註12〕

　　除了學生的遊藝會，甚至有閨秀演劇。國民捐調動了社會各階層，各種形形色色的募捐活動出現於公共空間。其中女子演劇，在募捐中顯現出了巨大的商業機會。在當時的報導中，就可見以國民捐為名義而謀利者。但是國民捐也以革命和救國的名義，給與女子登臺表演以「合法性」，這訓練了她們的演出能力，其中也有脫穎而出者。

三、女性烏托邦

　　無政府主義是英文「Anarchism」的翻譯。漢語中的「無政府」強調「沒有政府」是無政府主義的基礎。歐洲語言中所說的「無政府」一詞意義上要比這寬泛得多，就像其字面意思「無規則」所指的那樣。無政府主義和中國的佛道體系也有思想上的相通之處，理解為「烏托邦」更為合適。

　　中國社會黨的最早發起者之一是江亢虎。光緒三十一年（1905 年），江亢虎任學部員外郎期間，在自己北京丞相胡同的家中，創辦了第一個女學傳習所。傳習所以養成女校教師為目的，之後慢慢擴展到四所。資金除了江亢虎自己籌集之外，還得到了當時身為南洋大臣的端方和北洋大臣的袁世凱的支持。隨著學生人數的增多，房舍也不斷擴建，先後辦了五年。1909 年，江亢虎出國留學，把女學傳習所移交給學部。江亢虎 1905 年的創辦女學，是開風氣之先的。直到 1907 年，清政府學部才奏定《女學堂章程》。在 1905 年之時，全國女學堂有 428 所，在校學生 15496 人，而教會女校人數占總數

〔註11〕《申報》，1912 年 06 月 13 日，第 7 版。
〔註12〕《陝垣女子助餉音樂會紀盛》，《申報》1912 年 7 月 31 日，第 6 版。

90%左右。據江亢虎在後來的演講中說，在他創辦女學之時，北京只有一二所教會女學。

江亢虎生於 1883 年，江西人。早在 1901 年期間，就東渡日本，在早稻田大學學習。在 1902 到 1904 年間，他和日本社會黨交換意見，討論社會主義的問題。1904 年，他便提出了「三無主義」的理論，「無宗教、無國家、無家庭」，並閱讀倍倍爾的《婦女與社會主義》一書。1909 年，江亢虎在北京發起成立「世界教育工會」，並發表《無家庭主義》在吳稚暉、張繼在巴黎發行的無政府主義雜誌《新世紀》上，宣揚「遺產歸功，教育普及。」吸引了大批信徒。1910 年，江亢虎遊學歐洲，正式公開宣揚他的三無主義。1911 年 7 月 10 日，第一個「社會主義研究會」在上海成立，並創辦了《社會星》《社會》等機關刊物做宣傳。

1911 年 6 月 1 日即端午節，應惠興女學主持人貴中權的邀請，在杭州女學聯合會召集的大會上，發表《社會主義與女學之關係》。他在演講指出，教育應該「由造就淑女、良妻、賢母者，變為造就世界的個人。」女子的獨立要「先使女子與男子學識相當，而父女、夫婦、母子之間，各營職業，各圖生存。」因為這次演講，引起了浙江當局的恐慌，江亢虎被驅逐出浙江，貴中權則蒙冤致死。由於這次事件，江亢虎則聲名遠播。1911 年 7 月 5 日，城東女學社畢業典禮，校長楊白民邀請江亢虎講話。在演講中他說：「小學為個人資格之初步，手工為個人生活之技術。諸君須知，今日畢業之日，即加入社會事業之日，其通功易事。小往大來，盡一己之藝能，謀公共之幸福者，道將安在，可不念諸。」〔註13〕

其演講多是和婦女家庭有關，並不是真正和社會主義相關，但是江亢虎所宣揚的這種女性烏托邦，其中包含的婦女解放思想，對女性產生了極大的吸引力。他在杭州女學聯合會的演講，也引起了一系列的反響。1913 年中國社會黨被禁為止，他一直通過演講、演劇和出版物等在中國宣傳社會主義思想。中國社會黨中眾多女黨員，儘管有些成員或許對社會主義不瞭解，但是信奉男女平權的主張。

無政府主義者提倡家庭革命，認為儒教和三綱五常是壓迫女性的根源。在東京的無政府主義者何震，出版《天義報》，提倡婦女革命。目標設定為：

〔註13〕汪佩偉：《江亢虎研究》，武漢：武漢出版社，1998 年，第 60 頁。

摧毀國家和種族界限以實行國際主義，反抗一切的權威，推翻所有現存的政府形式實行共產主義，實行男女絕對平等。〔註14〕

　　1913 年 6 月 5 日，天津警廳逮捕了傅文郁及二十名女子「秘密鐵血會」成員，成為大屠殺的前兆。1913 年 6 月 9 日，袁世凱下令罷免江西都督李烈鈞。7 月 12 日，李烈鈞宣布江西獨立，二次革命開始。1913 年 8 月 6 日，北京、天津支部中國社會黨負責人陳翼龍被殺害。1913 年 8 月 7 日，袁世凱下令解散中國社會黨。命令各省都督，民政長及各軍司令官，將全國的中國社會黨本部、支部，一律嚴行查禁。此令一下，各支部均被當地官廳和軍隊解散，各支部擁有的法人財產全被查抄，不少黨員被拘捕，其家財亦被沒收。中國社會黨的上海本部，因事務所設在英租界內，所以才未被封禁。江亢虎去職，流亡國外，一年零十個月的社會黨畫上了句號。

　　以中國社會黨的女黨員為中堅力量的民初女權運動，在中國婦女運動的歷史上留下了光榮的一頁。中國社會黨被袁世凱解散之後，女權運動便沈寂下去。女黨員們各奔東西。有的感時憂世，抑鬱成疾；有的精神痛苦，情緒消極；有的悲觀厭世，遁入佛門；有的追求享樂，嫁給新貴。當然，也有的尋求自立，經商謀財路，多數則進入文教衛等行業成為教師、編輯、作家、醫生，成為了我國最早的一批職業婦女。還有一些，創辦了女子新劇團，並參與演出。

四、女子新劇的商業化

　　以政黨宣傳和學校賑災為目的的新劇團體，漸漸變成商業化的演出團體。民國初年，這兩類演劇經常假借劇場演出。如 1912 年，壬子春三月，女子參政會演劇於張園。「女子參政會以籌會費起見，爰擇會員中之厲口者，習為新劇。於五月間，就張園演出三日，獲資甚巨。」〔註15〕

　　此外還有女學校的演劇。民初女校常常因為經費不足而停辦。如創辦於 1902 年的務本女塾，1911 年光復期間停課，民國元年春因虧欠建築等費用六萬餘金，仍未能開學，其校長吳懷疚宣告停辦。「神州女界協濟社」成員為續辦該校多方籌借，甚至到南京政府請款，孫中山自捐一萬元。務本女校重辦

〔註14〕阿里夫・德里克：《中國革命中的無政府主義》，孫宜學譯，桂林：廣西師範大學出版社，2006 年，第 95 頁。

〔註15〕《民國叢書》，上海：上海書店，1991 年，第 57 頁。

之後，她們用餘款自創了神州女校，校址設在北四川路洪吉里，後來遷到仁德里。林如心就是神州女校的學生。女學生的演劇更為頻繁，因為當時私人創辦女校步履維艱，經常因經費困難以致停辦。學校經常借助劇場演出來籌款，票價通常都是一元，而平時最好的包廂也僅售八角，在《申報》上這樣的演出經常見到。僅舉「競雄女學演劇籌款」一例，曰：「本校開辦三載，成效卓著，惟是經費向少，不無支絀。」故特「假座三馬路大新街民鳴新劇社，選演《琵琶記》，以資補助。」〔註 16〕

　　女學的數量在辛亥革命後增長迅速，根據陳東原的資料，1902 年教會學校中的女生有 4373 人；民國時期，教育部的五次教育統計圖表顯示出數量的逐年增加。民國元年年度，中國人自己辦的學校內全國女生數量是 141130 人，民國二年為 166964 人，民國五年達到 172724 人。〔註 17〕這個數字足夠大，但就全國而言。而且在當時風氣和社會壓力下，很少有學生會把演戲當作一種職業，尤其是出身中於上層受過教育的人。

　　但是這兩種演出刺激了商業化的演出。演出所租界的劇場多是商人開辦的，縱然當時的女新劇家沒有獨立經營的想法，劇場的老闆們已看到了生財之道。女子新劇和男子新劇一樣經歷了由非職業化到商業劇團的轉變過程。高梨痕在回憶錄中曾提到：「一九一二到一九一三年間，上海有第一女子新劇社、愛華女子新劇社和坤範女子新劇社。」〔註 18〕如果這個說法準確的話，那就是說在 1913 年之前就有女子新劇團體的成立，但是沒有正式的演出，在《申報》和《新聞報》上也沒有任何報導或者是廣告。

　　直到 1914 年，受到甲寅中興後新劇巨大商業利益的影響，《申報》上出現很多關於女子新劇的信息。根據《申報》和《新聞報》的資料統計，1914 年十月份先後有愛華、坤華、坤一女子新劇團開幕。1915 年前後有巾幗、競華、振坤、中華、小舞臺、明德社、笑舞臺、愛興社八家女子新劇團接踵而起，其中巾幗、小舞臺、笑舞臺、愛興是日夜演出的專門女子新劇劇場。1916 年，尚有六家新出現：同志、優美、新華、培德、興華、振亞。結合其他資料所

〔註 16〕《申報》，1914 年 12 月 6 日，第 12 版。
〔註 17〕陳東原：《中國的女子教育——過去的歷史與現在的缺點》，鮑家麟編著：《中國婦女史論集》，臺北：稻香出版社，1999 年，第 241〜257 頁。
〔註 18〕高黎痕：《談解放前上海的話劇》，上海市文史館，上海市人民政府參事室文史資料工作委員會編：《上海地方資料》（5），上海：上海人民出版社，1986 年，第 124 頁。

見，截止到 1917 初先後出現了至少二十六家女子新劇團體（見附表）。〔註19〕

　　與第一女子新劇社同天刊登廣告演出的還有兩家：張園女子新劇和假借「亨白花園」演出的「普化女子新劇社」。〔註20〕張園為給華洋廣告博覽會助陣而邀請女子新劇演出，演出劇目有《離恨天》、《再生緣》、《情天遺恨》。這種商業性的演出很好地和當時流行的民族話語結合起來，例如普化社聲稱：「本團成立數月於茲，慨近世風俗之頹傾，特發揚我女子神權，組織新劇藉以開通民智，輔助教育於萬一。」〔註21〕對於當時女子進入社會的各種限制，這不啻是一條取得合法性的明智策略。

　　普化社在亨白花園演出一段時間後，搬遷到正式的舞臺進行職業演出。廣告宣稱：「普化女子演藝團，假法界歌舞臺……特聘文學優美之女子新劇大家，開演古今中外歷史改良時事新劇。」〔註22〕以上提及的「甲寅中興」之後的女子劇團，尤其是在《申報》上出現的，演員大多是「新劇速成班」中的成員，屬於職業化的演出劇團。之後，女子新劇在 1915 年和 1916 年達到最盛期。

　　那麼，其他的那些女演員來自何處呢？

　　1904 年最早的戲劇雜誌《二十世紀大舞臺》發表了醒獅（陳去病）的《告女優》一文，呼籲髦兒戲女伶要和男子京劇改良者一樣演出新劇，投入到愛國的行動中去。「西洋的女優，日本的藝妓，人人都能識字，人人都有愛國的心」〔註23〕，所以她們受到尊重。但是中國的髦兒戲演員，儘管技藝高超，卻沒有愛國的情懷，所以低人一等。當時很多人也認識到女演員的重要性，例如王鈍根在《申報・劇談》中有《論男女合演》一文，認為歐美各國都有女演員，而且出類拔萃，女子有獨特的性格氣質，有的方面是男子不可模仿的。在這種語境下，一些男子新劇家開始招收女學員。〔註24〕目前資料所見最早的由男子新劇家創辦的女子新劇社，是任天知的「大同女子新劇

〔註19〕女子新劇團的演出劇目列表，及女子新劇團演員組成列表，參加林存秀：《城市之聲：文明戲與 20 世紀初上海都市文化》，華東師範大學博士畢業論文，2011 年。

〔註20〕這些花園可以說是遊樂場的前身，1914 年出現了「亨白花園」、「新華園」、「愚園夜花園」等，這些夜花園裏面有演出影戲、灘簧小調、各種遊戲、西洋音樂等，女子新劇也列入期間。

〔註21〕《申報》，1914 年 7 月 9 日，第 9 版。

〔註22〕《申報》，1914 年 8 月 13 日，第 12 版。

〔註23〕醒獅：《告女優》，《二十世紀大舞臺》，1904 年第 2 期，第 1～6 頁。

〔註24〕《申報・劇談》，1914 年 9 月 20 日，第 13 版。

社」，時間大概在 1913 年。此後出現許多類似的新劇「速成班」，發起人有男子新劇家也有女子新劇家。

　　從 1914 年 3 月份開始，《申報》上出現了一則「女子新劇團徵求同志」〔註 25〕的廣告。這則廣告持續登載數十天，4 月份廣告中，招收名額增加到 60 人，費用只取二元，餘下免繳。〔註 26〕在新劇興盛之後，教授劇學也成為一種職業。鄭正秋、顧無為、蘇石癡、錢化佛等人都曾在《申報》上登載廣告招生。〔註 27〕尤其是民興社男女合演的紅火，女子新劇的賣座賺錢，更刺激了女子新劇「速成班」的出現。學習三個月就可以上臺演出拿包銀，也是極大的誘惑。例如由歐陽予倩、朱雙雲、汪優游等發起，教員包括吳稚暉、包天笑、玄哲、楊塵因、陸露沙、馮叔鸞在內的「星綺演劇學校」在廣告中宣稱：「欲月得三四百元之薪金乎！欲為最高尚之社會教育家乎！欲也，請到我星綺演劇學校來，學而習之，畢業後便可得三四百元矣！」〔註 28〕

　　女子新劇演員所拿的包銀雖然較男子少，但是一般演員也在 200 元左右。對於剛剛踏上社會謀職不易的女性來說是求之不得。大家閨秀、小家碧玉、工廠女工既是新劇的觀眾也成為演員。專愛在雜誌上發牢騷的錢香如提到：「新劇盛行，劇人蜂起，不獨男子，即女界亦然，甚至閨閣千金亦有登舞臺顯色相者。」〔註 29〕

　　女子新劇演員的出身有彈詞世家、小家碧玉，有女校學生，有童養媳，還有破落官宦之家的姜或者是小姐。而且很多是因為婚姻不睦而離婚或者是逃出家庭，來到上海自謀生路。女性走向職業市場在當時亦很普遍。早在 1915 年一女子在雜誌撰文寫道：「近數年女子有投身職業者，故滬上有雇女招待之商家出現，說者以為驚世駭俗之舉，殊不知數年前亦已風行，如豆腐店、雜貨店等半屬女子掌握……」〔註 30〕

　　隨著觀眾群體的增大和劇場的賣座率提高，各大劇場紛紛聘請女子新劇劇團演出。女子新劇演員們不甘心依附男子新劇演出，創立獨立的專演女子新劇的劇場，從管理到經營都是女性。放到當時的歷史背景中考量，在女性

〔註 25〕《申報》，1914 年 3 月 21 日，第 9 版。
〔註 26〕《申報》，1914 年 4 月 17 日，第 9 版。
〔註 27〕《申報》，1916 年 10 月 13 日，第 15 版，「化佛據學藝術館」廣告。
〔註 28〕《申報》，1916 年 10 月 14 日，第 17 版。
〔註 29〕錢香如：《女伶頭銜》《繁華雜誌·滑稽魂》，1914 年第 1 期，第 7 頁。
〔註 30〕《繁華雜誌·香奩》，1915 年第 5 期。

剛剛踏入社會的階段，這種氣魄和實踐難能可貴。

五、女演員的生存困境

在一個男性世界裏，在商業化演出中受老闆控制；女觀眾雖然出現，但是卻沒有聲音；在文學上，也沒有一個女性創作群體出現，給予其有力的聲援。而且，當時的歷史背景是，儘管國家的名號已經變化，但是性別制度的價值觀念還在固守。女子新劇承受來自社會和家庭的雙重壓力。

1914 年，女子新劇剛剛公開演出不久。江蘇省教育會在 8 月份，便下達了一個《解散女子新劇團》的命令，內容如下：

> 滬上自女子新劇團發現以後，曾由江蘇省教育會函請滬海道尹從嚴禁止。茲聞楊道尹已函覆該會，略為展讀臺示，並提議書佩悉種切查。女士人格何等尊崇，戲劇雖為社會教育之一。而我國女學正在萌芽，亟宜潛心研究，力圖上進。滬上發現女子新劇團，人數既多，品流必雜，既與女界名譽有關，且與地方風化有礙，除分飭兩工廠查明解散外，特此奉覆云云。〔註31〕

1914 年 8 月份發出禁令，9 月份又頒發《查禁女子新劇之催促》：

> 江蘇省教育會前以上海女子新劇劇團林立，風化攸關，函請滬海道尹設法查禁。曾經楊道尹飭行英法兩公廨、上海縣知事、淞滬警察廳一體查禁在案。茲楊道尹迄多日未將查禁情形呈報，且訪聞尚有女子新劇團預備於舊曆仲秋開演，現正從事練習，甚有男女合演者。……〔註32〕

江蘇省教育總會，是以改良和革命派男性精英為主體的組織。在他們的思想中，要培養的是賢妻良母，對於女性要求的其他權利，他們不但不理會，反而感到恐懼。辛亥革命之後，女性沒有得到夢寐以求的平等。女子參政的夢想隨著女子參政團怒砸參議院，腳踢警衛兵的悲壯而結束，然而到底是蒼涼。1913 年 11 月 13 日，女子參政同盟會被勒令解散。男女平權並沒有實現，於是在整個動盪的民國時期，女性運動一直步履艱辛。

以公民自居的男性藝人，著手對藝術的改革，把舞臺變成一個實現政治

〔註31〕《申報》廣告，1914 年 8 月 30 日，第 11 版。
〔註32〕《申報》，1914 年 9 月 21 日，第 9 版。

理想和個人抱負的場所。男藝人廢除舊而有之的「男堂子」制度,注重公眾形象和自身人格,爭取社會的承認和尊重。而且,在傳統的「教化」觀念和近代的民族主義呼聲中,戲劇被當成一種社會改良的工具,投入創作和演出的不乏大批男性精英,儼然以社會教育家著稱。而對於女性同行,他們也是排斥的。女子新劇禁令廢除,男子新劇家在《繁華雜誌》上發表《解散女子新劇團》感言:「於戲劇一道,(女子)終無須側身其間。蓋女子教育應在家庭,勉為賢母、為賢婦,此為女子之天職。若夫社會教育似當男子是賴,奈何女新劇家必欲舍本逐末,若此舉之必不可已耶。」〔註33〕縱使當時演員如林如心、謝桐影等的表演藝術贏得了男性演員的認同,但是評價總是失之刻薄,「只指演劇而言,至其行為如何,則不可得知也。」〔註34〕

除此之外,還有來自家庭的壓力。《申報》1915年8月刊登了這樣一則廣告:

欲與女新劇家林如心訂立合同者注意

敬啟者小女如心側身新劇,本係出自遊戲,演唱數月,多承大雅不棄,是以頗負時譽。然此種事究非閨淑所宜。故屢經勸導,不許再行演唱。並擬囑伊肆業女校,以竟其學。惟風聞有一二此道中人,以小女藝精足以號召觀客,故百計誘騙,欲與伊訂立合同,登臺演唱。為特先行布告,此後林如心演唱與否,其權力全在於余,即合同等類,未經過余之簽押者,均不作為憑。若有發現,除將該約作廢外,並需切實根究指使之人,稟控公堂,貫以應得之罪。特此布告,尚祈公鑒。

北蘇州河北慎余里八百五十號林宅白

前面我們提及第一女子新劇社在圓明園路蘭心大戲院的演出,一炮打響之後,幾乎所有新成立的女子新劇社都拉攏林如心,並在廣告中列出林如心的名號。林如心於1898年農曆二月初三出身於一個殷實之家,祖籍福建(圖3-4)。曾就讀於上海神州女學。從這篇報紙啟事來看,父母不允許其從事演劇,並希望能將學業繼續下去。

〔註33〕鳳昔醉:《解散女子新劇團感言》,《繁華雜誌》,1914年。
〔註34〕周劍云:《新劇概論》,《鞠部叢刊》《民國叢書》第二編第69卷,上海:上海書店,1990年。

圖 3-4　林如心刊登在報刊上的照片，身著西式長裙和高跟皮鞋

資料來源：《小說大觀》1915 年第 3 期。

　　但是商業化的大眾文化在新興城市的發展已經勢不可擋。江蘇省教育工會在上海租界的效力不大。而且，巨大的商業利益也能突破家庭的阻力。1915年 4 月 9 日，顧無為聘請林如心為臺柱，租下廣西路汕頭路口的劇場，更名「小舞臺」，專門演出女子新劇。廣西路橫跨南京路等五大馬路，市面繁華，電車馬車，交通便利。顧無為憑藉自己多年從事新劇的經驗，廣告宣傳亦有聲有色，鋪陳「九大特色」，在編演的劇目上出奇制勝，開演時的三劇《西廂》《空谷蘭》《情海波》，賣座奇好。除林如心外，還網羅了當時女子新劇的名角，如花旦李癡佛、小生朱天紅、老生周惠楨，一時氣勢壓倒男子新劇。不料好景不長，六月份林如心退出，並且和顧無為唱起了對臺戲，緊挨小舞臺廣告下面刊登一啟示：

　　　　如心、癡佛從事新劇以來，厚承各界人士贊許，不勝感愧之至。

　　　前因小舞臺開幕乏人，蒙顧君無為商請演劇，如心、癡佛情不可卻，

　　　勉允幫忙一月，一月期滿，本擬他去，顧君又來情商，只得又允許幫

　　　忙一月。現已屆期，斷不能兩登臺矣，特此公布，憂希公鑒。〔註35〕

　　小舞臺竟然置之不理，繼續打著林如心的旗號。是因為意識到林如心對於舞臺存亡的重要意義，還是顧無為正在和廣告刊登者進行周旋？無從知曉，

〔註35〕《申報》，1915 年 6 月 15 日，第 9 版。

但是，從這裡我們可以看到演員已經認識到媒體的力量並且加以利用。

這樣的對峙直到 6 月底，在 26 日這一天，再次聲名：

> 如心、癡佛脫離小舞臺已久，誠恐有冒名欺人者，特再聲明。

〔註 36〕

經過這次的口水官司之後，林如心更加名聲在外，報紙廣告上動輒冠以「第一悲旦」，「最優女子新劇家」稱之。她的出場意味著賣座率的飆升，沒有她的女子劇團在競爭力上大打折扣。連民興社、民鳴社也不斷請林如心串演，並打出極其醒目誇張的廣告。

「小舞臺」的盈利，使小舞臺的主人動起了自己開辦女子新劇的念頭，而關鍵是請到林如心再次出山。此時的顧無為，因為演出諷刺袁世凱的《皇帝夢》被捕，並以「編演新劇，煽動謀亂」為名被「處以徒刑三年」，「發回原籍浙江紹興」執行。〔註 37〕林如心再次登臺，於是小舞臺更名「笑舞臺」，於 10 月 8 日開幕，並成為存在時間最長的新劇舞臺。

女子新劇的產生是與女性文化的發展、市民文化的興起分不開的。女子新劇在 1914 年興盛起來，首先是有大批的女性觀眾出現；其次就是女性開始走向了職場，嶄露頭角。女子新劇演員編演了大量的言情劇，成為市民文化的重要組成部分。

六、「悲旦」與「情迷」：感傷戲劇

文明戲屬於單一性別演劇，分為男班和女班。〔註 38〕而且仍然保持有角色行當。有所謂的「一正樑四庭柱」。一正樑指的是言論老生，四庭柱是指悲旦、潑旦、小生、滑稽。老生又有「莊嚴家庭老生」、「官僚陰險老生」；小生分為風雅小生，激烈言論小生；旦角分為悲旦、風騷旦、潑辣旦、徐娘旦、彩旦、老旦等。除了個別藝人各行都能應對，稱為「能派」之外，其餘演員大都是專長某一行，某一角色。許多有成績的演員，後來都發展了他們個人的表演流派，而這些流派像舊劇一樣，通過「收徒弟」的方式而流傳下來。〔註 39〕

傳統戲劇中的旦角分為多種，如老旦、青衣旦、花旦、貼旦、刀馬旦、

〔註 36〕《申報》，1915 年 6 月 26 日，第 9 版。

〔註 37〕《申報》，1915 年 12 月 19 日，第 10 版。

〔註 38〕上海六大新劇社中，「民興社」是一例外，一直以男女合演相號召，在法界歌舞臺演出。

〔註 39〕趙銘彝：《我國早期的話劇教育》，《戲劇藝術》，1979 年第 1 期，第 109～112 頁。

宮女旦、丑旦等。在崑曲中，有正旦角色，這類人物往往是受了很多磨難，性格特點是正義、堅強，亦稱為「青衣」；另一類是未婚的年輕女子，貌美而性格溫柔，這一類分化為「閨門旦」。新劇和傳統戲劇旦角相比，「悲旦」是新劇中所獨有的，並且成為民初新劇的主要角色。為什麼會產生悲旦的角色？

民初新劇悲旦角色的產生，首先是受到晚清時期學習西方悲劇思想的影響。陳建華指出，1904年王國維發表《紅樓夢評論》，以亞里士多德、叔本華的哲學來肯定《紅樓夢》為悲劇之中的悲劇。他引入悲劇觀念，旨在彌補中國「樂天」傳統的不足，成為文學現代性的標誌之一。民初時期戲劇、文學中「哀情」大為流行，與王氏的鼓吹不無關係。〔註40〕

其次，傳統訴苦戲相關，可以追溯到晚明的「情教」傳統。清代曾經有「訴苦戲」，郭安瑞將其比作為西方的情節劇。並且認為劇中以主角的悲慘或者純潔的品格，引發同情和催人淚下，這種感傷本身就是對社會的一種控訴。〔註41〕清末寫情小說，也以「哀情」最為打動人心。

再次，感傷戲劇因中產階層的出現應運而生。新的階級和有效的新形式之間，明顯存在著錯綜複雜的關係。感傷戲劇依賴一個穩定的中產階級觀眾群的出現。在感傷戲劇中，悲劇的主人公已經不是一個陷入到某種普遍模式之中的人，而是與他身處的社會及其特有的道德法則產生了衝突。在20世紀初的中國都市，無論被迫遷徙的文人，還是觀眾，及其被邊緣化的讀書人，感傷戲劇都無疑是一種精神上的慰藉，他們也溺於這種公開展示出來的傷感之中。

民初新劇中出名的悲旦角色，以《恨海》中張棣華最為知名。《恨海》通常被稱之為「鴛鴦蝴蝶派」小說的鼻祖，也是新劇的保留劇目。張棣華的扮演者最為出色的男旦是陸子美。南社柳亞子曾說，「其所演之《恨海》《家庭恩怨記》，閱之而不墮淚者，非有心人。而尤擅長者為《血淚碑》一劇，其一種孤苦悲抑之情，方之春航伯仲之間耳。」〔註42〕

《恨海》為吳沃堯創作，最初刊登於梁啟超創《新小說》。由廣智書局出版於1906年，十回，四萬言。小說以庚子事變為背景，描寫從一家人北向南

〔註40〕陳建華：《紫羅蘭的魅影——周瘦鵑與上海文學文化，1911～1949》，上海文藝出版社，2019年，第329頁。

〔註41〕郭安瑞：《文化中的政治：戲曲表演與清都社會》，北京：社會科學文獻出版社，2018年，第197頁。

〔註42〕柳亞子：《子美集序》，《子美集》，上海光文書局，1914年。

逃難的情景。〔註43〕據小說編演的《恨海》一劇，也被冠以《情天恨海》《情天恨》等名稱。《恨海》引起了諸多討論，與《玉梨魂》等典型鴛蝴小說相比，《恨海》的確在思想內容上有些「異類」。但在新劇演出廣告中，幾乎不見《玉梨魂》新劇，《恨海》卻是暢演劇目。

　　阿英在《晚清小說史》中，把《恨海》歸為「寫情小說」。吳曾撰《痛史》二十七回，《九命奇冤》三十六回。後赴漢口主《楚報》筆政，會華工禁約事起，吳沃堯以其美人所經營，辭職返滬。從他的人生經歷來看，他對社會運動極為關注。故而，在「寫情」之餘，小說另有關懷。吳趼人在《恨海》開篇的陳述：

> 　　這段故事敘將出來，可以叫得作寫情小說。我素常立過一個議論，說人之有情，係與生俱來，未解人事以前便有了情。大抵嬰兒一啼一笑都是情，並不是那俗人說的「情竇初開」那個「情」字。要知俗人說的情，單知道兒女私情是情；我說那與生俱來的情，是說先天種在心裏，將來長大，沒有一處用不著這個「情」字，但看他如何施展罷了。……可見忠孝大義，無不是從情字生出來的。至於那兒女之情，只可叫做癡。更有那不必用情，不應用情，他卻浪用其情的，那個只可叫做魔。還有一說，前人說的那守節之婦，心如槁木死灰，如枯井之無瀾，絕不動情的了。我說並不然，他那絕不動情之處，正是第一情長之處。」〔註44〕

　　《恨海》延續了晚明以來至真至誠的「情教」。馮夢龍的情教，是要確信情感的道德性和優越性，通過賦予通俗文學以不可替代的教化功能而提到它的地位。李海燕在分析《恨海》時，也指出吳沃堯並不認為浪漫愛情擁有超越一切的救贖力量，而道德卻有。這部小說的敘事議程，就是重振儒家的情感結構，吳趼人是道德情感操守最熱烈的擁護者。所以，「情教並未造成與新儒家正統之間的知識斷裂。」〔註45〕

　　《恨海》早期所演之版本，分十一幕。根據《新劇考證百出》的簡要情

〔註43〕他還翻譯過小說《電術奇談》，自己創作《劫餘灰》和《恨海》，自稱為寫情
　　　　小說。這三部小說皆被改編成為新劇，在民國初年深受歡迎。《電術奇談》是
　　　　新舞臺的拿手好戲。

〔註44〕吳趼人：《恨海》，天津古籍出版社，1987 年，第 1 頁。

〔註45〕李海燕：《心靈革命：現代中國愛情的譜系》，北京大學出版社，2018 年，第
　　　　38 頁。

節，第一幕陳仲藹王娟娟之愛情；第二幕，陳伯和攜李富，護送張氏母女避亂出京；第三幕，楊村宿店，伯和棣華之愛情；第四幕，伯和詐得衣箱八口，並得某國兵官之護照；第五幕，伯和溺情花柳，並納妓金如玉；第六幕，張母客死濟寧，棣華得父電；第七幕，金如玉捲逃，伯和落魄；第八幕張鶴亭招伯和至家，棣華勸之戒煙，伯和不答，竊物而逃；第九幕棣華侍伯和疾於醫院，伯和竟不起；第十幕仲藹遇娟娟於妓筵；第十一幕，棣華出家，仲藹來謁嫂。〔註46〕在遊樂場女子新劇演出時期，《恨海》的角色人物有 20 多個。除了主要人物陳伯和，張棣華，其他有陳太太、李福、張鶴亭、賈仁義、花四寶、大姐、鴇母／龜奴、王樂天、村婦、五姐兒、醫生、匪徒、棧主等等。幕表上所載場次為九場：訂婚、落棧、失散、亡母、遇騙、嫖院、捲逃、三清、斃院。〔註47〕兩相對照，後者精減了仲藹和娟娟的副線故事，主要突出張棣華和伯和之間的愛情線的發展。從最初的兩小無猜，到在逃亡路上因為相互關心而產生的情感。吳沃堯在小說中傾注了諸多寄寓，普通觀眾觀看是劇，亦比較關注其中的愛情情節。例如戲劇最後一幕，周瘦鵑的劇評寫道：「伯和病臥醫院一場，吾真忍淚觀之。餵藥時憐影之表情，直妙到極點。迴眸四顧者再，然後香口含藥就病者口，如是者凡二度，溫存體貼入微。〔註48〕二人的愛情水到渠成，最後伯和病逝，故事以張棣華出家而結束。

　　無獨有偶，包天笑的《一縷麻》也設置以守節為情真的情節。《一縷麻》最初是文言小說，於 1909 年刊登在《小說時報》上，約三千字。故事講得是有兩家鄉紳人家，指腹為婚，後果生一男一女。但男的是個傻子，不悔婚，女的嫁過去了，卻患了白喉重症。傻新郎重於情，日夕侍疾，亦傳染而死。女則無恙，在昏迷中，家人為之服喪，以一縷麻約其髻。〔註49〕在這個故事中，包天笑故意設置了一種二元困境，即愛情和恩義。最後此女感於恩情，守寡不嫁。在《一縷麻》結尾讚頌：「嗚呼！冥鴻飛去，不作長天之遺音矣。至今人傳某女士之貞潔，比之金石冰雪云。」〔註50〕這篇小說寫成之時，包天笑在女校教書，很多女學生很關注，問及是否果有此事。一位女讀者的「讀者來信」被發表出來，大意是指責這種結局安排：「中國男女之情，向來總是說到恩愛兩字，實在恩與

〔註46〕鄭正秋：《新劇考證百出》，上海：上海圖書集成公司，1919 年。
〔註47〕《新新日報》，1926 年 2 月 24 日，第 4 版。
〔註48〕周瘦鵑：劇談《情天恨》，《申報》1914 年 02 月 18 日，第 14 版。
〔註49〕包天笑：《釧影樓回憶錄》，中國大百科全書出版社，2009，第 359 頁。
〔註50〕包天笑：《一縷麻》，《小說月報》第 2 期，1909 年。

愛是兩回事，不能並為一談。《一縷麻》中新娘的對癡郎，只有恩而沒有愛。對於恩可以另行圖報，而不必犧牲其愛……」包天笑只作無可奈何的辯解：「我的意思，以為人總是感情動物，因感生情，因情生愛，那是最正當的。」〔註51〕

這種「守節最是情貞」的思想主張，在明代公安派中就出現了。性靈文學把守貞的意義提升到道德的精神，並且成為文人反對商業力量，和保持自身高詰品質的一種隱喻。在晚明以袁中道為代表，袁中道和他們兩位兄長，共同開創了公安派，強調在文學上性情自然流露。這種從「理」到「情」的轉向，從李贄到湯顯祖，和陽明學派的支裔泰州學派的發展也有關。從陽明學派開始強調「致良知」，晚明精英開始把目光投射到對人生處境，對日常生活中的真實體驗中，使得晚明的文化人對婦女的處境產生同情。李贄提出了真情流露才是夫婦關係的基礎，在這個基礎上，袁中道發展了守貞也是真情流露這條脈絡。例如袁中道對於名妓陳雪箏的書寫，拿風塵女子作為守貞的榜樣。強調陳雪箏的守貞由性情而「入道」，進而「由厭離生」，變成厭世離世的悟道之念。正如鄭培凱指出：「這種的思想轉換，在道德抑制的超越上提供了新的精神基礎，但也同時削弱了為『愛情』守貞的意義，削弱了個人主體選擇的自主性。」〔註52〕

民初新劇再現的家庭和言情故事，並非五四之後代表個人主義的自由愛情，而是仍然在儒家的情感結構中，並且存在將道德情感化的傾向。在感傷的故事中，展示那些美好純潔的品德遭受的磨難和困境，這的確像是為日漸凋零的儒家世界的哀悼。

關於道德情感，康德指出「感性的情感和道德的情感，前者是這種情感，即：「先於法則之理念」的那種情感，而後者則是「隨法則之理念而來」的那種情感。」牟宗山對康德的話進行解釋，假定我們的自由選擇的意志之決定是從義務之法則而來，則我們便有一種純淨的快樂之感，此感便是道德情感，而不是感性的情感（生理享受的情感）。但是牟宗山反對康德依然將感情和理性對立的做法，在道德情感基礎上提出「覺情」的概念。〔註53〕這其實提升了「情」的地位，情不是和理相對立的感官聲色，而是進入心的體系之中。

〔註51〕范伯群：《包天笑文言短篇〈一縷麻〉百歲壽誕記》，《書城》2009 年第 4 期。

〔註52〕鄭培凱：《晚明袁中道的婦女觀》，《近代中國婦女史研究》，第 1 期，第 201～216 頁。

〔註53〕《附錄一：道德學的形上成素之序論》，牟宗山譯注：《康德的道德哲學》，長春：吉林出版集團有限責任公司，2013 年版，第 426 頁。

在情感道德化的傾向中，「悲旦」與「情迷」在悲劇中漸漸合二為一。在關於家庭倫理的感傷戲劇中，愛情都成為一個不可或缺的元素。查看新劇演出的劇目，多以「鴛鴦」冠名，如《苦鴛鴦》《雙鴛鴦》《玉鴛鴦》、《劍底鴛鴦》《死裏鴛鴦》《浪裏鴛鴦》《同命鴛鴦》《愛國鴛鴦》《生死鴛鴦》、《鴛鴦譜》《鴛鴦劍》《鴛鴦冢》等。「言情劇」漸漸勝過家庭劇，並且家庭劇中也以言情為主線，「情迷」文化繼續彌漫在民初的戲劇空間。

「冷雨幽窗不可聽，挑燈閒看《牡丹亭》。人間亦有癡於我，豈獨傷心是小青。」這是馮小青留存的一首詩，抒寫閱讀《牡丹亭》的感懷身世。《馮小青》故事再三搬演於戲劇舞臺，旅滬文人高燮在觀看謝桐影的《馮小青》後，寫詩讚道：「何妨玉骨任消磨，哀樂原來等逝波；贏得千秋人灑淚，全憑獅吼玉成多。太息幽蘭慣受霜，豈真療妒竟無方；願傾卅裏西湖水，一洗人間悍婦腸。」〔註54〕謝桐影是彈詞名家謝少泉的女兒。謝少泉的名字在民國的報紙廣告中經常出現，當時評彈界有文武兩狀元，文狀元即為謝少泉。他所表演的《三笑》等家傳名作，尤為觀眾所喜愛。因為傳男不傳女的習俗，謝少泉並沒有把技藝傳給謝桐影，而是招收了其他的男弟子。聰慧的謝桐影在耳濡目染和偷偷的觀摩中，學會了很多的曲段。謝桐影加入女子新劇團演出時，《三笑》《馮小青》等彈詞名劇，也是她的拿手好戲。但謝桐影更以「女小生」著稱（圖3-5）。周劍雲在《女子新劇家小傳》中介紹謝桐影說：「為彈詞名家謝少泉之弱息，本演小生，與如心配戲，有如一對璧人之譽，因意見分手。」〔註55〕

圖3-5　女小生　謝桐影與錢天吾都是早期女子新劇著名的女小生

資料來源：《小說大觀》1915年第2期第1頁。

〔註54〕柳無忌主編：《高燮集》，北京：中國人民大學出版社，1999年，第445頁。
〔註55〕周劍云：《女子新劇家小傳》，《菊部叢刊》，交通圖書館1918年版。

　　最初演出《馮小青》的，是以旦角著稱的男旦馮子和。1915 年夏，柳亞子與馮子和把西湖孤山的馮小青墓修葺一新，並立碑紀念。南社文人大多喜歡馮子和的表演，在詩稿《觀馮小青新劇寄柳亞子》中云：「短檠難遣是黃昏，便到歡場也斷魂。一傳小青曾都熟，傷心今見姓馮人。」〔註 56〕從南社文人之追捧來看，這種情迷文化不止在女性之間傳播。但是在男性文人的文化想像中，馮小青故事大抵和蘇小小等名妓事蹟形成互文。明清兩代都有人將馮小青的故事寫成戲曲，明代人徐士俊所撰的《春波影》雜劇，即以馮小青故事為藍本。

　　《馮小青》第二齣，馮小青與楊夫人一起遊西湖，路過蘇小小墓，楊夫人說：「小青娘，這便是蘇小小的墓。」小青背身過去歎息道：「一代佳人荒索至此！梅香姐，借我一杯酒兒。」梅香遞過酒來，小青澆墓：「西陵芳草騎轔轔，內信傳來喚踏春。杯酒自澆蘇小小，可知妾是意中人。」〔註 57〕馮小青借酒杯澆胸中塊壘，而在觀看《馮小青》時，觀眾之中亦有共情。直到 1920 年代，《馮小青》一劇，經常使劇場「人滿為患」。〔註 58〕潘光旦曾經以現代心理學來分析馮小青，指出馮小青因為情慾的壓抑，而罹患精神疾病。但是以《馮小青》案例的「情迷」現象，不能如此簡單解釋。如果我們在結合民初更多的悲劇，分析其共同的敘事情節，就可以看到其敘述的母體和「根範式」所在。

　　以上分析的三齣悲劇，《恨海》《一縷麻》《馮小青》，都有「守貞最是情貞」的意味。《恨海》中張棣華在未婚夫陳伯和死後，斬斷情絲出家；馮小青則是反覆閱讀《牡丹亭》中傷情而終；《一縷麻》因恩而守貞。三個故事都是在「情教」話語體系中，新儒家雖然以情抗理，但是從來沒有脫離正統儒家的道德規範。

　　有研究者指出，民初新劇藉「哀情」演繹「封建倫常」的劇本美學，和布魯克在情節劇的研究中所論及 18 世紀基督教權威弱化時期的情況極為相似。〔註 59〕關於德行（virtue）的敘事，往往把德行主觀化為情感狀態和心理關係。

〔註 56〕《南社詩錄：觀馮小青新劇寄亞子》，《南社》，1914 年第 11 期，第 29 頁。

〔註 57〕《春波影》，《盛明雜劇初集》（卷二十四），民國七年誦芬室刻本，第 184～196 頁。

〔註 58〕《談談霓裳團之角色》，《先施樂園日報》，1924 年 8 月 30 日。

〔註 59〕金莉：《民初新劇之情節劇的形式及民初文化保守主義管窺》，《現代中國文化與文學》，2011 年第 2 期，第 33～39 頁。

並把這種德行情感化的傾向集中表現在情節劇這一新興的「現代」劇場形式。民初的戲劇市場，對家庭道德漸漸重視的中產階層男性，把儒家的傳統道德置換為一種隱而不現的背景。陳建華在關於周瘦鵑的研究中指出，鴛鴦蝴蝶派小說恰恰是維多利亞傳統的招魂者，並進而宣揚一種新式的核心家庭觀念和以愛情為基礎的婚姻觀念，執意於從事「情感教育」。〔註60〕這種以「情教」為文化脈絡的主張，對抗儒教中過於「理性化」和僵化的道德規範，自晚明以來形成傳統。男性文人也樂於刻畫這種「情感世界」，並且將之比擬為「女性世界」。

〔註60〕陳建華：《紫羅蘭的魅影——周瘦鵑與上海文學文化，1911～1949》，上海文藝出版社，2019年，第354頁。

第四章 空間與階層：劇場情感結構的變遷

　　清末社會階層和性別關係的變化可以從舊式茶園向新式舞臺的轉變中觀察出來。晚清民初的劇場，變成一個公共空間，這裡既是戲劇表演的場所，也是集會和演說，及募捐和慈善活動的空間。另外一方面，看戲又是一種日常生活的消閒活動。20 世紀初期的市民，他們進入劇場，目的並非是為了受教育，而是為了疲憊得以消除，緊張得以釋放，可以躲避現實的壓力，而夢想可以在這裡實現。故而，劇場可看作是處於公共空間和私人空間交界的地帶。

　　傳統劇場是對封建等級結構的呈現，並且在複製和再現的過程中把等級觀念加強。在茶園內部，固定的身份有固定的位置，象徵了他們在現實社會中的地位，每個人都要各安其位，各司其職。以新舞臺為首的新式劇場，通過對舞臺和座位的重新設計和安排，使得平等、民主等現代觀念得以在戲院中進行演練。但在新的空間中，隨著資本主義生產關係的再生產，階層也在開始重組。1920 年代初期盛行的舞臺劇《閻瑞生》，是這個時期社會症候的集中反應。

一、作為社會文本的茶園

　　中國戲劇最早是在祭祀活動中產生，之後才慢慢演變為城市戲劇，並開始擁有商業演出劇場。商業戲劇的出現，必然是城市裏面出現了穩定的市民觀眾群體。這種條件，雖然在元代已萌芽，例如勾欄瓦舍，但明清沒有順利發展。到了清代中期後，市民觀眾層才日間成熟。一部分大都市中，出現了完全擺脫祭祀性，以娛樂和營利為目的的定期商業戲劇的萌芽，即產生了「戲園」的設施。這種戲院基本是以「會館」為母體而產生和發展起來的。出身於宗族階層，居住在都市的富裕士人、商人或者一部分工匠，是孕育中的成熟市民觀眾群體，

他們的社交場所是在「會館戲劇」中。起初這類觀眾，作為從鄉村來的移居者仍帶有同鄉的封閉性。清代中期以後，很多會館因為經濟上的原因，允許他鄉人利用會館，由此，其封閉性和祭祀性也隨之淡薄。〔註1〕

以北京為例，清代的戲園最初叫做「戲莊」。戲莊考慮了上演戲劇的設備，和為觀眾提供酒食的設備兩方面，推斷這是仿造會館以接待賓客而設計的。同時在這一時期，戲院也成長起來，與戲莊形成不同的形態。《夢華瑣簿》中把戲莊和戲院做對比，戲莊格調較高，而戲院則「聽歌買醉」之所。在道光年間的戲院，北京的梨園行會在精忠廟喜神殿中所建的碑文中，列記了 20 個戲院的名字。從道光七年到同治末年的 50 年間，維持營業的達到 14 個，大部分集中在東西牌樓和正陽門外，崇文門外，宣武門外等南城的商店街。商業戲院以南部商業區為中心逐漸發展起來。〔註2〕

上海在開埠前，還沒有專門演戲的戲院，演出主要在私家花園中進行，如豫園、西園。咸豐以後，以租界為中心的戲院迅猛發展。戲園依靠商人會館先發展起來，商幫會館也是隨著移民進入。上海有三次人口激增的時期，第一是在小刀會起義期間，人口大量湧入避難，隨著難民進入的，還有很多的戲班：「小刀會時，城里居民避難租界內，八仙橋浜北的荒地上，竟有人興起戲場子來。那裡是廣肇山莊的義冢地。戲場子有三個之多，都用竹籬為牆，布篷為帳，售價低廉，戲班都是流浪江湖間的徽班。」〔註3〕太平天國戰爭期間和辛亥革命之後，上海又先後經歷了兩次人口膨脹。

1851 年，第一家商業性崑曲戲院「三雅園」，即是在之前浙紹會所基礎上發展而來的。地址在縣內城前街，營業頗為發達。1866 年，英籍華人羅逸卿在公共租界南靖遠街（今廣東路）營建了一座仿京式茶園，名「滿庭芳」。緊接著是劉維忠的「丹桂茶園」。此後，在法租界小東門外沿城河邊又出現了三家戲院：「丹鳳」、「月桂」、「寶豐園」。前兩者演出京劇，後者係徽班。以會館作為先驅的上海茶園，到光緒年間有 60 間戲園，這個時候稱呼為「茶園」。

在北京，觀眾入園後，「坎子上的」為人們找座，當你認為滿意即可入座，

〔註 1〕 參見，〔日〕田仲一成著，雲貴彬、于允譯，黃美華校譯：《中國戲劇史》，北京廣播學院出版社，2002 年。

〔註 2〕 〔日〕田仲一成著，雲貴彬、于允譯，黃美華校譯：《中國戲劇史》，北京廣播學院出版社，2002 年，第 394 頁。

〔註 3〕 〈百年來上海梨園之沿革〉，屠詩聘主編：《上海市大觀》，上海：上海圖書編譯館，民國 37 年（1948 年）。

同時有人送上一壺熱茶來。票價雖有規定，但由於座位的位置好壞，尚須另給服務員小費若干。茶水錢則在壓軸戲上演時由茶房收取，無固定價格。如給的太少則婉言求增，但絕無因此而發生爭吵的現象。

上海茶園實行「案目制度」。正廳、包廂、邊廂的客人，由案目引導而入。以茶碗為標誌，有一茶碗即須一客戲資，由經手之案目報告大小水牌落賬。管理大小水牌者樓上下各有一人，置一大粉牌於桌上，先書各案目之名，有一客至，案目送坐後即記一劃，滿五客則成一「正」字。由於觀眾都有茶可喝，所以當時劇場另有「茶園」的名稱。演劇的場所，到民國時仍稱茶園，直到新式舞臺盛行之後才消失。

舊式劇場是一座四方形的樓，一面是舞臺，舞臺呈四方形，迎面是兩根大柱子，柱子有木刻的對聯，臺的最上部有簷。戲臺一般是木製結構，客座分樓上、樓下。中國古典劇場建築使得階層和性別之間的隔離得以實現，是儒家思想體系和社會原則的規訓場所。在《魯班經》和《閒情偶寄》中都有關於劇場結構的記載，所謂「夫房舍與人，欲其相稱」。上層貴族的座位要「坐北朝南」，性別隔離上要「內外不共井」。政治等級關係會轉化成空間術語，在日常生活中形成經驗，使得基本的知識得以灌輸給活動在其中的人們。茶園的內部結構清楚透徹地反映了社會的等級劃分，平民、官員、戲子，各有各的位置，是儒家「各安其位」的社會思想的集中體現和演習。

齊如山在《論戲館內地位之分析》中更詳細地記敘了各個位置和觀眾身份的對應關係。（見平面圖）在戲臺之前，至正面樓之前，兩旁至兩樓之前中間的一塊四方地，名曰池子。在清一代二百餘年間，在此觀劇者，皆是車夫走卒之流。而且，戲院中凡狂呼叫好者，多在此處。戲臺兩旁至兩廊間，名曰小池子（即圖中的釣魚臺）。這裡處在旁邊故不便於看，但緊靠臺旁卻便於聽。所以在此處聽戲的人，多是對於歌唱研究有宿，且稍為文靜之人；聽戲時閉目靜聽，到最妙處小聲喝彩，或輕輕拍案擊節，絕無不規則之狂歡者。上場下場兩樓之下，名曰兩廊下。在廊子之前，每間都有一柱，極其妨礙視線，許多人不愛在此處看戲。一般商家及稍文靜之人反樂於在此，因為座位稍寬闊，且不像池子中之擾攘。正樓正對戲臺但是離戲臺較遠。在此觀劇者多半為文靜怕擠之人，或友人相約觀劇之團體。再如內務府、北衙門、督察院，升平署等處，及地面官，城上坊上之當小差使者，亦多在此處。這些人員觀劇，多不花錢，而樓上官廂等處為高級官員所坐，池子中又嫌太擠，較失身份，故多

集於此。與前後臺相熟，白聽戲之人，亦多坐於此處。樓上靠近戲臺處，各有兩間特別隔斷，名曰官廂。按照舊例，這裡不許售座，乃專備內務府、督察院、升平署、巡城御史看戲之所。王公及旗門大家子弟看戲，亦皆坐包廂。倒官廂處在戲臺背後兩旁樓上。此處在戲臺後面，本極不得看，何以亦曰官廂？蓋因此為專留客座之用，如升平署中閒散太監，地面衙門之當小差使人員，及戲院經理之親友等等。〔註4〕

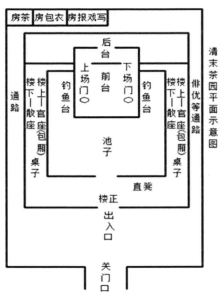

除了等級、階層之間的嚴格限制之外，劇場中也顯示了性別隔離。傳統社會中，絕大部分女性被排斥在公共娛樂場所之外，這些場所包括戲院、茶館，或是有戲曲演出的賭場等。上層女性可在自家或是親屬的堂會中一飽耳福，下層女性則只能觀賞廟會或祭祀中的演出。即使是這樣的公共活動，女性也是鮮有機會參與。因為大戶人家的太太奶奶們要承擔相夫教子、侍奉公婆的責任，「夜不下堂」是教養極好的表現；下層的女性則要長時勞作，養家糊口。而且整個社會風氣也不鼓勵女性在公共場所出現。所以，女性總體來說被排除在商業演出場所之外。因其不是戲院的惠顧者，故而對娛樂表演形式的影響也有限。〔註5〕

尤其是在乾隆年間，大學士郎蘇門奏請奉旨禁止，更從法律上明文規定

〔註 4〕齊如山：《齊如山文論》，瀋陽：遼寧教育出版社，2010 年，第 21 頁。
〔註 5〕Jin Jiang, *Women Playing Men: Yue Opera and Social Change in Twentieth-Century Shanghai*. Seattle: University of Washington Press, 2009. P27～28.

婦女不得進入戲院觀劇。上海因為開埠的緣故，商業戲院開放女禁較早。1871
年，上海茶園有很大發展，小東門外丹鳳茶園、景芳園，有花鼓戲或髦兒戲
演出。同治年間，花鼓戲常遭禁演，民間百姓卻愛聽花鼓戲。1872 年上海竹
枝詞：「商量何處去陶情，姐妹相攜乘午晴。聞說景色芳花鼓好，山歌唱得最
分明。」可見已有女客，而且杏花樓為清同治有名的女戲園。但是觀眾主要
為男性，女性進茶園較少，而且實行男女分座。久樂茶園是較早向女性開放
的商業戲園，又不分座，女客多於男客。〔註6〕

二、作為公共空間的「舞臺」

　　1908 年第一座具有近代化設備的劇場新舞臺建立，這在上海乃至中國戲
劇史上都具有劃時代的意義。和茶園在空間結構上的「規訓」一樣，新舞臺
在劇場物理空間上的改革也體現了這一原則。但是新舞臺更傾向於用規訓觀
眾行為模式的方法來把平等、民主等新觀念向大眾普及。

　　新舞臺是以股份有限公司的方式，在上海南市九畝地成立的。它對外名
義是「振市公司」，意寓振興南市的經濟。在《申報》廣告上，一度也見其改
稱「開明公司」，寄寓啟蒙之義。新舞臺的發起者除京劇演員潘月樵和夏氏兄
弟外，還有上海紳商沈縵雲、姚伯欣、張逸槎等。上海自治領袖人物李平書
被推舉為臨時董事之一。潘、夏等派人考察了日本新式劇場後，參照日本模
式來改革上海舊式茶園。將舊式的方形戲臺改為鏡框式的月牙形舞臺，遮眼
的臺柱被去除。孫寶瑄《忘山廬日記》描述新舞臺「臺步構造，步武歐西。有
三重樓，可坐數千人。皆繞臺作半圓式，臺形亦如半月。未開演時，亦垂以
幕。」〔註7〕舞臺的改造，也改變了演員和觀眾之間的距離。在傳統茶園中，
池子和包廂等都會賣茶水，人聲鼎沸，觀眾可以和演員互動，隨時「叫好」。
鏡框式的舞臺，使得演員和觀眾完全分開。觀眾如同在看畫框裏面的圖畫，
戲裏戲外是完全隔絕的世界。舞臺和臺下隔絕，形成一個再現的真實世界。

　　除了舞臺變化之外，劇場座位也重新構造。座位呈扇形分布，由臺前向
後逐漸升高。正廳不設方桌，盡排客椅。樓上不設包廂，層疊皆為劇場。三面
敞開的舞臺，使得觀眾無論在哪個方位視線都不會被阻礙，而座位的安排盡

〔註6〕姚志龍：《上海茶園的變遷》，上海文化史志通訊 1994 年總 31 期。
〔註7〕轉引自北京、上海藝術研究所聯合編著：《中國京劇史》（上），北京：中國戲
　　　劇出版社，1990 年，第 347 頁。

顯平等的原則。通過對舞臺和座位的重新設計和安排，戲院有效地重組了觀眾，模糊了觀眾在地位、階層、性別之間的界限分割。

劇場的形式變化也促使經營方式發生改變。賣票制度的實行，舞臺在經濟上不受案目控制，因而保障了其在選擇上演劇目和編演新戲上的自由。劇場空間的改革也是社會改革的一個隱喻，不合理的等級空間秩序被更理性化和平等的公共空間替代。

晚清的劇場也成為集會和募捐的場所。新舞臺的演員，也積極從事社會事務。1912 年，潘月樵和夏氏兄弟等發起成立上海伶界聯合會，宗旨為：「改良戲劇，排演新戲，宣揚革命真諦，發闡共和真理，使萎靡之社會日就進化，旁及教育慈善事業。」〔註 8〕新舞臺還舉行各種公益和慈善活動，除了籌餉、賑災，還有助學義演，此類活動在《申報》廣告上多有所見。如 1911 年 1 月 1 日為精武學堂籌費的義演，7 月 1 日資助光明學社的義演。〔註 9〕潘月樵曾組織演員成立救火會，「市廛居戶，紛紛謳歌」。〔註 10〕潘月樵、夏月潤還借上海梨園公所成立了一所榛苓初等小學堂，教授國文、算術、體育、手工、外文、唱歌等課程。「海上光復竹枝詞」頌曰：「榛苓學校共薰陶，伶界於今品亦高。團體組成聯合會，改良新劇慕英豪。」〔註 11〕新舞臺還致力於提高演員的地位，改變過去「優伶」的歧視稱呼，而改為「藝員」。很多演員摒棄藝名而用真名，如潘月樵曾經在報紙上聲明改「小連生」的藝名為潘月樵的原名。以新舞臺為引領，戲班開始謝絕「堂會戲」。歐陽予倩評贊說：「他們受過不少堂會戲的委屈，所謂傳差，官上一傳就得去唱。夏家兄弟為免除這種傳差也費過不少精神，在宣統末年和民國初年，南市新舞臺成立的時候，他們才完全不唱堂會戲了。」〔註 12〕

在性別平等方面的努力，新舞臺開始賣女座。初期是男女分座，漸漸這條規則也被打破了。因為男女分座，一家人不得不分開。女客在樓上，男客

〔註 8〕趙山林等：《近代上海戲曲繫年初編》，上海：上海教育出版社，2003 年。

〔註 9〕筆者對新舞臺 1911 年每月 1 日共十二天所進行的抽樣調查，有三天是義演，占到四分之一的比重。

〔註 10〕鄭逸梅：〈新舞臺與潘月樵〉，《上海掌故》，上海：上海文化出版社，1982 年，第 30 頁。

〔註 11〕顧炳權：《上海洋場竹枝詞》，上海：上海書店出版社，1996 年，第 205 頁。

〔註 12〕歐陽予倩：《自我演戲以來》，北京：中國戲劇出版社，1957 年，第 73～74 頁。

在樓下，雖母子、父女、夫婦也不能同座，大不方便。於是戲院為了經濟起見，又向當局申請，售男女合座之票。而且，女觀眾觀劇的興味比男觀眾還要大，各個戲院內部幾乎是女客多於男客。戲院也不斷提升內部的道德水準，以吸引更多女客的到來。女性觀眾的加入，又使戲院成為一個家庭娛樂的場所。

空間和地位之間存在著聯繫，當一個空間內社會區別被模糊時，社會便通過清晰的空間區別重新劃定階層和區別身份。新式劇場的空間布局，打破了傳統戲院在性別、階層等方面的隔離。但另一方面，城市在空間上的分割，又使得戲院和戲院之間產生差異，階層和性別關係得以重組。在新式劇場中，傳統茶園中的固定的位置和身份被打破，是社會趨向民主化的一種表現。但是在不同劇場之間的空間隔離，又成為當時社會分化和階層重組的縮影。

在近代城市化進程中，區域之間的階層隔離越來越明顯，這種現象是一個世界範圍內的普遍現象。班德（Thomas Bender）教授指出，早在 1820 年代，隨著商業的發展，紐約下城（Downtown）漸漸變成了一個商業中心，尤其是沿華爾街一帶，銀行和保險公司的辦公樓高聳林立。商業的嘈雜使得居住在此的中產階層居民日益不滿，他們漸漸都搬遷到了上城（Uptown）。而在商業區的四周，形成了一些工人階層的聚居區。空間上的隔離使得彼此之間在文化和生活方式上更加隔閡，深化了階級和階層的分化。〔註 13〕空間能夠重組社會秩序，城市的階層分割可以從建築和居住環境中中體現出來。

劇場作為微型的社會，很明顯地表現出這種階層的重組。娛樂機構和娛樂方式都出現了分層，即某個劇場有固定的觀眾群體，而且不同劇場之間觀眾的趣味和審美也不同。十九世紀在紐約發生的「阿斯塔暴動」（Astor Riot）最明顯地顯現了文化的等級分化。這次暴動體現了在戲院這個空間裏不同階層對文化權威的爭奪，也是精英文化和大眾文化的一次交鋒。

19 世紀的美國劇場，盛行莎士比亞戲劇。當時莎士比亞戲劇，帶有明顯的情節劇特徵。其特色是英雄和反派的鬥爭，善與惡的對抗，觀眾對其性格或意圖都有認識。莎士比亞戲劇的流行並不是偶然的，它符合了當時趨向民主化的美國民眾的心態。但是在莎士比亞戲劇的表演風格上，出現了分歧。在 19 世紀上半期佔據舞臺的演員，以充滿活力、狂暴和充滿感情的表達為特

〔註 13〕參見 Thomas Bender. *The Unfinished City: New York and the Metropolitan Idea.* New York: New York Univerity Press, 2007. P3～14.

徵。這種表演以美國演員埃德溫‧福雷斯特（Edwin Forrest）為代表，將浪漫主義的傳統推向了高潮。另一方面，以英國人威廉‧查爾斯‧麥克雷迪（William Charles Macready）為代表的表演風格是截然不同的。如果說 Forrest 的表演代表著平民風格。Macready 的含蓄精緻和貴族舉止，得到少數富人的認同。1849 年 5 月，當這兩個當紅演員同時表演時，因各自所代表的不同觀賞趣味和價值觀念，導致了紐約 Astor Place 歌劇院發生了一場流血衝突。〔註 14〕

作為公共空間，劇院將各個階層的人們吸引到一個地方，他們通過共同的活動相互聯繫，各個群體不僅是坐在一個屋簷下，而且是互動的。但當由於經濟等各方面原因，社會階層重組，就導致了上述的戲院衝突。戲院衝突是社會問題的縮影，是美國各個社會經濟群體之間關係的反映。在十九世紀上半期，美國城市中各個劇場之間出現了分化。不僅在觀眾之間產生隔離，在演員和演出風格之間也出現分化。Forrest 的表演被認為是誇張煽情，而觀眾群中許多為劇情感動哭泣的年輕女性。另一方面，迎合社會上層的獨立劇院在一個城市又一個城市出現。

在上海，雖然沒有發生類似的激烈流血衝突，娛樂的空間分層還是很明顯的。高檔戲院多集中在五條大馬路為中心的區域。早期茶園時代，這裡中上層男性觀眾居多。之後其他的娛樂方式，如書場、遊樂場等均有不同的觀眾群體。地方戲一般在本地移民相對集中的地方演出，如粵劇和紹興文戲，早期粵劇演出場所有新廣路的廣舞臺和北四川路的廣東大舞臺。電影戲院的

〔註 14〕1849 年 5 月 7 日，在表演麥克白時，二個人暗自較量。Forrest 在百老匯戲院的表演異常成功。而 Macready 在 Astor place 歌劇院表演時，遭到了早就心存不滿的平民觀眾的攻擊，他們向舞臺擲蘋果、檸檬、雞蛋，椅子也被從大廳裏扔了出來。事後，城市的精英分子打算反擊，並竭力挽留意欲離去的 Macready，並安慰他說：「這個社區裏應有的秩序會讓你的表演繼續。」5 月 10 日，1800 多名觀眾在 Astor Place 戲院等待 Macready 的再次演出，戲院外面卻聚集了數以萬計的反對者。由於事先暗藏在戲院裏的破壞分子被逮捕，Macready 的《麥克白》得以在緊張的氣氛中演完。戲院外的人在講演者的帶動下呼喊「焚燒掉貴族氣焰」他們企圖用石頭砸開大門，軍隊趕來制止，在衝突中，至少 22 人死亡，150 多人受傷。如果被逮捕的 86 個人可以作為代表，那麼可以證明人群是由工人階級組成的──桶匠、印刷工人、屠夫、木匠、僕人、海員、機械工、職員、泥瓦匠、麵包師、管道工、勞工──第二天，在紐約 City Hall 的一次集會中，他們表達了自己的意見：「為了什麼？難道要以違背我們眾多市民生活的代價去取悅一部分貴族……」參見 Levine, Lawrence W. *Highbrow/Lowbrow: The Emergence of Cultural Hierarchy in America*. Massachusetts: Harvard University Press, 1988.

位置變遷更為明顯地體現了這種分割。早期的電影院一般集中在北區，觀眾工人階層居多，之後吸引中上層的觀眾，電影漸漸向中區集中。

傳統社會的分層，只是簡單的四民社會，另外加上許多不在四民之內的「倡優隸卒」。近代社會的分化，使得階層變得複雜。晚清民初的報紙上，最常常出現的是「商」「學」兩界，其他還有「軍界」、「政界」、「女界」的用法。相比而言，「學界」和「女界」的興起，是晚清社會的重要變化。晚清民初的很多活動，也都是自學生運動發起的。學校產生了新的智識階層。「市民」一詞，出現的比較晚。中上階級，和上等階級等用法和詞彙也開始在報章雜誌出現。但 1920 年代之前，「階級」一詞還沒有被廣泛採用。

到 1920 年代，各大娛樂市場都出現了明顯的分層。精英階層去電影院，或者是看京劇，捧梅蘭芳，四大名旦開始出現並聞名於城市空間；學生演出和觀看「愛美劇」；精英知識分子從事話劇；而工人階級和女人，則湧入遊樂場。但是這些也並不是絕對的隔絕和相互排斥的，不同團體共同享受對國家和地方的公共輿論。〔註 15〕

三、大都會的精神生活

城市以各種光怪陸離的景象衝擊著人的生理視聽，進而對人們的心理產生了影響。齊美爾（Georg Simmel）在 1903 年發表的《大都市的精神生活》一文中，指出世紀之交社會文化嬗變的一個重要方面，就是都市現代化導致的精神生活的變化：

> 快速轉換的影像，一瞥之中捕獲的鮮明差異，以及突如其來的強烈刺激。大都會以其街道的縱橫交錯以及經濟、職業和社會生活的發展迅速和形態多樣，造成了它的心理環境，從這個意義上說，它在精神生活的感覺基礎方面，在我們的有機體所需的知覺量度方面，與小城鎮和鄉村生活的感官——精神狀態那種更加緩慢、更加熟悉、更加平穩流暢的韻律形成了深刻的對比。〔註 16〕

城市生活的經驗，和之前的鄉村經驗大相徑庭甚至截然相反。城市造成的緊張感是現代生活一個很重要的方面。街上的腳步聲、車馬聲、呼嘯聲；

〔註 15〕沙培德（Peter Zarrow）：《戰爭與革命交織的近代中國（1895～1949）》，高波譯，北京：中國人民大學出版社，2016 年，第 132 頁。

〔註 16〕齊美爾：〈大都會與精神生活〉，選自《橋與門——齊美爾隨筆集》，上海：上海三聯書店，1991 年。

鐵錘機器聲，孩子的哭聲，和小販的叫賣聲；音樂聲、哭鬧聲、咆哮聲，把城市從每天的夢魘中驚醒。大馬路上人群如潮水般洶湧，擁擠的人群規定了前進的步伐，在其中的個體如果不合拍，就會被擠出。這種被都市製造的感官緊張所包圍的生活狀態，不但在戲劇舞臺上，在報章雜誌上也多有表現。商業娛樂把重點放在製造轟動的感官效應上，既是對於這種緊張生活的反映，同時又製造出大眾文化的新紀元。

「震撼」是現代工業城市給與身處其間的市民最初的印象。應接不暇的百貨大樓，遊樂場，電車，燈光，和川流不息的人群，琳琅滿目的城市櫥窗，都是城市的游蕩者的浮世繪。這種震撼的體驗，寫在本雅明對於波德萊爾這一發達資本主義時期的抒情詩人的分析中。

現代的機械裝置給與舞臺以各種機關。新舞臺新建之戲臺頂高三丈餘，以便懸掛一切軟片，臨時放下應用，不用時仍拽放原處。頂部建有一木橋，遇到雪景的劇目，剪紙做雪花，由橋上散下，形似落下真雪。臺心下層挖成地窖，用以盛水，凡演水景等戲，旁邊有自來水龍頭，開放時，真水滔滔不絕，頗能引起觀眾的興趣。窖中沒有水的時候，演出武俠劇，演員可由地窖內上升。舞臺並有轉檯設備，臺中心可以轉動。有些戲，前半臺為廳堂，背半臺為房間，或上半臺演的是郊外，後半臺則是村鎮，演出時不須閉幕，只須電燈一關，打一個四記頭（鑼），臺即旋轉。觀眾覺得新奇，甚為讚賞，若演神仙鬼怪等劇，則臺上更可以發揮。隨後各舞臺皆仿傚之。〔註 17〕上海文史館館員姚吉光回憶說：「臺下有地下室，建一大轉盤，舞臺可以轉動，可以同時搭成兩臺布景，只須一轉，即換成另一布景。舞臺面積之大可以在臺上騎真馬開汽車演新戲。」〔註 18〕

新舞臺在建立時，就仿照日本舞臺的透視布景，請來畫家張聿光繪製各種布景，根據劇情使用、變換，不用布景的戲就障以畫幔。布景有影片、軟片、附片種種。軟片即掛片，備有亭臺殿閣、山林瀑布、園圃池塘、書齋繡閣等畫片，按戲中情節掛之。影片鑲以木框。臨時設備附片，附放在左右兩面，以遮避後臺。布景的光怪陸離成了上海戲院的一個奇觀。舞臺背景中有風、

〔註 17〕上海市文史館：《上海地方史資料》（5），上海社會科學院出版社，1986 年，第 201 頁。

〔註 18〕轉引北京、上海藝術研究所聯合編著：《中國京劇史》（上），北京：中國戲劇出版社，1990 年，第 347 頁。

雲、雷、雨、日月星辰，例如演出《御碑亭》時，遇到下雨一場，風聲、雷聲、雲片雨絲日月星辰各景色具有出現，閃爍有光，可於幕上升降。

到 1913 年間，新舞臺的布景、舞臺裝置，已經形成一定格式。所有劇中應有的，如廳堂、房間、桌椅擺設、花園、山水、鄉村、田野、樹林等等都是一幕幕的畫在軟片上，按劇情的需要更換。張聿光所畫的美術布景，顯出陰陽面，立體狀態。後來又出現了機關布景，由魔術家設計了活動布景，能一連串有三四次變化，風靡一時。為了競爭和換布景，各家戲院往往把一齣戲分了十幾個幕，幕幕換景。新舞臺演出的《閻瑞生》，就有十幾處布景。新舞臺的《拿破崙》和《新茶花》，生意非常之好。推其意，賴以舞臺之夢景、水景、海島、景山、林景、花園景，種種布景之簇簇生新、光怪陸離。

在演出神怪劇《濟公活佛》，偵探劇《就是我》等，機關布景能製造出「魔術化」。如借用鎂光，於一霎那間將全臺背景突然間更換。或者是易容術、變裝術，老變少，少變老，全在於化妝的敏捷，轉移迅速。又如空中來去，空中舞蹈，一切全靠鉛絲及活葫蘆作用，山崩橋坍，全賴機關玲瓏；火景全持火酒和紅色電光。

憑藉以上舞臺、布景、道具及其光電的應用，新舞臺在上海風靡一時。1915 年和 1916 年新舞臺上演劇目，次數最多的《新茶花》、《目連救母》、《拿破崙》等，都有布景和舞臺設置的噱頭。其廣告詞渲染，滿臺活動火景，兩軍大戰，中國戲劇從未有過；〔註 19〕內有十殿閻羅神像，五色電光、鬼景，大轉舞臺；〔註 20〕又或者新添汽車、馬車、炮車、軍隊上臺。〔註 21〕新舞臺演出《拿破崙》時運用十幾萬磅的水，力圖製造出震撼的場面。光和電的運用，尤其表現在傳統劇目上。元宵節各大舞臺會演出《斗牛宮》或《唐明皇賞月》；端午節排演《白蛇傳》；乞巧節是《天河配》；八月十五演出《嫦娥》。這些改編自民間故事並且有著濃厚的傳統色彩的「應景」、「應節」劇目。《天河配》中新添電燈荷花，滿臺飛水，鵲橋空中走人。〔註 22〕《新斗牛宮》的新制滿臺活動電光絹紫五彩電汽布景、機器轉檯。〔註 23〕《白蛇傳》「《鬥法》一場

〔註 19〕 (《新茶花》)《申報》娛樂版廣告，1915 年 9 月 19 日。
〔註 20〕 (《目連救母》)《申報》娛樂版廣告，1915 年 7 月 30 日。
〔註 21〕 (《拿破崙》)《申報》娛樂版廣告，1915 年 9 月 26 日。
〔註 22〕 《申報》娛樂版，1915 年中秋節「新舞臺」廣告。
〔註 23〕 《申報》娛樂版，1916 年元宵節「新舞臺」廣告。

有獅、象、熊、兔活動齊形，大有可觀。」〔註24〕

　　新舞臺的這些舞臺改造，給「文明新戲」帶來了前所未有的革新，而這正是晚清倡導戲劇改良，和以商業繁榮市面的結果。但是這種「現實主義」達到鬧劇的境地，例如劇中人會騎著真馬大戰，會跳進放著真水的「河中」逃跑。各種動物，如大象、獅子出現在舞臺上。真牛、真羊，雞鴨等活物趕上舞臺，如新舞臺的保留劇目《三娘教子》中，「新添布景真羊、真雞」〔註25〕。新舞臺拿手好戲《鐵公雞》的亮點就在於「真刀真槍打武」。

　　除了以上的「現實主義」，用視覺形成震撼，還善於利用懸疑、令人緊張的場景製造感覺衝擊。在《拱廊計劃》中，本雅明將波德萊爾和城市游蕩者聯繫在一起。人群變成文人波德萊爾和本雅明的避難所，他們在這裡獲得了身心的放鬆，甚至體驗到某種犯禁的快感。本雅明在論及「避難所」的時候，大量涉及偵探小說和犯罪的意象。「讓機械複製的藝術作品，治療技術化時代大眾染上的種種心理疾病」。〔註26〕新舞臺編演了大量偵探戲和神怪戲，《就是我》連演了三年，成為「票房靈藥」：

　　　　內有十餘丈大長橋，橋下一片汪洋，橋上火車來往，行到半橋，
　　地雷暴發，波浪噴天，火車大橋，一齊折斷。

　　　　特別稀奇彩景，真馬真車真炮車，霹靂閃電，三層樓火景，並
　　有真水龍車上臺，當場出水救火。

　　　　請看烏衣當面化裝逃走，真有神出鬼沒之妙，骨石被擒，放在
　　火車道上，使人觀之縮捨，培師救雪花，在繩橋上逃走，尤為特色。

　　　　並有太陽、電光、炸彈炸橋，真是空前絕後。〔註27〕

　　快速變化的布景利用間離和中斷的技巧，排除了觀眾的移情或者共鳴，它帶給觀眾的只是震撼。1916 年 6 月份新舞臺停演休息，因為農曆的 6 月天氣炎熱，影響賣座，而炎熱的天氣很容易弄髒演員昂貴的行頭，所有在 6 月很多的舞臺會停演休息。新舞臺經過一番休整，從 7 月起連演《就是我》。7月共排演了八本，整個月幾乎都在演出《就是我》，並且不斷有「今接各界來

〔註24〕《申報》娛樂版，1915 年端午節「新舞臺」廣告。

〔註25〕《申報》娛樂版，1915 年 10 月 16「新舞臺」廣告。

〔註26〕趙勇：《整合與顛覆：大眾文化的辯證法——法蘭克福學派的大眾文化理論》，
　　　　北京大學出版社，2005 年，第 141 頁。

〔註27〕《申報》廣告，1917 年 4 月 8 日。

函煩演，情不可卻」，或者「連接學界來函云暑假有暇，煩演此劇」等字樣，可見觀眾的踊躍。於是9月份又接連排出第九本和第十本。

從戲劇市場來看，20世紀第一個十年，是發展的第一個階段，從改良主義者提倡戲曲改良開始，出現了一大批「文明新戲」，這些戲劇關注女學、禁煙等問題，輔助社會教育。二十世紀二個十年，在這個階段，家庭劇和言情劇變得非常流行。第三個十年，是發展的第三個階段。這個時期，人們由追求轉向了逃避，追趕潮流和時尚的願望被倦怠感所代替，那些社會改良和言情劇漸漸被武俠、偵探和社會醜聞所替代。如果把戲劇作為一種社會症候，那可能的病症，恰恰是因為人的精神狀態的改變。城市一方面成為夢想的天堂，另一方面成為罪惡的淵藪。階層的分化，赤裸裸的金錢的力量，本身生活就比戲劇本身更加具有戲劇性。人們不斷在報紙上讀到各種兇殺和死亡案件，這些案件也成為小說家的靈感來源。這這是新舞臺根據真實事件編演的《閻瑞生》風行一時的原因。

民初前二十年，感傷戲劇流行。家庭倫理和言情劇通過悲旦和情迷的形象，引起觀眾共情，並大賺觀眾眼淚（tearjecker）。1920年代，各類神怪劇則是用笑來感染情緒。例如《濟公活佛》，最強調的就是一個「笑」字，這部戲劇將舞臺視覺震撼，開懷大笑的直接情緒和偵探長篇造成的感慨體驗融為一體，成為新舞臺的大賣劇目。1919年從3月9日到3月18日一個多星期的廣告詞，每一天都有關於「笑」的描述：

> 3月10日　濟公活佛有不可不看的道理，最最**發笑**、情節曲折，奇景頂多，包羅萬象；3月11日　頭本為全劇緣起不可不看⋯⋯包你**哈哈大笑**；3月12日　二本活佛最熱鬧，諸君猜猜，活佛為什麼要賣兒子⋯⋯這幾句稀奇的話，問出來已經**好笑**，要回答出來一定是大有趣而特有趣；3月14日　四本濟公活佛，好笑事體真勿少，還是活佛**最好笑**；3月17　**哈哈**，看濟公活佛的本來面目。〔註28〕

《濟公活佛》本戲22本，歷時凡四年，盈餘達80萬金，新戲售座之佳，當推此劇為首。《濟公活佛》的演出更加火爆。「民國八年，照舊曆算起來，正月只有二十九天，新舞臺倒演了二十幾天的《濟公活佛》，看客倒比

〔註28〕《申報》廣告，1919年3月9日到3月18日。

演戲的人吃緊，催我們排起八本來了。」〔註29〕新舞臺還是本著改良的姿態，例如在宣傳詞中寫道：第一勸世，諸君欲得孝子賢孫者，不可不帶子孫來看看；提倡貞節，諸君妻女得好榜樣者，不可不帶家眷來看看；勸人不可貪女色，家中有子侄輩濫嫖游蕩而要想勸他回頭者，不可不帶他去看看；勸人行善，情節頂長，愛觀連臺者，不可不看；不賣關子，看了一會也會明白，不愛看連臺戲的人也來看看。〔註30〕他們是想借神道勸人，但「覺得終是些孝悌忠信、禮義廉恥等幾句老生常談的話，非常平淡」，於是把慢慢「把這些勸人為善的言語，夾在許多笑話裏說，便顯得眉飛色舞、逸趣橫生。」〔註31〕這是當時作為新興民族資產階級的戲院經理，他們所認知的戲劇和他們想要取得的效果。在 20 世紀 20 年代早期，新舞臺這一類劇場所攜帶晚清以來的改良社會責任已經褪色了。

「連勸人為善的言語，都夾在許多笑話裏說。」視覺上的衝擊和城市轉瞬即逝的繁華相呼應，娛樂，既是一種放鬆也是一種逃避。從臺詞中，我們也可以看到當時戲劇表演中能夠吸引觀眾的因素，勸人勸世，懲惡揚善，有利於世道人心，情節曲折，堪比外國電影，引人發笑，功效比藥劑還要好。新舞臺曾在某一天廣告中講到，某君患憂鬱症，後看新舞臺戲劇竟不治而愈。

觀眾那麼渴望一個黑白分明的世界，和來自現實外的力量的救助，恰恰是現實社會不平的反映。如果我們不用傳統和現代的二元對立，或者是千篇一律的現代的出現和儒家（維多利亞）思想體系衰落這種程序，我們看到的民眾的心態，還是對於道德的正視和探討，希望這個世界是一個美德和正義可以獲勝的世界，而不是道德淪喪，失去秩序。這似乎是一種矛盾，新舞臺用一種寫真的手法，製造出一個虛幻的世界；但是又一點也不矛盾，唯有虛幻的世界更加真實，才能逃避現實世界。這正是本雅明為機械複製時代的大眾文化辯護的一面，大眾文化製造了溫情，給行走在冷漠的城市人群中的個體以溫暖的感覺。這些舞臺戲的場景描寫，和觀眾體驗，描繪了現代初期那些原初的震撼，現代人都已經習以為常的體驗。

〔註29〕《申報》廣告，1919 年 3 月 7 日。
〔註30〕濟公活佛，《申報》1919 年 3 月 10 日新舞臺廣告。
〔註31〕濟公活佛，《申報》1919 年 3 月 9 日新舞臺廣告。

四、現實主義：《槍斃閻瑞生》

1920 年 6 月 9 日，有「花國總理」之稱的妓女王蓮英，被洋行買辦閻瑞生勒斃於上海西郊徐家匯的麥田中。這起案件發生之後，大報小報競相報導，各大戲院紛紛把這起案件搬上舞臺。

故事大體是：閻瑞生因為把借來的鑽戒質錢購跑馬票未中，懊惱異常。當他在好友朱老五（上海巨商朱葆三之五公子）處看見妓女王蓮英身佩貴重飾物後，遂起謀害之意。他購買了麻醉藥水和繩索，又向朱老五借得汽車，找了朋友吳春芳協助，把王蓮英騙來，假稱駕車出外兜風，半夜在郊外用藥水棉花悶倒王蓮英，以繩索勒斃，搶去飾物，把屍體移至麥田內。事後，閻瑞生逃到青浦其岳父家躲風，在包探追捕下，又先後遁跡於松江、上海、青島和徐州，最後盤纏用盡，意欲到徐州龍海鐵路公司求職謀生。1920 年 8 月於徐州火車站被偵探拿獲，押到上海租界總巡捕房。公共租界法庭並沒有直接審理此案，反將閻及吳春芳引渡給北洋軍閥淞滬護軍使管轄的軍事法庭。11 月 23 日，二人被判死刑，於上海龍華執行槍決。

大舞臺於 1920 年 11 月 27 日開演《閻瑞生》，距閻瑞生被槍決僅相隔四天。而且布景設置奇異，演員陣容強大：

> 本臺新置是劇，布景材料，異常豐富。如洋房、書寓、旅館、汽車火車站，跑馬廳，一品香群仙戲院，新世界自由廳等彩景，式式俱全。末場更覺奇觀，房間忽然化成北新涇麥田。閻瑞生謀害蓮英之特別夢境，發現人物皆二尺餘長，來往行動非常特色。並煩毛韻珂扮蓮英，趙如泉扮閻瑞生，賈碧雲扮小林黛玉，劉慧琴扮題紅館，何金壽扮王長發，田桂枝扮蓮英之母，毛仲琪扮吳春芳。其餘角色，俱是重要，相當搭配，准予初七夜（禮拜五）準演。〔註32〕

共舞臺在法租界，本來以男女合演著稱，為對抗大舞臺的「快」，以「真」來引人注目。由著名坤角張文豔扮演王蓮英，張和上海書寓裏面的高等妓女頗為熟悉，專門模仿她們的一顰一笑。從而造成更大轟動，共舞臺夜夜客滿。各大戲院相繼排演《閻瑞生》進行角逐，儘管構造不同，獲利頗為豐厚。

此時的新舞臺，《濟公活佛》排演至 18 本，面臨著材料枯竭的問題。眼看著其他戲院大發橫財，新舞臺大有效尤之意。夏月珊派布景主任張聿光在

〔註32〕大舞臺廣告，《新排連臺實事慘情傑作好戲》，《新聞報》1921 年 1 月 15 日，第 3 張第 4 版。

北新涇虹橋一帶實地寫生蓮英遇害處風景，並派人分頭向歌舞臺探查戲情，到 1920 年底告成。到新年正月十四，正式宣告開演。售座之佳，較《濟公活佛》更為踴躍，一連三個月天天滿座，二樓和包廂經常在演出前幾天就被預訂一空。之前新舞臺負債務甚巨，自《閻瑞生》新戲，所有大小債務均得一一償清。下面是新舞臺的廣告：

> 滿臺真水，閻瑞生泅水，真船上臺。過街樓轉檯、福裕里一品香、虹橋麥田、百多洋行、南京路新巡捕房、會樂里妓院、會審公堂、西炮臺、黃埔灘小火輪、徐州車站；奇巧機關夢境，寶山路黃德昌旅店見鬼；活捉閻瑞生的種種機關。〔註33〕

汪優游扮演閻瑞生一角，其中最受觀眾欣賞的，即閻瑞生從青浦的河中游泳逃過警察的追捕。新舞臺在臺中水池注滿水以作河流。每天汪優游都跳入水中，水花四濺，觀眾齊聲喝彩。汪本來是學體育出身，頗能游泳，但是禁不起天天在冷水中浸泡，終於大病了一場。

最早嘗試把其拍成電影拍的，是商務印書館影戲部。他們請來了閻瑞生的至友陳壽芝，陳也是洋行買辦，並且據說相貌和閻也有些相似，模仿閻的動作和神情惟妙惟肖。王蓮英則由妓女出身但從良的小姐妹扮演，她的丈夫朱某亦在戲裏扮演了閻的朋友、朱葆三的兒子朱老五。邵鵬是當時的足球名將，也在銀行供職，他扮演了幫兇吳春芳。

《閻瑞生》中，有近二十多個完全不同的場景，展現了幾十處的地點，包括輪船火車，洋行妓院，捕房公堂，類似偵探劇的情節，新奇魔術機關。報紙廣告中，「火車站」三個字都是大字且被加重突出，可見人們對於新出現的技術的好奇。更不用說「滿臺真水」，「新制滿臺活動電光、絹紫五彩、電汽布景、機器轉檯」。正如共舞臺所宣揚的「使觀者恍若身入其境」，隨著這些場景的變幻，觀眾實際上是進行了一場奇幻和冒險之旅。

《閻瑞生》連演數年，而且在電影技術更發達之後，被拍成了十大本的長片，影響直達到 1930 年代。這成為中國電視史上的最長故事長片，可惜這一部電影的膠片都已銷毀，今天的觀眾無緣再見，也無法再現電影中場景。故事中的閻瑞生，是震旦大學的畢業生，體面的洋行職員，什麼原因使其走向了謀財害命之路？這其中的原因給出了空間和空白允許人們去聯想。

最先設定拍攝電影的，是顧無為。如前所述，顧無為曾經參加進化團，

〔註33〕新舞臺廣告，《申報》1922 年農曆中秋節，第 11 版。

是著名的言論派老生。之後又曾經演出激進新劇被捕，被驅逐押解回鄉。在
1920 年代，國人自辦電影公司尚且全無，顧無為聯合周劍雲等人創立了中國
影戲研究會。其初衷：

> 中國之資本家，好以其資材埋之地底，其較為開通者，則存之
> 銀行，年取其息，或貸之他人，以剝其厚利，此為彼等之唯一理財
> 法，至於彼足以富國裕民之實業，則彼等從不肯投資，此所以我國
> 實業界之不能發達也。中國影戲研究會雖有宏大之志願，那一時無
> 從募集鉅款，乃不得不集小資本而先小試其技。於是乃由先演閻瑞
> 生之議，蓋預計此劇攝成之後，必能邀社會歡迎，而後以原有之小
> 資本，再加以該劇所獲之盈餘，合成為稍大之資本，得以演陳義稍
> 高尚之劇，用副初志，且閻瑞生以劇之情節，實為一種社會寫實戲。
> 設編制得當，則於世道人心，亦不無裨益，至謂為誨盜誨淫，則不
> 免冤枉，此顧君之語也。〔註34〕

以上這段發表於周劍雲主編的《春生日報》，是中國影戲研究會的機關刊物。
不久，即有人投書研究會「大肆謾罵」。此人是《民國日報》的際安君，他指
出，「不免使我大失望，此劇之重要人物，一為放浪形骸之妓女，一為淫蕩兇
惡之強盜……」《民國日報》是國民黨的機關報紙，1916 年 1 月 22 日在上海
創辦。該報創始人為中華革命黨總務部長陳其美，主編先後為葉楚傖、邵力
子、胡樸安等，主要撰稿人有戴季陶、沈玄廬、姚鵷鶵、成舍我、管際安等。
此報紙固然延續了新文化運動時期的批判態度，但仍然站在國家的立場，主
張對大眾戲劇市場的審查規範和改良。

　　精英改良者認為《閻瑞生》的風行，反應了觀眾獵奇和追求感官震撼的
心理。無底線地消費一場本來是血腥的姦殺案件，滿足其惡劣的心理。《閻瑞
生》的熱映引起了官方的恐慌：「商界子弟，血氣未定，鑒別力本極薄弱，若
再以此等影片日漸輸灌，恐數年間所受義務教育之功用，盡為其摧毀於無形。」
〔註35〕江蘇省教育會也發出了「取締有礙風化影片之呈請」〔註36〕，要求審
查和取締《閻瑞生》。他們也批評當時盛行的「偵探劇」「神怪劇」，認為是譁

〔註34〕《外界對於閻瑞生影戲之批評》《春生日報》1921 年 5 月 23 日，第 2 版。
〔註35〕上海總商會與五馬路商界聯合會致電江蘇省省長，《新聞報》1923 年 3 月 18
　　　　日，第 3 張第 1 版。
〔註36〕江蘇省教育公會：《取締有礙風化影片之呈請》，《新聞報》1923 年 4 月 8 日，
　　　　第 3 張第 1 版。當時上海屬江蘇省管轄。

眾取寵，不但無益於社會教育，反而會破壞社會風尚。這種抵制先是從商會致電江蘇省省長在前，江蘇省教育公會發出取締申請。

對於這些來自官方的批判，周劍雲曾經有所辯解。他說，中國影戲研究會決議拍攝《閻瑞生》，有兩個宗旨：第一，閻瑞生以曾受高等教育之人，而以持志未堅，竟至於墮落，表演之足以喚醒後來之青年。第二，蓮英之被害，由於珍貴之裝飾，表演之足以警醒一般窮奢極侈之婦女。

當下學者將其稱之為「道德紀實主義」。「電影的『真實紀實主義』通過將腐化的都會作為公共（遊樂場）和私人空間（犯罪空間），揭露出來。」〔註37〕美國紐約大學電影系張真教授認為，《閻瑞生》代表著從感傷主義向現實主義的轉向。《閻瑞生》和其它電影之區別在於其「視覺現代性」（glaring modernity）。〔註38〕之前的感傷戲劇和感傷電影，例如《黑籍冤魂》，是通過家庭倫理劇的方式，通過把道德情感化，達到戲劇和電影社會教育的目的。而此時，則是通過現實主義的方式，尤其是事無鉅細地表現一個反面的例子，來達到正面的教育或者訓誡的目的。由此，《閻瑞生》成為中國第一部寫實主義（hyperrealist）電影。《閻瑞生》的視覺現代性，類似波德萊爾的惡之花，在暴露罪惡中顯示其道德訓誡。

十大本的故事，類似今天的電視連續劇，並且通過機械程序持續不斷地製造出來，這完全可以看做是機械複製時代的一場視覺盛宴和精神逃避。但是，劇場和電影院都有出口，觀眾不得不馬上就要回到現實。

小結

1923 年江浙戰爭的爆發，使得新舞臺關閉。新舞臺所在的地址在南市，居民也未能避免戰爭帶來的災難。首先是戰區內大量難民湧入上海。其次，城廂內很多人被拉壯丁去打仗，造成人心大慌，工人「出門恐遭拉夫」，造成工廠停工。受到戰爭影響，上海市面蕭條，物價尤其是米價暴漲。而同時交通也受阻。潰退到南市的士兵，搶掠、奸盜，更使得上海人民遭殃。在這種情況下，劇場多關門歇業。

〔註37〕李九如：《經驗共享、道德訓誡與「真實」追求：20 世紀 20 年代閻瑞生故事的媒介呈現》，《電影欣作》，2018 年第 2 期，第 38～46 頁。

〔註38〕 Zhen Zhang, An Amorous History of the Silver Screen: Shanghai Cinema, 1896～1937. Chicago & London: The University of Chicago Press, 2005. PP107～108.

　　從娛樂業的發展來看，1924年是一箇舊時代的終結和一個新時代的開始。新式舞臺已經風光不再，由於商業上不能賺錢，加上上海房地產的高漲，很多舞臺劇場被拆除，改建市房或旅館。曾是汪笑儂首演《瓜種蘭因》，後來成新劇演出場所的春仙茶園，在 1924 年被拆除翻建旅館。位於法租界以提倡男女合演著稱的歌舞臺於 1924 改建電影院。新舞臺代表著上海戲曲改良時代的結束，之後在國劇運動的號召下，京劇提升到國劇的地位，這種混合式的改良漸漸又趨向傳統。而隨著遊樂場等大眾娛樂形式的興起，京劇劇場越來越貴族化，變成中產男性光顧的場所。娛樂方式在性別和階層上的分層愈加明顯。

第五章 跨界與流轉

　　一戰之後，城市新劇產生分化，並非是衰落乃至消失了。其分化和流轉的方向主要有四個，一是進駐遊樂場演出，二是作為旅行團到外地乃至偏遠地區演出；三是人員和資本轉入電影，第四，向現代話劇的轉變。

　　新劇因為沒有獨立劇場，在遊樂場興起後，一部分新劇從業人員也進駐遊樂場。地方小戲受到新劇的現代表演方式，化裝、布景、燈光等的影響；而新劇也吸收了地方曲藝的營養，以通俗話劇的方式存在於遊樂場中。發展比較好的地方曲藝，遷出遊樂場，有了獨立的表演劇場，漸漸形成新的劇種。

　　新劇團旅行到各大城市，除了上海周邊的無錫、常州、鎮江、杭州、蘇州、南京，或者更遠的大城市演出，將新劇帶到全國各處。1924 年，無聲電影開始出現。電影從一開始出現就和戲劇爭奪人員和市場。在默片時代，無法普及不識字的觀眾。而有聲電影卻擴大了電影的觀眾群體，使之成為一種城市大眾娛樂。1928 年話劇正式命名，本章將話劇也放在早期新劇流變和分化的行列來論述。而以改良京劇為主體的文明新戲，在北京地區，經過「國劇運動」之後，為國民黨政府的意識形態所利用，提升到民族藝術的地位。

一、進駐遊藝場

　　「遊藝」這個詞語是在近代報刊中普遍使用。最早用來指各個學校的「遊

藝會」，學校經常在節假日展示所學習內容，例如唱歌，音樂，體育等，邀請家長和相關社會人士參加。或者舉辦各種遊藝會，為賑災、助學等募捐。到 1920 年代，遊藝變成各種演藝的統稱，尤其是指遊藝場中的各類演藝形式。在上海遊藝場小報上，「遊藝」一欄所列項目包括灘簧、彈詞、大鼓、口技、魔術、新劇等。

工業化之前，活躍在村鎮中的民間演藝，包括各種地方小戲和曲藝，開始隨著移民進入城市。來到城市的各類民間戲曲，有的依靠自己的鄉幫會館，有獨立的劇院演出。大多數只能流落在城市的街頭巷尾賣藝，有的不能立足而湮滅。20 世紀第二個十年，遊藝場開始在各大城市興起。遊藝場成為平民娛樂的場所，也接納了眾多的民間曲藝。正是在遊藝場中，多種戲曲和曲藝相互影響，技藝和藝術性不斷提升，並進而成長和分化出現代的劇種。

1916 年之後，由於上海娛樂市場的分化，六千餘文明新劇演員進了遊藝坊演出。〔註 1〕最初由屋頂花園搭建，漸漸到開辦完全獨立的遊樂場，到 1920 年代初，上海已經有最少六家容納萬人的大型遊樂場。獨立的遊樂場，主要包括大世界（圖 5-1，5-2）、新世界（5-3）和小世界（圖 5-4）；附屬在百貨公司內，包括永安公司天韻樓，先施公司的樂園，和新新公司的新新花園。在遊藝場搭班的新劇團，在大世界是男女合演的導社「文明新劇」；新世界有達社男子新劇；小世界有愛華社女子新劇；天韻樓有銘社女子新劇，柳社男子新劇；先施樂園有霓裳團女子新劇，易社男子新劇；新新花園有鳳鳴社女子新劇。1920 年代遊藝場時期的新劇，在觀眾中的影響力並不弱。例如天韻樓的柳社，「人才不少，所演各戲，亦深得遊客之贊許。其次如新世界之達社，亦頗有可取。」而女子新劇社之多，報紙稱之為「汗牛充棟」。〔註 2〕這些團體廣告上還是自稱「新劇」，但是由於和民間曲藝越來越混合，「文明戲」有時候也變成遊樂場中新劇的自稱。民間曲藝在廣告中，總是冠以「文明」或者「改良」字樣，例如「文明大鼓」「改良灘簧。」遊樂場時候，報紙也市場以「文明戲」稱呼「新劇」。

〔註 1〕魏照風、趙銘彝、柏彬等編寫：《中國話劇史綱要》油印本，1962 年版，第二編第 3 頁。

〔註 2〕《遊藝瑣談》，《遊藝畫報》1926 年 1 月 30 日，第 2 版。

圖 5-1　大世界一角內景

資料來源：《遊藝畫報》1926 年第 39 期第 1 版。

圖 5-2　大世界的演出項目，有「文明新劇」項目，另外文明宣卷，改良蘇灘

資料來源：《申報》1919 年 10 月 29 日第 8 版。

圖 5-3　新世界廣告，有女子新劇的項目

資料來源：《申報》1917 年 9 月 1 日第 9 版。

圖 5-4　位於南市的小世界，愛華社女子新劇駐演

資料來源：《申報》1923 年 2 月 28 日第三張第 12 版。

　　遊藝場中的各種遊藝項目，長期在一個場子中演出。新劇和地方戲，各種地方戲彼此之間的借鑒和影響越來越多。灘簧等來自民間的地方戲，吸收了新劇的化裝、服裝、劇目等，漸漸形成了本灘（申曲），蘇灘（蘇劇）等既深具都市特徵，又保留了地方特色的新戲。新劇也因此和各種地方曲藝的混雜，變成「文明戲」。遊樂場時期的新劇，演員多使用方言。上海遊樂場中的新劇除了「本白」，其他方言多到四五種。此外，新劇中的唱也加入了灘簧、五更調等各種民間唱腔。一個好的新劇演員，必須會多種技藝，例如在先施樂園駐演的霓裳團女子新劇團演員周劍虹，「於新劇、舊劇、雙簧、蘇灘無所不能。」〔註3〕地方戲演員改演新劇者大有人在，遊藝場時期的文明戲演員很多就是來自民間藝人。例如四明文戲班中有小生王根生，拜新劇藝人沈菊生為師，改演新劇。〔註4〕女子新劇中，尤其是和蘇灘混合為多。

　　霓裳團女子新劇，從 1918 年先施公司開設遊藝場時期就開始駐演。劇團有三十多個藝人，主要角色有陸美雲、陸紫鵑、夏鶯鶯、周劍虹、薛珍珠等。夏鶯鶯本來隨錢幼生學蘇灘，初在勸業場演唱，復授業於鄭少庚，鄭亦為新劇界人物。新劇和灘簧混合，甚至被叫做「灘簧新劇」。上海的女子新劇團經常被邀請去天津的遊藝場演出。1929 年在天津遊藝場演出，非常轟動，「臺上各界所贈匾額及花籃甚多，內有『雛鳳新聲』四字，則袁寒雲君書贈陸紫鵑者也（圖 5-5）。」〔註5〕接著又應天津勸業場共和廳之約，演《孤兒恨》，「蘇灘之唱工，與新劇之做派融會貫通，沆瀣一氣，自必大有可觀。」〔註6〕蘇灘

〔註 3〕《先施樂園日報》1922 年 10 月 9 日，第 5 版。
〔註 4〕《遊藝畫報》1925 年第 12 期，第 1 版。
〔註 5〕觀蘇灘新劇記，《大公報》（天津版）1929 年 5 月 25 日，第 10 版。
〔註 6〕《大公報》（天津版）1929 年 5 月 22 日，第 10 版。

的演唱，並沒有因為方言的問題，在北方受到阻遏，反而大受歡迎。

　　1920 年代，是女藝人開始崛起的時代。「蘇灘申曲，大鼓魔術宣卷，種種遊藝，皆有女角。」〔註7〕而各種曲藝中，男班唱不過女班已成普遍現象。以蘇灘為例，女子蘇灘「形勢即將男班蘇灘一掃而空」，「范少山昔日在男子蘇灘中一時稱雄，但今日受到女子蘇灘影響，營業大受打擊。」〔註8〕江南的灘簧產生於蘇州，原為演唱南詞、彈詞、文書等曲藝藝術形式的泛稱。蘇灘是從崑曲中蛻變而來的，但唱詞比之崑曲通俗。不用鑼鼓，而是用胡琴、琵琶、笙簧一類樂器調和歌詞，字字清晰聲聲易懂。民國初年，蘇灘進入上海，並以遊藝場為大本營。在這些「普及大眾娛樂」的場所中，處處可見蘇灘場子，擠滿了看客。

圖 5-5　陸紫鵑赴天津演出與章遏雲合影

資料來源：《北洋畫報》1929 年第 8 卷第 390 期第 1 版。

　　再如四明文戲，始於同治年間，初名曰客串。演唱者初無組織，係鄉間佃農臨時扮演。光緒年間，有來滬在楊樹浦一代賣藝者，後應張石川所聘，進入永安公司。民六年，四明文戲女角開始嶄露頭角，有小瑞香，繼之有張愛春，均演於大世界，頗受歡迎。自是女子演唱如雨後春筍，男小旦無形中被淘汰。於是皆組織女子班，或妻或妹，或招收女弟子學習。大鼓初非滬人所好，女角蜂起而後大盛，其中負鼎鼎大名者，皆為女角。女班有時同臺演出，有時各治其事。女子新劇團往往臨時組織，旋起旋散，但也有長期固定

〔註7〕筆花：《遊藝界之拉雜談》，《遊藝畫報》1925 年第 12 期，第 2 版。
〔註8〕了翁：《女子蘇灘之溯源》，《戲雜誌》1923 年第 7 期，頁 97～100。

演唱的，如愛華社女子新劇在小世界演出數年。

文明戲的授徒方式是科班授徒，或者是「手把徒弟」。鄭正秋曾在設立「藥風新劇社」，培養新劇藝人，但僅「成就夏天人一人」。〔註 9〕在 1920 年代，新劇和「話劇」漸漸分道揚鑣。話劇走的是學院化路線，如「北京人藝」，及稍後的中華曲藝學校等，有精英知識分子的扶持，背後也有來自官方的資金作為後盾。人藝的學生，大多家境不錯，具有一定的社會理想和抱負。例如人藝僅有的一個女學生吳瑞燕，之後又入「中華戲曲職業專科學校」學習。焦菊隱借用「女子參政」的說法讚賞其「女子參藝」。「女子參藝」，在精英眼中當然不是指「舊劇，大鼓，蓮花落等的藝術」。〔註 10〕遊藝場中的底層藝人，不是為了「美滿的藝術」，都是為了養家糊口。送去學藝的學徒，要和師傅簽訂契約，稱之為「關書大發」。「關書上要寫明『學藝三年，幫師三年。』在學藝幫師期間，天災人禍，聽天由命」。〔註 11〕這種「手把徒弟」，就是某一在技藝上，業務上有成就的伶人，自己立上堂號，除了搭班演出之外，還在家教一二個或者三四個徒弟。除了學藝之外，學徒還得做雜活，「與師傅一家同吃同住，如無異於奴才童僕」。〔註 12〕但是唱戲的收入，畢竟是比起當時女性普遍從事的棉紡工人等有限職業，是好得多了。老藝人蔡桂芳回憶說：「我從小因家道貧寒，父母就送我到繅絲廠做工，舊社會繅絲女工的苦楚，正是苦如黃連」。〔註 13〕後來經人介紹去文明戲班學戲，境遇才漸漸好轉。

唱紅的女藝人雖然名氣很大，但是仍然處於「無權」的地位。在遊藝場中，「捧角家多，狂呼亂叫，擾人清聽。」〔註 14〕而在各種遊藝小報上，女藝人的照片，經常與「名妓」「名花」相併列。直到 1920 年代，還有評花榜的習慣。1925 年，報紙甚至還發起了選舉電影明星「總統」的活動，但最後因為遭到抵制而不得不取消。除了這些，還有流氓二毛等發來帖子「打秋風」，

〔註 9〕芝仙：《現代文明戲的滑稽名角》，《梨花雜誌》1924 年第 1 期，第 61～68 頁。

〔註 10〕沈召堂：《再談女子參藝》，《晨報副刊》，1923 年 8 月 2 日，頁 3～4。

〔註 11〕蘇州市文化廣播電視管理局編：《滑稽戲老藝人回憶錄》，蘇州大學印刷廠印刷，2001 年 12 月，第 98 頁。

〔註 12〕張發穎：《中國戲班史》，瀋陽出版社，1991 年，第 312 頁。

〔註 13〕蘇州市文化廣播電視管理局編：《滑稽戲老藝人回憶錄》，蘇州大學印刷廠印刷，2001 年 12 月，第 110 頁。

〔註 14〕筆花：《遊藝界之拉雜談》，《遊藝畫報》1925 年 11 月 4 日第 12 期，第 2 版。

給一個帖子，或做壽，或喜慶，不給錢就作弄搗亂。也有一些「白相人」欺負女藝人，她們「除了生氣，躲避外，沒有什麼辦法」。

　　從這個時候的女演員的來源和地位來看，她們無法編演真正反映女性生活，和具有女性主體性的戲劇。這時候演出的戲劇，多是傳統戲曲，而遊藝場樂於評論這類戲劇來做宣傳。先施樂園的機關小報叫做《伊甸園》，其主編為周瘦鵑。他依靠自己的人脈，網絡了一批文人為報紙寫評論。其中「茶話室」，是專門寫戲劇評論的。新劇團演出的劇目有多種，但是他們似乎更熱衷於選取「悲旦」劇目。他們的評論，往往關注演員演出是否逼真，是否能夠引得觀眾與之一起流淚。這一類劇目，多是傳統「青衣」劇目，如《琵琶記》《三娘教子》。評論《教子》「哭別」一幕，稱措辭亦悽楚動人，「（陸美雲扮劉智遠）向李三娘：『汝苟真愛吾者，當善自珍。』寥寥二語，意遠情深。」從這段描述來看，演員演出時，善於細緻描摹男女主人公的情感。再如《琵琶記》的評論，「彩霞扮趙五娘，頭戴尼冠，玉容慘淡，可憐之態，令人望而生哀。」以「鴛鴦蝴蝶派」為主的評論群體，對於家庭價值非常看重，以塑造「賢妻良母」形象為旨趣。

　　儘管這表明當時的女子演劇在內容上比較保守，但在舞臺上扮演「賢妻良母」，不啻是女藝人塑造自己「清白」身份的方式。如果我們還記得 1914 年女子新劇被江蘇省教育公會取締，那麼加以「社會教育」的頭銜，也可以抬高自身地位。例如當時對女子新劇倫理劇的評論稱：「事之最感動人心者，莫過戲劇。若而戲劇中，尤以白話新劇為可貴。蓋靡論鄉愚婦孺，苟能聽演者方言，揣摩情節，未有不心領神會。」〔註15〕而且，她們在劇情了也做了處理，例如本來宣揚節義的倫理劇《三娘教子》，這裡重點演繹的卻是劉知遠和李三娘依依不捨的感情，這些情節在傳統戲中都是沒有的。

　　新劇尤其是遊樂場新劇時代，實行幕表制，很多演出只能看到劇目。但在遊樂場小報上，卻刊登有女子新劇演出的完整幕表提綱和演員角色列表。正如前所述，幕表已經列出主要的情節，而情節的重要性可以讓我們一窺這個時期女子演劇的主要特點。

　　筆者統計了《天韻報》《先施樂園日報》《新新日報》上，所刊登的幕表，發現很多都有「遊園」情節，列舉如下圖表。

〔註15〕志戡，評霓裳團圓，《先施樂園日報》，1918 年 12 月 26 日，第 4 版。

圖表一〔註16〕

時間	女子劇社	劇名	幕表
1926.2.17	新新屋頂花園銘社	姊妹花	拍電、接信、見父、定情、遊園、作伐、爭戒、得病、成眷
1926.2.18	銘社	金枝玉葉	祝壽、遊園、驚豔、設策、調情、留書、相驗、逼女、盜棺、蟆蛉、成婚、赴考、復錄、榮歸
1926.2.19	銘社	元元紅（紅二太太）	賀壽、設計、訴情、被辱、遊園、探主、被邀、露真、羞馬、逼美、捉拿、尋招、審奸、活葬
1926.3.5	銘社	刁劉氏	鬥雞、遇刁、遊園、訴刁、琴情、餞行、結義、扶危、落院、蕭緣、請文、請醫、診脈、園會、規夫、送符、分別
1926.3·8	銘社	醋海風波	團圓、逼女、定情、約期、遊園、定計、接信、責子、捉美
1926.3.11	銘社	皆大歡喜	遊園、訴父、邀胡、借貸、說親、喬扮、訂婚、露丑、青梅、定情
1926.3.31	銘社	謀夫告父	託媒、說親、出門、遊園、露財、開宴、謀夫、誣父、上控、捕魏、探監、說情、冤白
1920.10.15	先施樂園霓裳團	美因緣	別母、別父、遊園、託舅、說親、掉戒、結婚、洞房、團圓

　　以上列出的戲劇演出廣告中，同時刊登有主要人物和扮演者，根據這些信息，有些故事可以查到來源和梗概。春柳劇場的很多劇目，如《家庭恩怨記》尚留有諸多的信息，但女子新劇的很多劇目，大都無稽可尋。這八部戲劇，為隨機抽取，可以推測其他新劇中游園情節不在少數。

　　八部戲中，《姊妹花》與《元元紅》為新編近代劇，《金枝玉葉》即《紅樓鏡》，改編自寶卷。〔註17〕《刁劉氏》又名《倭袍》《果報錄》，根據彈詞改編，為清代禁燬小說之列。〔註18〕從「遊園」出發，新舊戲的不同很明顯。在傳

〔註16〕根據《天韻報》《先施樂園日報》《新新日報》劇團廣告整理，此三份小報分別是天韻樓、先施樂園和新新屋頂花園的機關報紙。臺灣「中研院」近代史研究所郭廷以圖書館館藏小報資料。

〔註17〕寶卷是唐代的變文，用來演述釋莫使之通俗化。根據譚正璧的考證，到了清末的寶卷，幾乎完全採用當時所有的小說、戲曲、彈詞中的材料，專在闡明善惡報應之理，和釋典原文完全脫了關係。情節離奇，趣味濃厚，最為通俗而風行社會。譚正璧：《話本與古劇》，譚壎、譚篪編《譚正璧著作集》（四），上海古籍出版社，第176頁。

〔註18〕彈詞在民國紀元前只有十多種，自紀元後到現在，就至少有八十種以上。彈

統戲中，故事都是在花園之內。而新編近代劇中，遊園都是在公共的園林。例如在《姊妹花》中，在遊園中還有划船等活動。〔註19〕

　　在中國內外有別的倫理秩序下，空間結構體現出性別隔離的特徵。在陰陽的象徵體系中，房舍屬於女性，外部的空間屬於男性。意象化的庭院，在中國古典詩詞中有諸多呈現。所謂「庭院深深深幾許」？康正果在《風騷與豔情》中，指出溫詞中的佳人多以貴婦人的形象出現，她居住的環境也多為小院深深。又通過疊加的意象，如花草樹木，玉樓珠簾等，展示了一個華麗舒適而又寂寞幽閉的女性環境——閨房世界。一系列意象之間具有很大的跳躍性，不能形成敘事，但卻有機地構成了該詞的情節與動作，起到了類似戲劇情節的作用。〔註20〕這些意象組成了一個想像中的空間結構，庭院是一個封閉的空間。

　　花園本是家居的一部分，在空間上外於閨閣，又與閨閣相連，是處在內、外之間的一個空間領域。胡曉真在研究中發現，古典文學中本來較少描繪情慾自主的女性，女性彈詞小說中的角色一概冰清玉潔。但有趣的是，彈詞小說卻可安排女主角的情慾替身在花園中縱情，並使得花園成為女性情慾的隱喻場。而在另外一些例子中，花園則是仙妖等物出沒的場所，成為一個「奇詭」的空間。於是後花園有了雙重的隱喻，象徵著女性角色受壓抑的性慾與不合法的歡愉。〔註21〕

　　在戲劇中，「遊園」的文化母體以《牡丹亭》為中心生發出無數的詮釋，並形成了女性為中心的文化接受現象。《還魂記》「驚夢」一場，杜麗娘走進自家廢棄的後花園中，先是看到滿眼的春色，轉身卻又看到斷井。放眼望去，

詞流行在閨閣之中，為一般識字的婦女所愛閱，而作者也多數為女子。適合彈唱的，其中以《三笑》文辭最為淺俗，而《果報錄》的文詞最為雅麗。譚正璧：《話本與古劇》，譚壎、譚篪編《譚正璧著作集》（四），上海古籍出版社，第176頁。

〔註19〕《姊妹花》為新編近代劇，後來被拍攝為電影更名為《紅影淚》。故事寫富家子弟安浩伯與同學江笑紅相愛，但因門第之間而最終天人相隔。於是，浩伯將自己與笑紅的私生女寄養在鄰居戴母家中。多年後，接回女兒，戴母的女兒一同前往。結果二人與安的侄子發生三角戀，最後戴母承認因為貪圖富貴而將二女置換的事實。根據演出廣告中的出場人物大體情節判斷。

〔註20〕康正果：《風騷與豔情：中國古典詩詞的女性研究》，臺北：釀出版，2016年，第302頁。

〔註21〕胡曉真：《才女徹夜未眠：近代中國女性敘事文學的興起》，臺北：麥田出版，2003年，第199頁。

朝飛暮卷、雲霞翠軒、雨絲風片、煙波畫船。疊加的意象與花草樹木的凋零結合，在強烈的景物感染下，劇中人觸景生情，應物斯感，直觀地體驗人自身的生存境況，和抒發青春易逝的感慨。而「離魂」一場，則是「情不知所起，一往而情深」，女主人公因情而死，又因情而生。

於是，傳統的「遊園」在象徵意義，起碼有兩個主題，第一是永恆的「情」文化主題；第二是空間隔離造成的壓抑主題。在劇場中，布景、唱段和演員的做工，喚起觀眾關於遊園的文化符號。時間不再是一維不可逆轉，它在兩個相互回應的空間穿梭。不同時代的女性通過遊園的媒介，穿越時空的緯度，進行著充滿夢幻色彩的心靈交融。劇場中的女性觀眾至少擁有三種類型的空間：舞臺上光影製造的夢幻的戲劇空間，遊園的隱喻組成的穿越時空的想像空間，作為現實中實體的劇場休閒空間。這三個空間是相互交織和相互包含，無限擴大了類似女性空間的範圍。

民初公共空間的擴展，並不代表女性能夠形塑這個空間並為我所有，並表達自己的訴求。但是在劇場這個空間中，女性的口味左右了戲劇表達的內容。如果說，民初男性中產階層精英，借助新式劇場來規訓女性和維護家庭秩序，那麼女性的口味卻影響戲劇內容，其實也是在重構兩性道德和家庭倫理。在人們使用、改變某個具體的環境，或者為其確定某種象徵意義的時候，空間就獲得了意義。公共空間被看作是社會意義而非物理意義上的區域，讓女性得以置身於一套超出主導性的家族、友誼之外的新的社會權力關係。〔註22〕

二、流轉：旅行演出

一戰期間，上海六大新劇社，其他社團也遍地開花，東處一社，西處一所，人員眾多繁盛一時。一戰之後，新劇發生了分化。分化的原因除了新劇界內部的鬥爭，主要是城市人口構成和經濟狀況發生了變化，城市大眾文化開始形成，娛樂市場競爭激烈，新劇的生產和消費群體也隨之改變。在這種情況下，大多數的人員進駐遊樂場，還有的新劇團到上海周邊城市和其他口岸城市演出。

新劇界的內訌，首先表現在新劇公會的分裂上。新劇公會內部矛盾重重，各個劇場之間在生意上相互競爭不說，各劇團之間理念也不一樣。春柳劇場

〔註22〕〔美〕程為坤著，楊可譯：《勞作的女人：20世紀初北京的城市空間和底層女性的日常生活》，上海：三聯書店，2015年，第17～18頁。

為被認為「陳義高尚」獨樹一幟，而無心於藝術或者「社會教育」的資本家們則想控制新劇的演出。「新劇公會既設以後，攻擊反形劇烈，而攻擊之力量最大者莫如新民、民鳴。」〔註23〕最後以民鳴合併新民結束，但後來以民鳴社為基礎組織的新劇「大聲」公司也運營不善而倒閉。春柳社內部也產生分化，據義華回憶：「初開時營業頗佳，其後劇人意見不同，各樹一黨，四分五裂。陸鏡若、馬絳士為一組；蔣鏡澄、姚鏡明又一組；歐陽予倩、吳我尊又一組；管小髭獨立一黨；各相傾軋。」〔註24〕陸鏡若為協調各方，又苦心營業以維持經濟，竟至勞累過度而死。

　　其次，是對新劇的驅逐和審查。新劇的演出在各大城市經常受到禁止，無法建立獨立的劇團。上海的開明社成員曾經到北京，並成立益民社。但不久即被警察廳驅趕解散，北京禁止於前，漢口又禁止於後。禁止的原因，藉口無外乎是「劇人弔膀」。但是鄭正秋認為「私德是私德，藝術是藝術」，不能因演員個人之私德來影響新劇的營業問題。如果說是個人私德，在其他別的行業也有，「獨對新劇，勒令停演，限日出境，未免太蔑視新劇之人格矣。」〔註25〕新劇被禁，主要是因為新劇演出內容往往涉及時政，引發當局恐慌。又或者各地軍閥政府對戲劇和電影的審查制度漸漸加強，對演出內容實行嚴密的控制。因為京漢兩地禁止，杭州、南京、寧波、嘉興等埠，又受戰爭影響，相繼失敗。如報紙稱，寧波，常熟各地新劇相繼營業困難，演出入不敷出。〔註26〕寧波商業大舞臺，之前演出文明新戲，因為江浙戰爭停演。天津新戲，亦因抵制影響，以致營業不振。獨上海一地，尚可容納多數之新劇家。然而包銀的數量，大不如從前。

　　再次，是因為娛樂市場競爭的加劇，更多新的娛樂方式開始興起。電影，各類地方戲，京劇都在爭奪觀眾群。而新劇一直沒有固定的演出場所，往往假座大劇院演出，當遊樂場興起後，商業化的新劇團就進駐到遊樂場。其他的新劇團或者關閉或者流散，尤其是有前期革命團體特徵或者政治目的的新劇團。故而，新劇在1916年的分崩離析，並不是因為新劇在藝術上的墮落，

〔註23〕義華：〈新劇公會與會串〉，《六年來海上新劇大事記（上）》，《鞠部叢刊・歌臺新史》，1918年，第13頁。

〔註24〕義華：〈春柳之經過〉，《六年來海上新劇大事記（上）》，《鞠部叢刊・歌臺新史》，1918年，第14頁。

〔註25〕鄭正秋：《民國十四年之新劇》，《新聞報》1926年1月1日，第35版。

〔註26〕寧波新劇之悲觀，戲雜誌，1923年第8期119頁。

也不代表著「沒落」和消失，而是轉化和新生，並且擴展到全國。

　　遊樂場時代的新劇團，在從業人員上發生了變化。由於城市工業化的加速，上海周邊農村人口紛紛湧入城市謀生。新劇的從業人員擴大，品流越來越雜亂。從 1914 年開始，報紙上常刊登招收新劇演出人員的廣告。一些短期的戲劇培訓班興起，盛行拜師學藝，只要出十幾塊錢的拜師費以及宴客費用，就有人介紹給有名的劇人學藝。拜師之後，就有上臺實習的機會，實習的角色有旦角和滑稽兩門。個子矮的，面容姣好的，就扮演劇中的丫頭。能夠唱幾句京調的，或者一支小曲，就扮演劇中的妓女。此外就是扮演劇中的僕役、公差、僕役，及「七客一過路」之類。〔註27〕實習兩三個月後，便能拿包銀，大概旦角拿到十六到二十元，而滑稽拿到十二到十六元。再過二、三個月，看熟了幾齣戲，聽熟了極端固定的臺詞，便可以跑跑小碼頭，扮正場角色，或者是自辦劇社了。老生和小生，一般在實習時期不敢扮演，因為老生需要識字，能夠讀一二份報紙，知道時局，才能在臺上發揮並侃侃而談。而小生也要識字，才能談吐俊雅。〔註28〕新加入的人員，多來自底層社會，受教育極少，有的本來就是演出灘簧等民間曲藝的藝人。

　　一些劇團到各個碼頭或者上海周邊城市演出，把新劇帶到了全國各地。1922 年，有一份新劇社團的大體調查指出：

　　　　嘉興黃鶴聲領班每日售座百餘元；杭州樊迪民領班每日售座百

　　元；寧波王幻身領班每日售座二三百元；天津蔣景澄領班每日售座二

　　三百元；漢口五六處，王無恐、李悲世、鄒劍魂等，每日售座有五六

　　百元，有千元左右；蘇州顧雷音目前歇夏，南京顧雷音即蘇州移去者；

　　　　上海二處顧無為、夏天人等，無獨立性質，附屬於遊藝場內。

　　這些旅行劇團的到來，也刺激了當地產出之新劇家。還有些藝人，專以放租小布景為生，如董天涯。「新劇家之中下角色，往往集合數十人」，帶著數張小布景，到各地開演。近處向杭嘉湖鄉鎮，膽大者遠遊閩粵臺灣等地。新劇家終蹤跡所至，如「寧波、杭州、南京、漢口，更遠如直、魯、豫、奉等地，也有一二名角出現，奔走各埠，受人歡迎。」「若山東之易俗社，山西之正風社等等……大約中國十八行省，無處無之，不過盛衰之狀不同耳。」〔註29〕在革命

〔註27〕朱雙云：《初期職業話劇史料》，上海：獨立出版社，1942 年。
〔註28〕朱雙云：《初期職業話劇史料》，上海：獨立出版社，1942 年。
〔註29〕T. Z. （任天知）：《二十年來新劇變邊外史》，《戲雜誌》，1922 年第 4 期。

時期，新劇也曾在各地傳播，如新劇革命家劉藝舟，曾經在山東煙臺演新劇，發動山東的辛亥革命。由寧而皖而楚而豫而燕，借新劇之提倡，集探險之旅費。〔註30〕但直到 1920 年代，因為商業新劇團的原因而擴展到全國各地。

據朱雙雲所敘，在 1920 年代新劇做流動演出之時，開演地點非常簡陋。「不必在已經築成之劇場，或假人廳屋，或在小茶館內售價一毛、二毛不等，甚至銅子五枚、六枚亦售者。較之舊劇走江湖，趕廟會班之價值，又低一級。」「舊劇指流走各處者，曰草臺班。新劇則指此等來去無定，不擇地開演者，曰的篤班（的篤二字不知何解）」。〔註31〕新劇越來越變成一種民間的娛樂形式。

新劇也常被稱為「說白」新劇。說白通常是用各地的方言，早期新劇時期的男班經常使用的是官話（即普通話）。文明戲藝人江上行回憶說：「清末民初，新劇在上海最早成為營業性演出時，是深受南派京劇演時裝戲影響的，因此語言是以講官話為主，而以吳語為輔。後來任天知辦『進化團』，為了爭取更多的觀眾開始改用各地方言，而以吳語為主。因而文明戲的流行地區逐漸擴大，除流行於上海市和江、浙兩省外，沿江而上直道湘、鄂、江，北則遍及魯、豫、京、津。」在廣東則說粵語，在寧波則說寧波話，有時候使用官話但是並不標準。

甚至少數新劇劇本，都是用地方方言來寫的。如現存廣州中山圖書館的《梨影》雜誌，所刊陳少白為廣東的新劇團體「振天聲白話劇社」所寫的《父之過》，就是用粵語寫成。廣東早期的「白話劇」，也稱之為「白話配景新劇」，也屬於文明戲的行列。它「採用廣州白話為舞臺語言，以白話度曲，同時也採用了某些話劇的表演方法。」〔註32〕後期的文明戲演出時間直到 1940 年代末，足跡遍及內陸和港臺，例如 1940 年代香港遊樂場演出廣告：「東區遊樂場，大娃娃帶領的好好團文明戲華舞團歌舞班現已抵港。」〔註33〕文明戲劇團也曾經旅行到臺灣演出。

文明戲不僅僅在大城市演出，甚至深入到偏遠的西南小縣城。清末新政中，岑春煊和端方等人，曾在四川進行了很長時間的通俗教育運動，改編文

〔註30〕劉藝舟臨別贈言，《申報》1912 年 11 月 28 日，第 7 版。
〔註31〕朱雙云：《初期職業話劇史料》，上海：獨立出版社，1942 年。
〔註32〕廣東話劇研究會編：《廣東話劇運動史料集》，第一集，第 3 頁。
〔註33〕《大公報》香港版，1940 年 5 月 11 日，第 2 版。

明新戲為普通百姓所熟知。抗戰期間,抗日救亡隊到宣傳抗日,用的也是文明戲的形式,而不是「話劇」。例如有一篇文章稱:「我花了八百錢(合三分五釐錢),到臨江的龍王廟上看所謂文明戲,其實這是救亡隊的話劇,但是老百姓只曉得這叫做文明戲」。〔註 34〕還有一篇《鄉城》的文章,是寫西南小縣城的情景:「老太太,今天怎不城去看熱鬧,省裏來了上百學生,男的女的一起來,耍宣傳唱文明戲」。〔註 35〕文明戲在抗戰期間,因為要發動民眾的需要,採取了更多傳統曲藝和民眾喜聞樂見的方式,反而獲得了發展。抗戰時期結束後,文明戲又開始經歷「話劇化」。例如 1948 年重慶報紙稱:「渝市一向專演雜耍、魔術及文明戲的江蘇同鄉會小型劇場,現已開始改演話劇。」〔註 36〕

三、跨界:早期電影

　　1895 年 12 月 28 日,法國里昂的青年實業家路易·盧米埃爾(Louis Lumiere)在巴黎卡布辛大街 14 號大咖啡館中,用「活動電影機」首次售票公映了他的影片,僅僅數月之後,幾個法國商人就在上海徐園展示了這項新的人類發明。放映是在徐園的「又一村」,廣告上稱之為「西洋影戲」。〔註 37〕中國電影的攝製創始於意大利僑民勞羅(A. E. Louros)。1908 年 3 月勞羅在上海拍攝了一部短片《上海第一輛電車行駛》,後在北京拍攝了《西太后光緒帝大出喪》,以後又拍攝了《上海租界各處風景》、《強行剪辮》等新聞短篇和風景短片。勞羅後來定居上海,繼續經營電影院,並經營出租攝影棚和代拍影片等業務。1909 年,法國百代公司派攝影師也到中國拍過風景片和戲曲片,但他們都沒有成立機構,拍攝者的主觀隨意性很大,商業目的非常明確,而且沒有一部是故事片。

　　上海出現的第一家真正意義上的電影製作公司,是 1909 年美國電影商人布拉基(Benjamin Brasky)投資建立的「亞細亞影戲公司」。在辛亥革命前後,「排滿」和「革命」的戲劇正適應著當時的形勢,這種來自美國的以娛樂為中心的文化並不被民眾所廣泛接受。因此,亞細亞公司的出品沒有引起任何大的反響。從整個世界範圍內電影發展史來看,在當時美國的電影業還沒有

〔註 34〕夏英喆:嘉陵江上,《大公報》(重慶版),1938 年 12 月 13 日,第 4 版。

〔註 35〕劉季:鄉城,《大公報》(重慶版),1940 年 7 月 30 日,第 4 版。

〔註 36〕藝文短波,《大公晚報》(重慶版),1948 年 11 月 21 日,第 1 版。

〔註 37〕據徐園在上海《申報》上所刊廣告,載 1896 年 8 月 10 日及 14 日《申報》副張廣告欄。轉引自程季華主編:《中國電影發展史》,北京:中國電影出版社,1980 年,第 8 頁。

完全脫離以皮貨商、布料捐客、雜貨商為業主之小資本時期，大資本輸出一時還不可能，小資本的經營業往往因為實力的問題而動輒失敗，前後易主，這樣的小規模企業不久就陷入無力周轉的困境。布拉基無法經營下去，就在民國元年（1912 年），將亞細亞公司以及公司所屬器材，經上海南洋人壽保險法律顧問美國人鹿明介紹，讓渡給了這個保險公司的經理依什爾及另外一個美國人薩弗。他們接辦了亞細亞影戲公司之後，由於觀望辛亥革命形勢發展，停業達一年之久，直到 1913 年才重新開始攝製影片。

　　亞細亞公司是開創中國電影業之美國資本，因為在華的美國製片商人苦於國情隔閡，辦事上頗多棘手，不得不在熟悉本國當地情形的中國人之間尋覓適當的經紀人。而且，要拍攝出樂於被當地人所接受的題材，劇本題材的選擇和人員的雇傭，也不得不藉重於當地的知識階層和商人買辦，於是他們聘請了張石川。張石川和鄭正秋是朋友，知道他每天出入劇場，並且和當時的名伶夏月珊、夏月潤、潘月樵、毛韻珂、周鳳文等人很熟。於是邀請加入，鄭正秋自己也談及當時寫「麗麗所劇評」，致力於戲劇改良，「適亞細亞公司邀往作主任，乃招新派劇人應之。」〔註 38〕

　　1912 年 7 月，他們邀請依什爾的翻譯杜俊初、張蝕川的舅舅經營三，成立了「新民公司」。這個公司雖然沒有完全獨立於亞細亞公司，但承包了公司的編劇、導演、雇傭演員和攝製影片的全部工作，亞細亞影戲公司實際上僅擔負了供給資本及有關影片發行的業務。時當新舞臺的文明新戲《黑籍冤魂》非常賣座，依什爾和薩弗試圖利用新舞臺的全班人馬把此劇攝製成影片，結果未能如願。一是因為新舞臺的索價過高（近五千元）。另外，據說後來他們想到「這個劇本是表演因為吸鴉片傾家蕩產，結果做了犧牲者。這和西人販運鴉片大有牴觸，也就把這件事作罷了。」〔註 39〕依什爾改變計劃後，託張蝕川、鄭正秋等自編劇本，另請演員來演。張蝕川和鄭正秋張羅了一批人組團拍攝電影。同時，鄭正秋編寫了劇本《難夫難妻》（又名《洞房花燭》），作為亞細亞影戲公司的第一部出品，這也是我國的第一部故事影片。影片是以鄭正秋家鄉潮州的封建買辦婚姻習俗為題材，故事從媒人的撮合起，經過種

〔註 38〕鄭正秋：〈新劇經驗談〉，周劍雲主編：《鞠部叢刊・劇學論壇》，上海：上海交通圖書館，1918 年。收入《民國叢書》，第二編第 69 卷，上海：上海書店，1990 年。

〔註 39〕據錢化佛口述：〈亞細亞影戲公司的成立始末〉，載《中國電影》創刊號，1956 年 10 月 28 日北京出版。

種繁文縟節，直到把互不認識的一對男女送入洞房為止。影片中「只有男的，女角也是男扮」，是典型的文明戲特徵。〔註40〕這部影片是在香港路亞細亞影戲公司的露天攝影場內拍攝的，全片共長四本，這在當時已經算很長的影片了。1913 年 9 月底，首次在上海新新舞臺演出。

不久之後，鄭正秋和亞細亞公司分道揚鑣。「會二次革命起，上海由戰事，因以輟演。此時之新民公司困苦異常，各藝員茹苦含辛，百折不撓，新民公司乃能生存於狂風驟雨之中。至月餘，難以支持，於是鄭正秋倡議以演出新劇。」〔註41〕故而有之後所謂「甲寅中興」。故而，人們論及上海新劇之歷史，莫不以新民社為其宗，殊不知，新民社卻是出自新民公司的。新民公司春成立後，張蝕川等從南京等地請來原「進化團」部分成員，並且邀請鄭正秋指導拍攝電影。不料一個月之後，影片膠卷就用完了，加上國內外戰事接踵，運輸渠道也被切斷。鄭正秋顧念「新劇人大抵落魄窮蹇」，「乃賃居居之，推食食之，影戲停映三月，吃住乃無一日輟。」此後為了生計，遂編《苦丫頭》一本，試演於外國戲院，由是大受歡迎。而新民新劇社從此出現，風氣亦從此大發。〔註42〕

在鄭正秋離開新民公司另組新民新劇社之後，張蝕川繼續拍攝了一批短片。拍攝這些影片所用的演員，還是新民公司的班底。當新民社的營業剛剛有起色的時候，經營三和張蝕川就辦起了民鳴社與之對抗，並且挖牆腳以重利又拉回了部分演員，許之拍攝電影和演出新劇的雙重利潤。民鳴社實際上兼營電影和新劇，白天演員在露天攝影棚裏拍攝電影，晚上則以民鳴社的名義在歌舞臺演出文明戲。以經營三為首的資本家，還與文明戲演員簽訂了限制極為嚴格的合同。合同規定「演劇地點應依公司指定」、「欲在他處演劇須得到公司允許」、「角色輕重亦悉依公司指派」、「不准半途中止」等八項條款；並規定如有違背，「重則罰洋，輕則記過」。〔註43〕

民鳴社每天晚上都會加演電影放映。其廣告曰：「每晚加演最新中國活動影戲，外國新到各種新奇影片，山水人物、飛禽走獸，一切可怖、可笑之狀，

〔註40〕張蝕川：《自我導演以來》，《明星》半月刊，第一卷第三期，1935 年。
〔註41〕《新劇雜誌》，1914 年第 1 期。
〔註42〕鄭正秋：〈新劇經驗談〉，周劍云：《鞠部叢刊．劇學論壇》，上海：上海交通圖書館，1918 年，第 51～56 頁。收入《民國叢書》第二編第 69 卷（美學藝術類），上海：上海書店，1990 年。
〔註43〕據北京中國藝術博物館所藏合同原件。轉引自程季華《中國電影發展史》，北京：中國電影出版社，1980 年，第 20 頁。

無奇不有，逐日一次調換以娛觀者一笑。」〔註44〕值得注意的是，強調「加演中國活動影戲」，此中國影戲就是新民公司自己拍攝的。1915年，中國人攝製的新聞片更多在電影院放映。例如四馬路青蓮閣東隔壁「新開幻影電光影戲園」，曰：「本院開演以來，蒙各界諸君欣臨，故特於今明兩晚，演選舉正式大總統袁大總統之新攝影片。其中情節更有可觀，如各國公使各部總長觀賀，一切情節及都市之繁盛為亙古之巨製。」〔註45〕

1916年之後，美國卷片運來推銷，張蝕川乃與新劇家管海峰合作，在徐家匯創辦「幻仙影片公司」。時新舞臺的文明戲《黑籍冤魂》賣座持久不衰，他們就請原來的編劇徐復民加以改編，拍成電影，張蝕川導演。著名京劇演員夏月珊、七盞燈、潘月樵主演，民鳴社的演員張利聲、徐寒梅、查天影、洪警鈴等也參加演出。新劇與電影淵源有自，一戰後電影捲土重來許多新劇劇人又回流到電影行業。從報紙廣告也可以電影風頭的強勁，到1920年代中，娛樂版已經大半都是電影廣告。

1922年2月，張蝕川聯合鄭正秋、周劍雲、鄭鷓鴣等發起組織了明星影片公司。鄭正秋在明星公司任導演十五年，導演作品二十三部。其中最著名的，是胡蝶主演的三花，即《自由之花》、《姊妹花》、《再生花》。其他作品《小情人》、《梅花落》、《血淚碑》、《血淚黃花》、前後集《刀下美人》、《紅淚影》、《玉人永別》、《春水情波》等。〔註46〕從這些電影劇目中，可知多數都是新劇劇目。

1924年有聲電影的出現，使得電影進入新的發展階段。我們今天所看到的默片，帶有字幕，而且有的字幕還是英文。對於大多數的不識字的城市底層，早期電影沒有多少吸引力。但是當有聲電影出現時，成為了白話新劇最有利的競爭者。在遊樂場演出的著名文明戲演員顧無為和林如心，也成立了大中華電影公司。第一部有聲電影，即是顧無為和林如心所開辦的大中華影戲公司的《雨過天青》。文明戲的資本、人員、觀眾漸漸轉向電影。

悲旦角色也被帶入了電影，即所謂的「苦情劇」。林如心憑藉情感劇《誰是母親》，使得她和顧無為的大中華影片公司一炮打響，在與明星、天一等公司的角逐中站穩腳跟。《誰是母親》是描寫姊妹之愛。林如心扮演孫芳蘭，其姐孫芸

〔註44〕《申報》廣告，1914年6月20日，第12版。
〔註45〕《申報》，1915年3月20日，第9版。
〔註46〕張若谷，《鄭正秋的一生》，關於明星電影公司成立時間，大多都是1922年，但是張若谷這篇文章中寫的是1029年成立。《人言週刊》，1935年第2期第20期。

蘭早已定婚，卻與醫生暗結珠胎。為了保全其姊之名譽，芳蘭甘願自認與人私通，並代之蒙羞。以致與人對簿公堂，不但不見容於老父，且被所愛之人誤會。她躑躅海濱，窮途日暮，令人無限同情。最終，孫芳蘭於公堂判決後含笑而出，顯現出求仁得仁的態度。林如心的表演成功塑造了一個外表柔弱內心堅強、有情有義的女性形象。這種敘事，完全是新劇家庭情節劇的模式。

早期電影曾經被批判為「啞巴文明戲」，也可見新劇和早期電影之間的關係。改良文明新戲和新劇的家庭情節劇，言情劇，都是電影的拍攝素材。1926年一篇評論指出，中國影戲初創的時代，便有梅蘭芳飾演的《天女散花》、《春香鬧學》被拍攝成電影。新舞臺的《斗牛宮》《洛陽橋》等種種很熱鬧而且有轉檯的燈彩戲，也被拍攝在影機裏頭。此外，早期新舞臺的劇目《妻黨同惡報》，時下的家庭悲劇，賺得觀眾不少的熱淚，也都改編成了電影。電影《空門賢媳》即是《妻黨同惡報》改編而來。「觀《空門賢媳》以後，目下的電影界，正是大家在那裡搶攝說部、野史的時代……現在的國產影片，竟是一種無有聲息的文明戲。」〔註47〕可見，文明戲和電影之間的相關性。

笑舞臺是新劇的最後一個獨立劇場，是在女子新劇劇場小舞臺基礎上發展而來。從 1918 年到 1924 年，只有笑舞臺的和平新劇部，一直還演出新劇。1922 年，邵醉翁接手了笑舞臺，和同是寧波老鄉的張蝕川合股經營，此時鄭正秋任後臺經理。時隔不久，張蝕川和鄭正秋離開另組了明星電影公司，拍攝《孤兒救祖記》之後獲利頗豐，邵一時為之心動，於是也決定籌建電影公司。1925 年，正式成立天一電影公司，嘗試用原班人員拍攝電影。邵醉翁自任總經理兼導演，老二邵邨人任會計，老六邵逸夫任外埠發行。「天一」電影公司就是香港邵氏影片公司的前身，其創辦人邵醉翁是寧波人，原來學法律，做過上海地方法院及會審公廨的律師，還做過銀行經理。邵醉翁這個人很善經營，頗有生意頭腦。日後「天一」拍攝電影，不但用的是笑舞臺的班底，而且劇本也是走原來文明戲的老路子。

文明戲演員轉變成電影演員，或者有些電影演員也轉回來演文明戲。很多演員是在電影明星和文明戲之間兩棲（圖 5-6，5-7）。1932 年，齊天舞臺特約大華電影明星名家登臺表演，劇目為前後兩部《啼笑因緣》。參加舞臺演出的演員有范學鵬、顧寶蓮、徐琴芳、吳素素、盧翠蘭、吳素馨等。其中顧寶蓮是顧

〔註47〕《京報副刊》，1926 年 2 月 6 日。

無為和林如心的女兒，其他幾位此前皆為文明戲演員。〔註48〕電影的演出又反對來影響了新劇演員的演出體驗和演技提升。在一篇回憶錄中，作者也承認舞臺劇人員轉向電影的事實，他說：「中國幼稚的電影企業發展起來之後，這時大部分幾乎是全部戲劇工作者。特別是演員因了生活的關係投身到銀幕上去了，舞臺劇還因了他們的離開而相當地沈寂了一個時期。」到一九三五年，所謂「劇人回娘家」的時期，這些受了外國電影教養的演員，又從銀幕回了舞臺。帶回了豐富的西洋技巧，這些技巧不但是成了他們創作的基本方法，而且成了他們生活中的一部分。」〔註49〕1930年代，舊時稍有名氣的新劇演員，大半都投向電影界。有劇評人為新劇做總結，「還有許多丑角，為了飯碗問題，在遊戲場做滑稽戲和大鼓說書」，「現在除遊戲場外，單獨的新劇場簡直沒有。」〔註50〕

　　20世紀20年代，僅僅在上海就出現了五六十家電影院。1930年代，娛樂市場幾乎是電影的時代了。電影院成為城市中產的新去處，文明戲則在遊樂場滿足平民的娛樂需求。有彈詞為證：「上海確有好風光，大小世界遊藝場。京班戲與文明戲，變戲法又唱灘簧。潮流滑稽多詼諧，劉春山牌子最響亮。電影院多得難計算，國泰麗都搭新光。」〔註51〕

圖 5-6 5-7　新劇演員轉去演電影

《遊藝畫報》1926年第33期第1版　　《遊藝畫報》1925年第20期第1版

〔註48〕《申報》1932年9月1日增刊第10版。
〔註49〕劉尚達：《兩年來中國話劇運動之進展（二）：為大公劇刊百期紀念而作》，《大公報》（天津版）1930年1月10日，第13版。
〔註50〕《新聞報》本埠附刊，1933年5月23日，第6版。
〔註51〕《申報·本埠增刊·彈詞》，1935年11月1日。

四、「話劇」的命名

話劇即繼承了之前易卜生現實主義戲劇，也開始接受 20 世紀 20 年代之後的現代戲劇，尤其是小劇場運動和先鋒戲劇的影響。其中易卜生現實主義戲劇可以往前追溯到春柳社及其學生演劇；先鋒戲劇則有宋春舫對於小劇場運動的介紹，洪深的戲劇實驗，及田漢南國社的一系列活動。

先鋒這個概念，很少用在研究五四時期西方現代藝術在中國所引起的響應。這是因為，對於先鋒這個概念如何理解，在西方歐美理論界也是見仁見智，眾說紛紜。陳思和教授曾提及，「我在幾年前試圖將五四新文學運動界定為一場 20 世紀初的先鋒運動，以示區別同時期普遍產生的，在中國現代化進程中出現的常態的文學，並且把五四新文學運動置於世界先鋒運動的環境裏，作為一種世界性因素的顯現。」我們將從現代話劇兩個脈絡來追溯話劇的命名。

新文化運動時期，《新青年》1918 年 4 卷 6 號專門開創了「易卜生專號」。胡適提出了易卜生主義，主張引入現實主義的社會問題劇。其實介紹易卜生現實主義戲劇進入中國的，要遠早於此時。春柳社的淵源即是易卜生戲劇，日本戲劇在其中起到了中介作用。

日本明治時期先後出現的新派劇和新劇，新派劇是明治維新開始後在西方戲劇的刺激下為對抗舊劇歌舞伎而產生的新演劇；新劇則是明治末期在歐洲近代劇運動的直接影響下，以否定歌舞伎和新劇派的姿態而出現的更為嶄新的演劇。〔註52〕日本的新劇運動開始於 1906 年，開始介紹易卜生、高爾基等的戲劇。這種戲劇傳到日本，便獲得了小資產階級知識分子的歡迎，形成了資產階級現實主義——自然主義的戲劇運動。坪內逍遙主辦的文藝協會，蕭山內薰創立的自由劇場。自由劇場確立了近世劇（即話劇）的戲劇形態，瀨戶宏指出，此說法已經成為戲劇史研究中的定論。〔註53〕

此時恰好是春柳社演出時期，春柳社成員也曾與坪內逍遙及蕭山內薰有交往和學習。歐陽予倩之後介紹的戲劇理論，也多翻譯小山內薰的文章。春柳社同時受到了日本新派劇和近世劇（新劇）的雙重影響。儘管他們沒有演出易卜生和蕭伯納的戲劇，但是堅持了歐洲現實主義戲劇流派的理念。

〔註52〕黃愛華：《中國早期話劇與日本》，長沙：嶽麓書社，2001 年，第 8 頁。
〔註53〕〔日〕瀨戶宏著，陳凌虹譯：《中國話劇成立史研究》，廈門大學出版社，2015
　　　　年，第 204 頁。

　　胡適等人在新文化運動中再次引入易卜生戲劇，主要的目標是借助戲劇討論婦女解放和個人自由的問題。「易卜生號」翻譯的易卜生戲劇包括《群鬼》、《玩偶之家》和《小艾友夫》。《玩偶之家》和《群鬼》分別創作於 1879 年和1881 年，兩者為一組討論婦女解放問題的戲。在易卜生「嚴肅的劇本」中，娜拉離開家庭出走也是婦女獨立的宣言。易卜生在《群鬼》中，提出一個更為觸目驚心的結婚不幸。不管易卜生戲劇在其他國家的傳播和影響是怎樣，在中國主要是個人主義、婚戀自由，及婦女家庭。〔註 54〕婦女解放是當時資產階級民主運動的一個重要內容，易卜生一貫關心這個問題。

　　易卜生戲劇在中國當時叫做寫實主義，強調戲劇對於改良社會的作用。強調藝術為了人生，反對唯美主義思潮中「為藝術而藝術」。藝術形式的變化是社會變化的直接結果，而當一種藝術形式發生變化的時候，那我們需要面對分析社會思潮轉變的難題。在戲劇史上，一種新的戲劇形式的出現，往往和新的階級之間明顯存在著錯綜複雜的關係。這並不是一種更為進步的藝術替代了腐朽的藝術那麼簡單。

　　19 世紀後期，歐美各國開始由自由資本主義向壟斷資本主義的過渡，社會矛盾不斷激化，文藝復興和啟蒙運動以來的那種格局不見了。而批判現實主義獲得了發展，例如易卜生、蕭伯納等劇作家的作品。這種形式的最優秀的著作都有著一種獨具的特徵，那就是強烈的批判意識。這個形式對資產階級早期的各種價值，進行了徹底的批判，它代表了一個個人主義的階段。

　　新文化運動中，一部分知識分子引進易卜生和蕭伯納，翻譯問題劇和創作社會悲劇。他們高舉個人主義和自由主義的旗幟，製造出反抗的英雄主人公的形象。社會問題劇中的主人公是一個反抗者，以一切可能來反抗某種法則。這股戲劇的發展潮流主要依靠是一個與社會主流價值觀分道揚鑣的中產階級異見分子群體的發展壯大，和依靠一群致力於改革的群體。但是這個時候，並沒有培養出大量的中產階級觀眾。這項實驗以《華倫夫人之職業》的演出失敗而宣告破產。

　　而為「話劇」命名的第二波戲劇運動，即洪深的戲劇和田漢的「南國社」，應該放進先鋒戲劇的行列。《新青年》在介紹易卜生之時，當時歐洲的戲劇已經發生了變化。現實主義已過了巔峰期，先鋒藝術（avant-garde）思潮正方興未艾。

〔註 54〕美國強特勒原著，周作人譯：《現代戲劇上的離婚問題》，《戲劇》1922 年第 8
　　　　卷第 4 期，68～81 頁。

　　在五四運動前後，不遺餘力地在向國人介紹先鋒藝術的，是宋春舫。20世紀初，歐洲的現代戲劇已有新的發展，例如表現主義戲劇。宋春舫在歐美劇場浸染多年，深有瞭解。宋春舫對於國內的介紹仍然集中在易卜生和蕭伯納甚為不滿，於是致力於表現主義戲劇的介紹甚至創作。1920 年，宋春舫發表《小戲院的意義由來及現狀》一文，詳細介紹了小劇場運動在歐美的發展。〔註 55〕他介紹了小戲院有四個特點：

　　第一，容不得很多座位。在美國，最大的小戲院有五百個座位，最小的只容六十。因為如此，小戲院的開辦比較容易。小戲院不需要特別的建築，隨便樣的合宜的點，如一個大廳，一個大講堂都可以成功為小戲院。在美國，有許多這樣改成的小戲院，布景很經濟，不需要很大的資本。既然座位不多，觀眾可以坐的很近，看的很清楚。

　　第二，小戲院大都盛行預約的方法。大多數的小戲院都不在門口買票，他的經費是預約的人先供給的。一，可以免受金錢的壓迫，因為是預約，所以不愁沒有人來看，而排演的戲劇，不需要迎合社會心理。二，免除了審查制度，在大戲院不能演的，或者不敢演的，可以在小戲院演出。三，小戲院的觀眾，對戲劇更有知識，和同情的理解。

　　第三，小戲院完全是一種美術家的集合，不是一種營業的團體。因為這樣，所有的劇本，與布景、化裝都帶著一種試驗的研究的精神。因為沒有大的資本，所以在一切的布景上面，他們的目的都是「簡單的美」。他們的之為都是很平等的，沒有什麼「臺柱制度」（star system）。

　　第四，小戲院特備喜歡排演獨幕劇。有了小戲院之後，獨幕劇非常地發達起來。瑞典的斯特林堡曾經為他在 stoekkolrn 所辦的小戲院做了幾本獨幕劇。

　　宋春舫這裡所介紹的小戲院運動，即自由劇場運動。自由劇場運動是 1887年由安圖昂（Antoine）在法國巴黎創立的小劇場，即劇場試圖使觀眾相信舞臺表演的內容即為現實生活的再現，即通過寫實戲劇這一藝術形式再現一個完整的戲劇世界，導演的職能的重要性獲得確立。〔註 56〕自由劇場當時上演了一些嘗試性的作品，必然只能以非商業演出的形式出現。以法國自由劇場

〔註 55〕宋春舫：《小戲院的意義、由來及現狀》，《東方雜誌》，1920 年第 17 卷第 8
　　　　期，第 69～73 頁。
〔註 56〕瀨戶宏：《中國話劇成立史研究》，陳凌虹譯，廈門大學出版社，2015 年，第
　　　　203～204 頁。

運動為發端，世界各國發生了同樣的戲劇運動。

　　繼著法國的小劇場之後，俄國的斯塔尼斯拉夫斯基（stanislavski），於 1890 年創設莫斯科的藝術劇院。英國的格林創設了倫敦的獨立戲院（independent theater）。此外，還有德國的 Max Reinhardt 在柏林所創辦的劇場，Reinhardt 在小戲院特色上，又增加了兩種，一是「詩劇」，一是「無聲劇」（Silent Drama）。這樣小戲院一天天發達起來，歐洲的獨立劇場差不多都在 19 世紀末建成。這種戲劇運動完全是自然發生的，不存在各國間劇場的組織，然而各個國家劇場之間卻顯示出了很強的共通性。

　　進入 20 世紀初，美國也出現了四七工作室等各類小劇場。正如宋春舫所介紹，1912 年，這種小戲院運動，渡海到了美國。這一年，在美國同時出現了三個小戲院，分別在芝加哥，波士頓和紐約。自此以後，小戲院在美國的發達，有一日千里的勢頭。到 1920 年，已經有五十多個小戲院。內部組織不在歐洲的小戲院之下，而且在美國的小戲院，比較的更加來的通俗一些，不限定要上等社會的人可以進去，不收費。還有一種可以拆卸的戲院（collapsible theatre），可以所以搬動，這是歐洲沒有的。而且美國的小戲院有幾個帶著戲劇實驗室，用科學的方法去研究戲劇，把關於戲劇的布置和構造細緻加以分析。在哈佛大學也有一個工場戲院（workshop theatre），是 C. P. Baker 教授所管理的，裏面有一班專門學習戲劇的學生。這就是後來洪深去學習的地方。

　　宋春舫對於未來主義戲劇的介紹，在當時並沒有引起很大的反響。其轉機是 1922 年，留美回國的，有著中國「留美學習戲劇第一人」之稱的洪深歸國加盟。洪深是常州人，在大學時候讀的是理科，在清華理學院畢業後，到美國去留學，最初學的是工科。後來改入美國戲劇家 C. P. Baker 門下，學習當時在中國還被人視為「三教九流」一行的戲劇。洪深被認為中國話劇基礎的奠定者。〔註57〕他從美國回國之後，最驚動劇壇的一次，是在民國十三年（1924）四月，給「上海戲劇協社」導演的《少奶奶的扇子》。與《華倫夫人的職業》的失敗相比，《少奶奶的扇子》運用現代派的表現手法，注重舞臺燈光布景，演出獲得非常大的成功。洪深引起了上海戲劇界的注意。

　　經歐陽予倩的介紹，洪深加入了上海戲劇協社。從 1923 到 1926 年，為上海劇協寫出了不少的話劇劇本，並且確立了嚴格的導演制度。他有著豐富

〔註57〕瞿史公：《劇談外史四：話劇與文明戲的分野》，《中國藝壇畫報》，1939 年第 56 期第 2 頁。

的戲劇學識，在上海復旦大學開闢了一塊肥沃的戲劇園地——復旦劇社，他不但領導著學生們演劇，而且更進一步地領導他們學習理論。之後的戲劇界，都直接或間接地接受了洪深戲劇理論的影響或指導。

真正的小劇場運動，要到南國社和其提倡的狂飆戲劇。正如趙景深指出，「因為小劇場優點甚多……這許多理想後來田漢的南國小劇場都實現了。」〔註 58〕先鋒藝術本來和易卜生不是一個行列，在歐洲，先鋒藝術恰恰是對於易卜生等自然主義和現實主義的超越。但是時空的錯位，五四時期卻又一次引入易卜生，和春柳社時期的現實主義新劇形成一個脈絡。田漢的南國社，也深受五四精神的侵染，故而在後來的戲劇中，形成了一套連續的話劇敘事。

田漢曾留學日本。1927 年，應校務委員會主任黎錦暉的邀請，主持上海藝術大學文科。上海藝術大學是一所私立大學，只設有文學，繪畫和音樂三科，並無戲劇科。除了上課之外，田漢以個人名義邀請文藝界知名人士來學校舉行茶話會，約每週或隔周的週六舉行。赴會的有郁達夫夫婦、徐志摩夫婦、徐悲鴻、洪深、歐陽予倩、余上沅、唐槐秋、朱穰丞、王泊生夫婦、周信芳、王芸芳、高百歲，等等。茶話會開始並無專題，但言必及文藝。開始，茶話會後或中間每每要插一個節目：跳舞，後來，跳舞漸漸被即興的戲劇演出所取代。再到後來，茶話會也不存在，只剩下戲劇演出，最後舉行了為期一周的「藝術魚龍會」。顯然，這種的精英話劇團體形成了，他的表演和接收的圈子都在精英階層或者是知識分子、學生內。

1928 年 3 月，易卜生誕辰一百週年紀念會在南國藝術學院的小劇場舉行，洪深、朱穰丞、應雲衛等戲劇家到會。會上，洪深提議取消「新劇」這一名稱，代之以「話劇」。歐陽予倩刊登在《戲劇》上的文章也提及：「恰好易卜生百年紀念，上海三個劇團——南國社、戲劇協社、辛酉劇社——想聯合演易卜生的戲，就由洪深、田漢和我們幾個人聯合三社社員，在大西洋餐食聚餐。席上田漢提及『愛美劇』不妥，洪深也認為與其是用新、舊來區分，不如用文體來區分。研究之下，大家一致通過改用『話劇』兩個字。」剛開始這個名字並不為人所知，但慢慢還是不脛而走，一致沿用至今。

其實，「話劇」二字名不符實。田漢的表演，並不是「話」劇，反而像向著「劇場」（theater）和「加唱」的方向發展的。但是，「話劇」這一命名，從新

〔註 58〕趙景深：《宋春舫論》，《戲劇藝術》，1940 年第 2 卷第 819 期合集，第 225～229 頁。

舊過渡到文體，更確切的說是類別（genre），這本身就是戲劇發展的進步。表明從現行的政治和社會觀點，過渡到對戲劇本身表演形式的重視和認識。儘管話劇這個名字，有誤導只是「說話」的傾向，但是較之「新劇」「舊劇」或者近世劇的名字是一種質變，表明新的劇種的生成，也是話劇這一劇種從「新劇」從開始分化出來的標誌。在「話劇」之後，漸漸又有了「歌劇」的稱呼。

　　日本戲劇也曾以時間概念來命名戲劇，「近世劇」在日本來專門指代易卜生戲劇。瀨戶宏先生也表示：「『近世劇』一詞，在日本作為指稱以易卜生劇作為代表的戲劇的詞語，流傳至今。」近世劇有如下特徵：一、賦予戲劇近代精神，甚或社會的苦悶以及近代的人生觀，從而上升為一種文學運動。二、反對以戲劇商業化為基礎的盈利主義傾向，成為純藝術的運動。三、打破戲劇的傳統因襲和規則，追求白由的表現形式。戲劇領域中「近代」僅限於戲劇受現實主義、自然主義文學影響，時間大體在 1880 年之後。在劇本方面將近代劇推向成熟的是挪威的易卜生戲劇。也有觀點認為，近世劇最早出現 19 世紀末的英國，主要領袖是蕭伯納。在法國，近世劇指以自然主義戲劇為代表的現實主義戲劇。中國的話劇，應該放到兩個脈絡中，它也包含了 20 世紀初的先鋒戲劇形式，而不僅僅是近世劇。

小結

　　這一章節論述了新劇的流轉和變化。新劇完成了它的歷史使命，各種劇種和新的形式開始從混沌，混合中生成。這種轉化和流轉的觀念和呈現，有利駁斥了「文明戲」的「衰亡論」。「衰亡論」蓋棺論定了新劇無可救藥、腐化墮落的「事實」。把舊民主主義革命失敗的政治論斷，套用到舊民主主義「戲劇革命」的失敗上，進而幾乎完全否定了這個時期的大眾戲劇文化。例如丁羅男在和孫柏關於戲劇（drama）和劇場（theater）爭論中所用的論據，這一段話如下：

　　　　以西方現代演劇為楷模的「文明新戲」，則剛剛從「半土半洋」的學生演劇中脫胎誕生（以同年即 1907 年東京的春柳社與上海的春陽社先後演出《黑奴籲天錄》為標誌）。……從茶園到戲園，從瓦斯燈到電燈，從上海「新舞臺」改建的中國第一個鏡框式舞臺（1908 年）到海派京戲的「真刀真槍上臺」「機關布景」「五音聯彈」。文明戲對劇場舞臺的改造更是不遺餘力：從最初的寫實布景、自然主義的表

演，到「甲寅中興」（1914 年）走上商業化競爭時期的「真菜真呵蘭水上臺，真燒紙錠哭親夫」，以及大變活人之類，可謂竭盡「熱鬧眼睛」之能事，但結果並沒有挽救新劇走向沒落的命運。〔註59〕

長期以來，這種關於文明新戲衰亡論和污名的論調，使得以劇場為中心的演劇文化，都被貶斥為粗製濫造，為了迎合大眾的低級趣味，成為一種權威的論述和幾乎不可辯駁的觀點。正如我們語境和脈絡化文明新戲後，我們發現衰落的恰恰是以寫實主義標榜的新劇。以改良戲劇為依託的京劇劇場，在 20 世紀 30 年代的各大城市劇場中佔據主要位置，和電影平分秋色，可在各大報紙的廣告版和城市的大劇場得以證實。而遊樂場中的各類傳統曲藝，也漸漸成熟，有的獨立出來，有了專門的劇場，最突出的是越劇，其他如申曲，天津的評劇。滑稽戲雖然沒有獨立的演出劇場，但是也在遊樂場中從文明新戲中分化出來，成了一個新的表演形式。

恰如我們所見，這裡所用的文明新戲，就是一種標準的污名化和標籤化的用法，它既不去深究文明新戲到底是什麼，也不問新舞臺到底上演了什麼樣的戲劇，在民族救亡中發揮了怎樣的作用，就話語先行先入為主。只是憑藉既有的權威論述和觀念支配，就蓋棺論定一棍子打死。如前所述，污名管理是社會的一種普遍特徵，污名管理過程在身份規範出現的地方都會發生。正如孫柏所指出，這正是一種「反意識形態的意識形態實踐」。〔註60〕

丁文又指出，「文章一直在迴避一個關鍵詞——「商業戲劇」，用籠統的「大眾」來為自己的『主流劇場』說正名。」商業劇場本身並沒有意識形態的形式，在任何的社會形態都有普通民眾的休閒和娛樂。大眾這個詞語本身也沒有意識形態意義，它可以是群眾（mass）、民間（folk）、流行（popular）、都市（urban）各類文化，關鍵是用到什麼樣的語境。但不論如何，這種在城市空間為各階層市民表演的戲劇，的確比之高高在上俯視眾生、啟蒙大眾的，一種建構和想像中「話劇」，更有觀眾基礎。

〔註59〕丁羅男：《從「真文學」到「真戲劇」——關於五四「戲劇改良」爭論的再思考》，《戲劇藝術》，2019 年第 6 期，第 1～11 頁。
〔註60〕孫柏：《文學建制和作為問題的劇場——從晚清使臣西方觀劇筆記的認識框架論戲劇研究的重新語境化》，《文藝研究》，2020 年第 4 期，第 107～118 頁。

第六章　文化政治

　　20 世紀之交，中國知識分子曾擔心國家將被瓜分。20 世紀 20 年代，中國人仍懷著亡國的恐懼。通俗和社會教育的任務仍然沒有完成，五四時期提出的啟蒙，其實是晚清下層啟蒙的繼續。從 1904 年到 1919 年，相差了十幾年。在晚清時期，從事戲劇改良的都是受到過儒家教育，或者幼年接受過私塾教育。而五四一代，幼年都是接受新式的學校教育，而且有很多出國留學。早期的留學生多往日本，學習政商、軍事等科居多。五四一代，自歐美歸國居多，有的在國外學校專攻戲劇專業，他們的歸國，帶來了國內戲劇運動新一輪的變化。

　　五四新文化運動期間，如同幾千年前的百家爭鳴，思想流派不一而終。至少可以分為激進主義、浪漫主義與文化主義。我們在談論五四時期的戲劇之時，必須認識到這不僅僅是易卜生所主導的現實主義戲劇，其他的浪漫主義戲劇思想和作品也被介紹進來，還有在歐洲出現的現代主義作品，在五四之後的中國都得到了介紹。愛美劇運動，本質上一場學生運動，陳大悲的戲劇形式還屬於浪漫主義情節劇模式。因為這一戲劇理念，和五四時期知識界尤其是學生的激進思想已經不合宜，導致了人藝的解體。在現代進程中，話劇和「國劇」逐漸走向專業化和學院化。

一、新舊戲之爭與「過渡戲」

　　《新青年》在「易卜生專號」之後，在胡適當值主編之時，又設立「戲劇改良專號」（1918 年 5 卷 4 號）。《新青年》關於戲劇的討論，爭論最激烈的還是新舊戲劇問題。在關於「過渡戲」問題上，持著比較中肯的態度。

　　實際上，在「戲劇改良專號」之前，《新青年》上已經有關於戲劇的討論。1917 年 3 卷 3 期發表了胡適的《歷史的文學觀念論》，和劉半農的《我之文學改良觀》。兩文發表以後，一個叫張厚載的北大學生寫了一篇叫做《新文學及中國舊戲》的文章，很不客氣地對錢玄同、胡適、劉半農等關於戲劇的主張提出疑問和不同意見。

　　張厚載，生於 1895 年，江蘇青浦人（今上海人）。他曾是林紓在正志中學任教時的學生，後就讀於天津新學書院，入北京大學法科政治系學習。此人素好京劇，愛撰劇評，為梅蘭芳宣傳最力，號稱梅的「左右史」。當時在北京大學法科政治系讀書，也是《神州日報》的通訊記者，經常在《晨報》上發表關於舊劇和戲劇評論的文章。在《新文學及中國舊戲》一文中，張厚載首先表示讀《新青年》，在思想上獲益良多，贊同文學改良，且指出文學改良之後的三大利益。但是在戲劇改良主張上對胡適提出了異議。他指出胡適《歷史的文學觀念論》文中，「崑曲卒至廢絕，而今之俗劇乃起而代之」這句話，注釋部分出現了錯誤，並沒有「高腔起而代之崑曲之事」。也不同意胡適主張廢唱而歸於說白的意見，認為是絕對不可能。〔註 1〕

　　細查胡適之文章，實為其白話文運動的主張服務的，原文為：

> 　　觀古今文學變遷之趨勢，以為白話之文學種子已伏於唐人之小詩短詞，及宋而語錄體大盛，詩詞亦多用白話者。元代小說戲曲，則更不待論矣。此白話文學之趨勢雖為明代所截斷，而實不曾截斷。語錄之體明清之宋學家多沿用之，詞曲為《牡丹亭》《桃花扇》已不如元人雜劇之通俗矣。然崑曲卒至廢絕，而今之俗劇，乃起而代之。今後之戲劇，或將全廢唱本而歸於說白，亦未可知，此亦文言趨於白話之一例也。〔註 2〕

胡適順著白話將取代文言的趨勢，來談戲劇或將廢唱，並不是絕對主張廢唱。所以在回覆的辯文中，胡適也只是就張厚載提出的高腔並非是弋陽腔，而是四川的高腔，與徽調、京調同為俗劇這一點加以解釋，並沒有就是否廢唱的問題加以辯駁。

　　張厚載對於劉半農，不滿意他對於中國舊戲的評斷，例如「一人獨唱，

〔註 1〕張厚載：《新文學及中國舊戲》，《新青年》1918 年第 4 卷第 6 期，第 141～146 頁。

〔註 2〕胡適《歷史的文學觀念論》，《新青年》1917 年第 3 卷第 3 期。

二人對打，多人亂打，中國文戲武戲之編制，不外此十六字。」張厚載表示尤其是「亂」字不敢附和，中國武戲，套數有十幾種之多，皆有一定的打法。伶人自幼入科班，日日演習，始能精熟上臺演打。多人過合，尤有一定法則，決非亂來。對錢玄同在《通信》中謂「戲子打臉之離奇」的說法，張厚載指出不能一概而論，戲子打臉皆有一定之臉譜，崑曲中分別尤精，且隱寓褒貶之義，此事亦未可以「離奇」二字一筆抹殺。

張厚載看似「以一敵十」，背後實際上是有強大後盾。1918年，在北京乃至全國的戲劇界，舊戲還是佔據主要地位。與之相比，《新青年》的力量反是微弱的。於是「通信」一欄在張厚載的信之後，附上了胡適、錢玄同、劉半農的合力反駁。北大在蔡元培的倡導下，有各種各樣的學會，其中就有戲劇討論會。這種期刊上的論辯，也可以說是北大新舊雜陳的自由風氣在雜誌上的表現。但是《新青年》一開始的影響力並不大，難得有人接招，引起爭辯。四人一起對張厚載的言論進行了辯駁，而張只是北大區區一個學生而已，還是要擴展討論的影響範圍。輪到胡適作輪值主編時，專門又闢出一期「戲劇改良專號」，以「戲劇改良各面觀」為題，刊發系列文章。主要有胡適的《文學進化觀念與戲劇改良》，傅斯年的《戲劇改良各面觀》和《再論戲劇改良》，歐陽予倩的《予之戲劇改良觀》，張厚載的《我的中國舊戲觀》。《新青年》戲劇專號的意義，是鮮明地打起了戲劇改良的旗幟。

胡適的《文學進化觀念與戲劇改良》主要有三個觀點。第一是用進化論的觀點解釋文學的發展，舊的戲劇要被新的更加自由的形式所替代。第二認為戲劇進化最終要廢除樂曲，完全用說白。第三應該採取西方的戲劇觀念和方法，如悲劇意識，如「三一律」等。具體展開來講，他認為崑曲的衰亡是文學歷史進化的結果，而有些人明知道現在的「皮簧戲不好，終不肯主張根本改革，偏要主張恢復崑曲」，這就是因為不懂得文學進化的道理。從戲劇進化的歷程看，從古代的歌舞變成優戲，後來變成演出故事兼滑稽的雜戲，此後中國戲劇三變而為結構大致完成的元雜劇。雜劇由於限制太嚴，所寫人物往往毫無生氣，所寫生活與人情，往往缺乏細膩體會的工夫。後來的傳奇，因為體裁更自由了，故寫物、言情各方面都大有進步。雜劇變為南戲傳奇，可算得上是戲劇史上的一大進化，即以傳奇變成京調也是一種進步。

胡適用進化觀來詮釋戲劇進化，這樣一來，似乎皮簧戲是進步的。隨之話鋒一轉，「在現行的俗劇中不但並不完全達到目的，反而被種種舊戲的惡

習所束縛,到如今弄成一種既不通俗,又無意義的惡劣戲劇。」而他所指的「完全目的」,就是認為中國戲劇應該完全擺脫樂曲束縛。他又推崇白話,認為曲詞只是中國戲劇中未曾進化完全的「遺形物」。他舉例說《殺狗勸夫》,竟有長達幾千字的說白,這些戲本可以廢去詞曲全用科白,但終沒有廢去。明代之後,除了李漁之外,竟連會做好白的人都沒有了。此外,如臉譜、嗓子、臺步、把子等等都是這一類的「遺形物」,早可以不用了而沿用至今。文學的進化是在和外來文學的接觸中進行的,故而中國文學也需要採用西洋的新觀念和新方法,才能有所進步。〔註3〕胡適先生討論戲劇改良的文章,是在文化進化觀念的支配進行的,而且在於實現提倡文學革命和白話文運動的實際目的。

傅斯年在這一期刊登了兩篇文章,其一為《戲劇改良各面觀》,針對胡適和張厚載關於戲曲是否廢唱問題進行辯論。此文一共有六個部分,分別是舊戲的研究,改良舊戲所以必要,新劇能為現在社會的容受否?舊戲改良,新劇創造,評戲問題。傅斯年對舊戲也做了很消極的評價,認為中國的戲劇自從宋代到現在,七八百年的進化,沒有真正的戲劇,還是把「『百納體』的把戲當作戲劇正宗。」中國戲劇全以不近人情為貴,在臉譜、服飾等都表現出不貼近生活的一面。就精神上而言,中國舊戲最易助長中國淫殺的心理,必須加以改良。在傅斯年看來,戲劇是中國社會的寫照,「中國的命運和中國人的幸福,全在於推翻這個,另造新的,使得中國人有貫徹的覺悟,要藉重戲劇的力量。所以,舊戲不能不推翻,新戲不能不創造。」〔註4〕

基本上,《新青年》關於戲劇改良的爭論是新舊和舊戲之爭。這次辯論涉及即主要抨擊了舊戲「劣勢」一面,也爭論了戲劇改良的方向。在當時的歷史背景下,《新青年》同仁將西方戲劇(drama)的特徵作為準繩,來批判中國舊戲。其實新舊戲劇之辯論,只是新舊爭論的一個小插曲而已。《新青年》上的戲劇之爭,很快擴大到其他層面,最後以張厚載被北京大學開除為結束。這其間的矛盾和爭論,又涉及到林紓和新舊文體之爭論。

除了張厚載,身為北大教授的宋春舫也寫文章來反駁。當時的大學中並沒有戲劇系,宋春舫雖然在歐洲涉獵侵浸戲劇已久,卻是在法學系任教。宋

〔註 3〕胡適:《文學進化觀念與戲劇改良》,《新青年》1918 年第 5 卷第 4 期,4~17頁。
〔註 4〕傅斯年:《戲劇改良各面觀》,《新青年》1918 年第 5 卷第 4 期,18~37 頁。

春舫主張舊戲可以保存，批判了胡適戲劇進化論。他強調：「歐洲戲劇分兩大類，一曰歌劇，一曰非歌劇」。又批判了全部白話的主張：「中國能專恃白話劇而摒棄一切乎？吾不敢知……中國戲劇數百年從未與音樂脫離關係，音樂成為中國戲劇的主腦，可無疑也。」他把那些主張廢棄舊戲的人，稱之謂「激烈派」，並認為他們是「大抵對吾國戲劇，毫無門徑」。〔註5〕

　　傅斯雖然反對舊戲，但對於半新半舊戲持著比較肯定的看法。錢玄同曾用「過渡戲」來指代當時在北京和上海的改良文明新戲。傅斯年借用了這個術語，並解釋說，之所以勉強接受「過渡戲」，是因為新劇在當時社會還存在很大的阻力。男性上層精英，大多是擁護舊戲，他們反對和批判新劇。京劇的戲迷推崇唱工，胡琴、手段、和打板的神通。還抬出譚鑫培做例子，認為譚唱戲的時候，從來沒有布景，不過是一張桌子，幾把椅子，搬來搬去，就顯出地位不同來。西洋人唱作不到家，所以才總是要布景。傅斯年認為，在這種情形下，提倡過渡戲是一個可以爭取觀眾的途徑。

　　傅斯年對半新半舊戲的偏愛，可能和他個人經歷有關。實際上，相對於舊戲的陳舊故事，改良文明新戲經常編演家庭戲，批評包辦婚姻。傅斯年本人是包辦婚姻的受害者，在15歲上就結了婚。他還特別去三慶園看了《一縷麻》。儘管他認為過渡戲不能算是完全的新戲，「那些擺場做法，從舊的很多，唱還沒有去。」但認為這種北京叫做文明新戲的過渡戲值得提倡。他去看戲那天，出來幾乎擠壞了，見大柵欄一帶人山人海，交通斷絕。「既然社會上歡迎『過渡戲』比舊戲更狠，就可憑著這一線生機，去改良戲劇了。」〔註6〕傅斯年認為社會上有接受新思想的可能，甚至論證《一縷麻》具有「問題劇」的意味。因為《一縷麻》是對於現在的婚姻制度報極大的不平，而且製造除了一種兩相無可奈何的悲劇結局。傅斯年又說，他和同學去看，同學受到了很大的刺激，後來又和親戚家的幾位老太太去看，看完之後，問他們怎麼樣，他們說「這樣的訂婚，真是沒道理。」傅斯年認為這證明戲劇改良之路還是走得通。

　　傅斯年另外一篇文章為《再論戲劇改良》。在這篇文章中，他同樣對上海的「半新半舊戲」表示贊成：

〔註5〕宋春舫：《戲劇改良平議》，《論劇》（第1集），中華書局，1923年，第261～265頁。
〔註6〕傅斯年：《戲劇改良各面觀》，《新青年》1918年第5卷第4期，18～37頁。

上海唱戲的人，雖然沒價值，上海唱的新戲，雖然不配叫新戲。然而弄些「真刀真槍、真車真馬、真山真水」，對於舊戲的混沌做法，總是比較的進化。一般人看起來，就高興得多。北京唱戲的人，有時把舊戲的「代替法」改成「模仿體」，看戲的人覺得分外有趣。又如《天河配》一齣戲，總算沒有意識到極點了；但是第一臺唱它，加上些布景，換上了些「模仿體」，叫座的力量很大的。從這裡可以看出舊戲的混沌式，不討人好，做法越能親切畢肖，看的人越喜歡。」〔註7〕

他說在新劇走不通的時代，過渡戲可以多多編演。這預備時代的事業，應當分為兩途去做：為將來的新劇做打算，是要編製劇本，培製劇才，供給社會劇學的常識；為現在劇界打算，還要改演「過渡戲」，才可以引導現在的社會，從極端的舊戲觀念，到純粹的新戲觀念上頭去。「現在唱戲的人，十之九不是新劇，教他做純粹新戲，絕對不可能。若是由別人演做新戲，一時又辦不到。在這過渡時代的辦法，不妨降格遷就，請這些人多唱『過渡戲』。」『過渡戲』雖然不好，總比舊戲高了，總可作將來新戲的引子。」〔註8〕傅斯年對過渡戲的提倡，主要是其可以對抗舊戲，同時他也對胡適提出的直接以西洋戲劇為模範的意見表示懷疑，針鋒相對地提出寫戲要從「當今社會裏」吸取材料，「將來的戲劇，是批評社會的戲劇」的主張。

在《新青年》的兩個回合的討論之中，我們發現對於胡適，尤其是傅斯年，其批判的主要對象是舊戲。對於半新半舊的過渡戲，《新青年》總體態度是肯定的。《新青年》關於戲劇的論辯，對舊戲也並真正起到摧枯拉朽的作用，實際上，在五四前後的北京，還是京劇的天下。真正起到了作用的是白話文運動的勝利。自 1920 年開始，學校開始使用新語言，文言文改為白話文。民國九年十年（1920～1921），白話公然叫做國語了。〔註9〕北京政府在 1920 年向各省發布訓令，要求凡國民學校一二年級，先改國文為語體文（白話文）。已審定的文言教科書，將分期作廢，包括國語在內的各科教科書，改用語體文。白話文的採用很快擴展到中等以上學校。不僅當時白話文的推廣，沒有遇到什麼阻礙，就能夠流行起來，而且整個文學革命運動，也沒有多少反對

〔註 7〕傅斯年：《再論戲劇改良》，《新青年》1918 年第 5 卷第 4 期，46～57 頁。
〔註 8〕傅斯年：《再論戲劇改良》，1918 年第 5 卷第 4 期，46～57 頁。
〔註 9〕胡適：《五十年來中國之文學》，上海申報館，1924 年單行本，第 91 頁。

的聲音。到 1922 年，文學革命已經取得了勝利。民國初年對白話的極端推崇，也是新劇相繼自稱「白話新劇」的原因。

二、《晨報》與「愛美劇」的性質

在兩個「戲劇」專號之後，《新青年》雜誌關於戲劇的討論便不再多見。關於戲劇的討論，轉移到研究系主導的刊物《晨報》上。《晨報》本身一波三折，前後承接頻繁。本報原名《晨鐘報》，創刊於 1916 年 8 月 15 日，係憲法研究會機關報。1918 年，因為披露段祺瑞向日本大借款而被封查，被迫停刊。1918 年 12 月改稱《晨報》重出。

1919 年，蒲伯英謝絕了北洋政府委任他的教育部長之職，而應《晨報》之聘就任社長。蒲原為四川立憲派，一直是進步黨研究系的核心分子。《晨報》成為研究系的重要報紙，尤其是在北方地區，它與上海的《時事新報》一樣，在政治立場上是進步黨，成為研究系作為在野黨立場的言論機構。

研究系在 1918 年之後逐步關注文化運動。1919 年 2 月《晨報》改良，時逢五四運動前夜，國內新舊思潮衝突事件發生，《晨報》完全支持新派而反對舊派。〔註 10〕蒲伯英在孫伏園、李大釗等人協助下改組《晨報》副刊，增設「自由論壇」、「譯叢」兩欄，約請梁啟超、胡適、王國維、魯迅、郁達夫、聞一多、徐志摩、冰心等一大批文化名人撰稿介紹新知識，傳播新文化，宣傳新思想，使《晨報》面目一新。於是從 1919 年到 1921 年，《晨報副刊》成為現代戲劇運動的主要宣傳中心。〔註 11〕《晨報》的轉變表明當時研究系對於學生運動和新文化運動的支持，就有學者指出，研究系的鼓動，是五四學潮的直接導火索。〔註 12〕

逐年查看五四前後《晨報》所刊登內容，可見這份報紙思想內容的變化。1918 年之前，張厚載是《晨報》第七版戲劇版的主要撰稿人。所刊登的文章，多以京、昆為主，介紹劇界新聞、京劇演員，戲評的出版物等。例如有張厚載

〔註 10〕 彭鵬：《研究系與五四時期新文化運動：以 1920 年前後為中心》，廣州：中山大學出版社，2003 年，第 209 頁。

〔註 11〕 本報原名《晨鐘報》，創刊於 1916 年 8 月 15 日，係憲法研究會機關報，1918 年 9 月被段祺瑞封閉，同年 12 月改名《晨報》繼續出版，期號另起。1928 年 6 月 5 日停刊，同年 8 月 5 日改名為《新晨報》。1921 年 2 月 7 日改良後的《晨報副刊》，至 1921 年 10 月 11 日，名《晨報副鐫》，日出一張。

〔註 12〕 鄧野：《巴黎和會與北京政府的內外博弈──1919 年中國的外交爭執與政派利益》，社會科學文獻出版社，2014 年，第 98 頁。

的《最近北京劇界之樂觀》，介紹了崑曲的發展，京劇的繁盛狀況，舊劇票友活動尤其活躍，袁寒雲還組織了消夏社等組織。〔註13〕又有《最近劇事雜談》、《劇場雜話》等文章，都是擁護舊戲者談論舊劇的。張厚載這一版面上，不斷發表文章，繼續評判胡適等人的主張。

《晨報副刊》自 1919 年 2 月 7 日宣布改良以後，開闢「歐劇談片」欄目，連續介紹西洋現代戲劇的有《新劇之名家》《愛爾蘭之新戲曲》《易卜生之戲曲》《莎士比亞之戲曲》等文章。五四運動之後，《晨報》第七版戲劇欄目上的變化更明顯。文藝思潮的文章中談到浪漫主義和自然主義，關於社會運動，介紹社會主義的文章增多。1919 年 8 月 14 日後，開始在「新劇名家」一欄中，介紹外國新劇之名家，主要包括易卜生等西方現實主義戲劇家及其戲劇。〔註14〕8 月 19 日，開始介紹愛爾蘭的新戲曲。20 日，介紹莫斯科的新劇場。22 日介紹德意志的新舞臺。8 月 31 日，開始介紹莎士比亞戲曲。9 月份，開始介紹英國戲曲的發源等。

五四運動期間，《晨報》支持學生的態度及其對政府的批判，也引起北洋政府的不滿，並對《晨報》試圖制約。但是《晨報》的表現，已經使它極受學生及知識界的歡迎。到 1921 年《晨報》決定將第七版副刊擴展，獨立出版，該報在 9 月 10 月間刊出啟事，改版後的《晨報副鐫》由孫伏園擔任主編。孫是北大新潮社成員，文學研究會發起者之一，亦是當時活躍的作家戲劇翻譯家。1921 年 2 月 7 日改良後的《晨報副刊》，日出一張，成為新文化運動中的四大副刊之一。〔註15〕

五四運動後，學生演劇重新興起，且更加活躍。陳大悲以《晨報》為發言機關，連續發表《愛美的戲劇》系列文章，形成了後來所稱的所謂「愛美劇運動」。陳大悲曾談到「愛美的戲劇」發起的原因，說愛美的戲劇在北京城出現的時候，是民國九、十月間，那時候北方幾省正鬧著旱荒，非常危急，所以當時演劇是為了賑災籌款。《新青年》雜誌及各處鼓吹新文化運動的報紙，常常有討論戲劇的文字，一般的青年有了躍躍試試的境地。學校紀念日，國慶紀念日，賑災撫恤，都足以促成愛美的劇團組織，所以愛美的戲劇往往與慈善事業形影相隨。從這裡以後愛美的戲劇在北京社會為平民學校，水旱冰災，

〔註13〕《晨報》，1918 年 12 月 1 日，第 7 版。
〔註14〕新劇之名家，《晨報》，1919 年 8 月 14 日，第 7 版。
〔註15〕1921 年 10 月 11 日更名為《晨報副鐫》。

賑路基金等各種事業盡過許多力。〔註16〕這段話說明，當時的「愛美的戲劇」
和早期學生演劇時期為了賑災和募捐等相差無幾。

陳大悲，1887 年生於蘇州一個小官宦家庭，其父是清政府上海道派駐上
海租界的會審官員。在祖父的教育下，陳大悲幼年熟背蒙學經典，有一定國
學基礎，並且很早就學習英語。1896 年，隨母親一起遷去上海和父親團聚，
並進入新式學堂讀書。1908 年，完成了上海的中學學業後，回到蘇州報考了
東吳大學。東吳大學如同其他新式學堂一樣，很早就有學生演戲。任天知的
劇團在蘇州一帶流動演出時，陳大悲也去觀看，對新劇越發沉迷。於是在學
校組織劇團演出，自己扮演旦角。1911 年，陳大悲加入進化團。1912 年，進
化團解散後，應汪優游邀請，去湖南長沙演出，湖南的文社不久也被軍閥破
壞。此後脫離戲劇界數年。1918 年初，東渡日本留學，進入東京戲劇專科學
校學習。1919 年 4 月，陳大悲回國到北京，並結識了蒲伯英。蒲伯英當時任
國會委員，利用其社會關係，他給陳大悲在北洋政府的財務部謀了一份差事。

從 1921 年 4 月 20 日開始，陳大悲在《晨報副刊》上以連載形式發表「愛
美的戲劇」系列文章。1922 年，以《愛美的戲劇》為名出版一本小冊子。鄭
振鐸以「觀場」的筆名為其寫了序，這成為「愛美劇」的主要宣傳資料。《愛
美的戲劇》是寫給演戲的學生的一本參考書。陳大悲曾在序言中談及編寫動
機，「近來各處學生演劇團體來詢問演劇方法的很多，著者因為不便一一詳細
答覆，所以勉力編成這一小書做『芻蕘之獻』。」〔註17〕

《愛美的戲劇》是陳大悲依照蕭伯納的手冊，參考了幾本國外的書，又
結合自己從事新劇的經驗寫連綴而成。「我編這部書的材料，多半是從雪爾敦
陳鼎底《劇場新運動》（Sheldon Chency's *The New Movement in the Theater*），
艾默生‧泰勒底《愛美的舞臺實施法》（Emerson Taylor's *Practional Stage
Directing for Amatures*），威廉蘭恩‧佛爾澂底《二十世紀的劇場》（Willian
Lyon Phelp's *The Twenty Century Theater*）等幾部書裏取得來的，其餘還有四
五種參考的書。」〔註18〕陳大悲的參考書從哪裡獲取，為何選取了以上幾本
書，不能不提到文學研究會。

〔註16〕陳大悲：《愛美的戲劇之在北京》，《晨報副鎸》，1922 年 6 月 22 日，第 3～4
　　　　頁。
〔註17〕陳大悲《愛美的戲劇‧編述底大意》，上海晨報社 1922 年版，《民國叢書》第
　　　　四編 63 卷，上海書店 1989 年版。
〔註18〕陳大悲：《愛美的戲劇‧編述底大意》。

　　文學研究會的《文學旬刊》，是由矛盾和鄭振鐸創刊，附在《時事新報》發行，作為會刊。1921年，《文學旬刊》特載《宋春舫致文學研究學會書》，在這篇文章中，宋春舫提到文學研究會此前發表在《東方雜誌》的叢書書目，在近代戲曲史方面選了美國人列費絲所著的《現代戲劇》（*The Modern Drama*）（1916年出版），此書在介紹的流派上有所偏頗，「以言新運動，不如譯 Cheney 之 *The New Movement in the Theater*」，此外還介紹了各國主要的戲劇流派的重點書目。〔註19〕文學研究會隨即答覆表示「我們的書目得他來批判，使我們能夠知道這缺點，是極感激。」〔註20〕文學研究會是受到宋春舫介紹的小戲院運動的諸多影響，但其成員對於戲劇研究不涉獵無多，而且對於歐洲的小劇場運動並不真正瞭解。

　　《劇場新運動》，寫於1913年，作者 Sheldon Chenye（1886～1980），美國戲劇家，藝術批評家。這是他初次向美國大眾介紹先鋒藝術（Avant-Garde），提供關於現代藝術的初步解釋。此書著重介紹英國現代戲劇的開創者戈登‧格雷（Gorge Graig）的戲劇主張，破除傳統的布景，強調燈光、色彩、空間、韻律。他還創辦雜誌，向城市中產階級介紹表現主義戲劇藝術，宣揚無政府主義的達達藝術。

　　宋春舫一直在不遺餘力介紹西方正興起的先鋒戲劇，包括表現主義和未來主義戲劇。他生於1892年，是王國維的表弟，早年在聖約翰大學讀書，後留學法、瑞士，在歐洲遊歷多年。1918年入北京大學執教，並在《新青年》發表《近世名戲百種目》。1919年五四運動期間，在《上海潑克》《新潮》《新中國》等新文化陣營的期刊上發表文章。1911年，他就在《清華學報》上發表《文學上之世界觀念》。〔註21〕五四運動期間，任北京大學教授。又相繼在《東方雜誌》上發表《近世浪漫派戲劇之沿革》《德國之表現派戲劇》《小戲院的意義由來及現狀》等文章，介紹西方戲劇的沿革和20世紀的現代戲劇思潮。〔註22〕

〔註19〕宋春舫：《宋春舫致文學研究學會書》，《文學旬刊》1921年第10期第4頁。
〔註20〕《文學研究會答宋春舫信》，《文學旬刊》1921年第10期第4頁。
〔註21〕因為在戲劇改良專號中，他所持的維護舊劇的觀念，被歸到新文化的反面，一直沒有得到研究。他收藏了很多戲劇書籍，擁有「褐木廬」私人戲劇圖書館，大多是第一手的原文。其後，上海藝術社成立兩年多後，感到圖書館成立的重要性，又成立了春舫戲劇圖書館。在五四之後的文化陣營中也並不佔據話語權。他一直在北京大學任教，1931年，被任命為青島市政府參事。1932年辭職到上海，1935年病逝。《劇場藝術》，1940年，第2卷，第8～9期。
〔註22〕宋春舫：《近世浪漫派戲劇之沿革》，《東方雜誌》1920年第17卷第4期刊第

宋春舫接受先鋒戲劇干預社會的精神，與唯美主義所主張的「為藝術而藝術」，在本質上是不同的。1920 年，赴歐洲考察戲劇一年，從上海出發之前，在上海寰球學生會作《改良中國戲劇》的演說。他指出有人對於戲曲，認為就是解悶的，中國人說的好，「戲者，戲也」。對於戲曲史無根本觀念，「只曉得一天到晚去捧梅蘭芳、韓世昌」，「譬如像我們做人的，只解決飯碗問題，不曉得解決人生問題，那麼還有什麼用處呢？」第二種人，是認為戲曲具有改革社會的能力。既然承認戲曲的這種功效，如果失去了這種能力，就需要補救。先鋒藝術背後的社會性動力來自於資本主義的高度發展，而當時中國的發展水平而言，先鋒藝術只能是很小眾的東西。宋春舫自己也認識到了這一點，他說：「現代性的，可是有一個條件，須在中國既富且強以後。」〔註23〕此外，在《新青年》戲劇論辯中，他曾經為舊戲辯護，主張舊戲可以保存，批判了胡適戲劇進化論的虛妄。同時，他也站在精英戲劇立場上，批評當時風靡戲劇舞臺的「過渡戲」：

> 吾們到戲園子看完戲的人，看完了戲以後，有什麼感想？幾年前吾有一個朋友，去看了一齣《妻黨同惡報》，說這本戲真好，看客人人下淚，吾是從來沒有看過這本戲，不過知道這是一種「過渡戲」。不過這種過渡戲，現在差不多沒有人去過問了，上海現在最時髦的戲，是《濟公活佛》，北京最受歡迎的是《上元夫人》。請問這種神權萬能的劇本，還夠不上歐洲十六七世紀時代的戲曲，對於社會，哪裏能發生善良的效果呢？〔註24〕

如何認識「愛美劇運動」的性質，可否認為，愛美劇運動是中國的自由劇場運動呢？提出「愛美的」這三個字的，是陳大悲。在「愛美劇」剛開始時，宋春舫就否認它屬於自由劇場運動的範疇。當時的學生運動也有對「愛美劇」的反對，提出「平民戲劇」的主張。對於這一「反動」，宋春舫說：「我

70～75 頁。《德國之表現派戲劇》，《東方雜誌》1921 年第 18 卷第 16 期，48
～53 頁。《小戲院的意義由來及現狀》，《東方雜誌》1920 年第 17 卷第 8 期，
69～73 頁。在《德國表現派戲劇》一文中指出：「『表現派』三字在大戰之後
始出現焉」，表現主義與自然主義形成對抗。《東方雜誌》也曾經促成了 1915
年王國維《宋元戲曲史》的出版。此刊創辦 1904 年，向中國讀者介紹了大
量西方政治思想和教育文化等方面的現代性觀念。

〔註23〕 趙景深：《宋春舫論》，《劇場藝術》，1940 年第 2 卷第 8～9 期。

〔註24〕 宋春舫：《改良中國戲劇》（宋春舫先生在本會之演說），《寰球中國學生會週
刊》，1920 年第 25 期，第 4 版。

想這種反動，完全是出於誤會，『愛美的』三個字，無非是 Amateur 的譯音。這個字的意義，就是上海人所說的『清客串』，『非職業的』，同現在『藝術的運動』（Art Theatre Movement）是毫無關係。」〔註 25〕

宋春舫也批判了「愛美劇」過於強調劇本的主張。他批評愛美的戲劇實際上對於戲曲上最近的趨勢沒有研究，要曉得近來歐洲戲曲史上最有影響的學說，就是「藝術的運動」。英國的戈登‧格雷（Gorge Graig），德國的來因赫特，是此種學說最著名的代表。戈登‧格雷甚至廢除說白，廢除說白就是廢除劇本。他又主張以傀儡代替活的伶人。總之，大的趨勢來說，是劇本的勢力慢慢薄弱起來。」「但是『愛美的戲劇』，對於這一類的趨勢彷彿帶些『不聞不見』的態度，他們還在那裡拼命的研究劇本，把旁的緊要的東西反而置在腦後。」〔註 26〕

愛美劇運動本質上還是屬於學生演劇的範疇。從數量上來說，北京的教育機構從 1909 年的 10 所，擴大到 1922 年的 40 所，學生人數從 2115 增加到 15440 人。20 世紀 20 年代，有約 40 所國立或者省立大學，同時還有教會學院與大學。北京成為激進主義政治的中心。〔註 27〕革命氣氛彌漫，尤其是在五四之後，這樣的氣氛中發生的愛美劇演劇。確切地說，也算不上一場戲劇運動，不出原來學生演劇的水平，經常在草棚搭個檯子就演出（宋春舫語）。學生演劇，沒有任何的專門演劇學校，所以才向陳大悲這樣的早期新劇人熱切詢問學習。陳大悲順勢編了一部小冊子給學生，並且有了之後人藝的創立。

陳大悲在北京期間，由於和《晨報》，蒲伯英及其文學研究會的關係，一度和新文化知識分子走得很近，甚至與魯迅也有交集。在人藝專門學校成立之前，北京學生已經有人藝社的成立。《晨報》發表了陳大悲的劇本《幽蘭女士》，人藝社應青年自立會的要求，要求陳大悲編寫一個劇本。陳大悲說「人藝社，因為提倡人的藝術起見，定能盡力幫助」。〔註 28〕提倡「人的藝術」，這和文學研究會及其新文化的主張是一致的。但是《幽蘭女士》本質上還是浪漫主義的戲劇，和日本的新派劇有異曲同工之處。故而，儘管陳大悲的戲劇在形式上和西方話劇很為接近，但是並不是易卜生的現實主義戲劇，也非

〔註 25〕宋春舫：《「愛美的戲劇」與「平民戲劇」》，（第 1 集），中華書局，1923 年，第 47～55 頁。

〔註 26〕宋春舫：《「愛美的戲劇」與「平民戲劇」》。

〔註 27〕沙培德，第 152 頁。

〔註 28〕大悲：人藝社劇本《幽蘭女士》，《晨報》1921 年 1 月 6 日，第 7 版。

先鋒戲劇。而陳大悲本人，並不支持社會主義或真正瞭解新文化運動的理想。故而，也為之後陳大悲被學生驅逐埋下了伏筆。

三、「人藝」及解散風潮

北京人藝戲劇專門學校的出現，是蒲伯英和陳大悲在北京戲劇運動的結果。背後是北洋軍閥政府教育部的力量，其改良戲劇之議案種種，也屬於教育部通俗教育研究會的內容。

1922 年 11 月 22 日，蒲伯英利用他在研究系的力量，成立了北京人民藝術專門學校，並自任校長。依靠自己的政治影響力，他邀請梁啟超、汪大燮等做董事。款項與經費都來自蒲伯英的籌集，部分是川滿鐵路供給的兩萬多元。學生不收學費，而且提供住宿衣物和膳食。教職員除了校長蒲伯英，還有陳大悲、王普、餘天休、黎錦熙、費覺天、艾一情、陳彬和，美國籍教員二人，一共十幾位。

人藝戲劇專門學校是中國第一所用西洋戲劇理論和技法培訓戲劇人才的較正規的戲劇學校。第一批招收了四十多名學生，其中包括幾名女生。學校計劃開設話劇（Drama）、歌劇兩系，但由於種種原因歌劇系未能開設。話劇系由陳大悲主持，計劃開設的課程有：國語、雄辯術、跳舞、武術、音樂原理、音樂實習、化妝術、動做法、劇本實習、布景術、戲劇史、編劇術、藝術學綱要等。學制三年，每年分為兩學期。

人藝在運行的過程中，漸漸發現財力不支，沒有持續的資金注入，僅僅依靠私人的籌募，往往捉襟見肘。為了解決這種經濟上的危機，學習不到六個月就決定進行公演。公演的地點選在坐落於北京香廠路的新型劇場——新明劇場。這所劇院，據說本來是姚佩秋發起的建築，專門預備提創新劇。竣工之後，「組合新劇班開演，雖然有李悲世、陳大悲、秦哈哈、顧無為、羅笑倩等一般新劇名角，到底在京城裏，新劇不是皮黃對手。」〔註29〕不久之後，新劇社被北京巡警廳驅逐，改演皮黃。又趕上城南遊戲場坍塌，壓死了一位安小姐，以致取締不堅固的工程。新明戲院建築之初，因為急於開門營業，工程潦草。因此工程也被取締，要重新整修，姚佩秋就把戲院賣給了蒲伯英。戲院加以改造，易名為「新明劇場」，成為人藝的專門試驗舞臺。「新明大戲

〔註29〕蓬心：《記新明大戲院改組以後》，《梨花雜誌》，1924 年第 1 期，第 119～120頁。

院的構造和辦法，都帶一點洋氣，和尋常戲園子很有不同的地方。」例如在
戲券上有數字，要對號入座。

　　儘管當時正在抵制日貨，蒲伯英還是很秘密地向日本訂製了新式燈光機
械，並且為陳大悲的《英雄與美人》等劇特製藝術的新布景。此外，蒲伯英派
教務長陳聽彝（大悲）和教員蔣景澄去上海網絡新劇人才。蔣景澄是春柳舊人，
但之前的春柳社成員早已流散各處，聯繫不到了。「到了上海，去拉了一個綽號
叫做告化天生的幫忙，天生是舊劇界出身的，歸化到新劇界。」〔註 30〕

　　1923 年 5 月 19 日，人藝戲劇專門學校第一次公演。蒲伯英發文稱：戲
劇在藝術及其社會上的重要價值，在知識階層已經都認識到了。但是中國的
戲劇相對於世界戲劇來說，還是非常幼稚，甚至說是一個胎兒。「人藝戲劇專
門學校，不過才五六個月，一切純粹是在深山大荒裏找路，在天昏月黑裏摸
索對象。教的對不對，受的好不好，完全還是疑雲迷霧中的問題。」他還解釋
之所以六個月就公演，其實是因為在學校章程第十二條中規定，「入學三個月
之後，因為實習底目的，本學校可以和相當的劇場訂約，酌訂時間出演。如
其有收入的時候，除演劇費用外，以十分之三或者十分之四為學生津貼，其
餘歸於學校作為經費」。公演收入的項目，學校必須在學生之間公開。〔註 31〕
陳大悲也在他的文章中還說：「學校的學生，在求學時代沒有什麼收入，自然
不得不依靠家庭或者親友的輔助。自從進了我們學校之後，金錢的輔助已經
大多數得不到了，有極為竟因為學戲演劇而與家庭決裂了。學校供給他們膳
食，免除他們的書籍費和學費，校長籌款的責任已經很重了，斷不能再進一
步供給學生的衣服費和零用。演劇一方面是解決經濟方面的困頓。」〔註 32〕

　　當時北京流行「籌款義務戲」，而這次的公演，是收取門票的，和職業演
劇相當的價格。又因為愛美劇本來已非營業相號召，故而再三解釋，「雖然我
們也不能不買票，但絕不是利用公眾底慈善心來企圖過量的收益。」演出收
益是為了維持排練出演的費用和勞力，「造就專門的戲劇人材」，而且這種人
材是以專業精神為目的的職業，不是以金錢為目的的職業。「職業應該以相當
的供給獲相當的報酬」「以後逐漸一步緊一步，就走上我們理想的職業的戲劇

〔註 30〕蓬心：《記新明大戲院改組以後》，《梨花雜誌》，1924 年第 1 期，第 119～120 頁。
〔註 31〕蒲伯英：《人藝戲劇專門學校第一次公演底意思》，《晨報副刊》，1923 年 5 月
　　　　19 日，第 1 版。
〔註 32〕《要求今晚新明劇場觀眾的三件事》《晨報副刊》，1923 年 5 月 19 日，第 1 版。

底路了。供給和報酬底正當觀念，自然該從此開端。」

陳大悲在同版發表《要求今晚新明劇場觀眾的三件事》，提出三種要求：一在開幕演劇的時候大家不要鼓掌，的確有好的地方，在每幕閉幕的時候鼓掌。二、不要高聲說話。三、今晚演完之後，請諸君給我們一點批評。〔註33〕陳大悲自己也說「從前英國一位大名鼎鼎的演劇家，亨利歐（Henry Irving）曾經說過：『必須有二十年的舞臺經驗，才能成功一個演劇家。』我們的學生只學了五個月，萬里長途只走了二百里，哪裏配跳上舞臺去向諸位獻醜。」但是宣布開演之後，訂票的人非常之多，也是始料未及。

大概是因為當時訂票的人，有熱心演劇的學生來觀摩學習，也有帶著好奇心試試看的態度，更多的人是處於同情學生的處境，來買張票幫幫場。人藝的第一次公演，是陳大悲的劇本《英雄與美人》。其中的女角色林雅琴由人藝女學生吳瑞燕飾演（圖6-1）。有幾點最特別，而且北平新劇界以前所見不到的。一、男女合演；二、油彩化裝；三、注意觀眾秩序；四、加強燈光。他們幾乎每星期公演一次，自1923年5月16日，到1923年11月，共公演14次。

但是不久，人藝就宣布解散了。人藝雖然存在的時間短，但是它培養出的人才中有導演、演員、編劇、舞臺美術家。這是戲劇專業知識的確立和分門別類，系統化、專業化的開始。人藝培養了一批人才，學生約有三十多個，如以後戲劇運動中的萬籟天、李一非、徐沙風……都是出於人藝。還包括創辦山東省立戲劇學校的王泊生。那麼，人藝解散的原因有哪些？

圖6-1　吳瑞燕女士

資料來源：《遊藝畫報》1925年第29期，第1版。

〔註33〕《要求今晚新明劇場觀眾的三件事》《晨報副刊》，1923年5月19日，第1版。

　　首先，人藝並不是一個專門的話劇學校，起初他還是開設歌劇的。歌劇的開設，學習傳統戲曲的身段、唱腔，遭到了學生的抵制。也有人曾經指出，這個學校的學生多是大學生和中學畢業，並不是為了養家糊口，總體還是以研究戲劇為主。學生多是來自中上家庭，對於新青年和新文化有著信仰一般的追求。人藝雖然以愛美劇相號召，但其實已經肯定了把戲劇當作職業是必需的。並且在學校內部實行學生公演的分紅制度，有人認為陳大悲剋扣學生的演出收入。此外，據說男女合演引起了很大的輿論，蒲伯英受到了誹謗公演的匿名信。而陳大悲個人的行為也使得他自己更不被學生信任，還有人說陳大悲將宿舍當作和劇專某女生幽會的場所。在五四之後，學潮是經常發生的。人藝的學生，多是參加過五四運動的，都受到了新文化的影響，所以他們群起而反對，人藝也無形解散了。

　　以上這些原因，僅僅是猜測或者直接原因，深層原因是陳大悲的戲劇理念和新文化運動的戲劇理念不相符。陳大悲的《英雄和美人》，也屬於新文化所批判的「文明戲」範疇。按照曾經做過魯迅學生的向培良的說法，這個劇本，技術上不很成功，「作者且以激起官感的刺激征服他的觀眾」。「他不斷地用妓院的情形、愚傻的人、變兵、手槍、情話、變婉、陰謀、奇特的設計、自殺和殺人、懺悔，這一些激起感覺底情趣的東西來刺激觀眾，把觀眾放在驚奇、猜疑、恐嚇和快意中。」劇中三個人物代表三個方面：王建人，一個覺悟的好人，是用以教訓觀眾的；張漢光，一個英雄，但是一個可憐的英雄，是以警示觀眾；林雅琴，一個墮落的美人。這個美人的墮落不應該是自己負責，把這個責任放到別人和社會上，這顯然是承襲著當時流行的社會思想。向培良認為，陳大悲雖有這樣的意思，卻完全未表現出來，因他本來就沒有真實地瞭解這個思想。「淺薄的社會主義思想，加上官感底趣味，這就是他們的劇本的主要成分。」〔註34〕向培良批評的立場，代表了 1930 年代的傾向，這個時期陳大悲被罵做「文明戲子」。

　　陳大悲的被驅逐，人藝的解散，也表明了文藝界的門戶之見和文化思想分歧在戲劇界的展開。北京人藝的校董中不乏研究系中人，魯迅兄弟也列名其中。當時魯迅任教育部社會教育司藝教科長。

　　梁實秋曾提及，陳大悲因為《愛美的戲劇》出版後，名聲鵲起，為新戲

〔註34〕向培良：《中國戲劇概評》，《民國文存》（第一輯），北京：知識產權出版社，
　　　2016 年，第 14 頁。

界中唯一之人物。編劇、論劇、導演、布景、化妝一切舞臺事務，無一不能。
孫伏園在《晨報副刊》舉行民意測驗選舉現代「十大名人」的時候，於選舉結
果中把陳大悲先生列入到十大名人之內。陳大悲先生乃由戲劇界名人一躍而
成為中國當代名人。余上沅先生借了一本高爾斯涅綏的劇本給陳大悲先生。
陳讀之後，深為讚賞，譯為中文，在《晨報副刊》發表。譯文著實有許多可以
引起爭論之處，如把 Bridge 牌戲翻譯為『橋上遊戲』，A Lift 為「扶上車」等
等。曾經留學英國，時也在人藝劇專任學校教務長的陳西瀅寫了一篇文章，
即《高斯倭綏之幸運與厄運──讀陳大悲先生所譯的〈忠友〉》一文，發表於
《晨報副刊》，陳西瀅指出翻譯中的二百多處錯誤，痛批陳大悲。〔註35〕

　　陳西瀅之所以揭短陳大悲，是因為之前已有嫌隙。1923 年 5 月 5 日演出
易卜生的《玩偶之家》，擔任舞臺監督的就是陳大悲。但是第二幕還沒有演完，
很多觀眾就陸續退場，其中包括陳西瀅和徐志摩。陳大悲認為觀眾不應該如
陳西瀅那樣中途退場，幾天後，在《晨報副刊》上刊登了諷刺兩位觀眾退場
的文章。陳、徐兩人 5 月 24 日分別在《晨報副刊》上發表了反駁的文章。終
於在 1923 年 11 月，陳西瀅寫了批評陳大悲翻譯錯誤的文章。陳大悲也馬上
應戰，於是演出了一幕相互揭發的醜劇。

　　經過學潮打擊，又值名譽上的糾葛問題，陳大悲先生遂離開了北京。蒲
伯英於 1923 年 12 月 22 日，在《晨報》上發表文章，表明態度。蒲伯英還是
非常肯定和同情陳大悲，他說：「可憐我這個學校，典衣、買物、挪賬，糟蹋
一萬多塊錢，並沒領一文公款，也沒有取學生一文銅子，自始至終遭社會的
冷視，最稱熱心的文化大家，也只有隨便說說，並無人伸手拉扶一把。真肯
費力的只有一個西瀅痛罵的陳大悲……」〔註36〕。不久，人藝宣布停辦學校。

　　受此影響，《晨報》的人事也發生了變動。孫伏園為了擁護陳大悲，離開
了《晨報副刊》，飄然引去，另辦《京報副刊》。〔註37〕《晨報》社改聘徐志
摩先生為副刊編輯，改變了之前的風格。陳西瀅又經常在《現代評論》上發

〔註35〕陳西瀅：《高斯倭綏之幸運與厄運：讀陳大悲先生所譯的「忠友」》，《晨報副
　　　　刊》1923 年 9 月 27，9 月 28，9 月 29，9 月 30 日，第 2 版。
〔註36〕蒲伯英：《劇專風潮與本報》（校長蒲伯英之質問本報之答覆），《晨報》1922
　　　　年 12 月 22 日，第 6 版。
〔註37〕梁實秋也說，「陳西瀅先生為了參觀新劇及聽 Kreisler 琴樂，和《晨報》蒲伯
　　　　英先生發生好幾次筆戰。」結果是孫伏園先生飄然引去，另辦《京報副刊》。
　　　　《晨報》社改聘徐志摩先生為副刊編輯。文藝界的門戶之爭，從此開始。

表文章，徐志摩也隸屬於《現代》旗幟之下，成立一種新興勢力，號稱「現代派」。《晨報副刊》經過徐志摩編輯之後，又開創了《詩刊》和《劇刊》。《詩刊》當然以徐志摩為主，而《劇刊》則是以趙太侔、余上沅、丁西林等為主。《劇刊》之後成為「國劇運動」的發言機關。

四、何謂「國劇」？

人藝解散之後，全國已經沒有一所正規的戲劇教育機構。1925 年，北洋軍閥政府教育總長章士釗恢復了停辦已久的「北京美術專門學校」，並增加聲樂、戲劇兩系，任命林風眠為校長，聞一多為教務主任，定名為「北京國立藝術專門學校」。戲劇教育第一次進入政府主辦的高等教育範圍，這也對中國的戲劇運動產生了重大的影響，開始將西洋戲劇文學藝術和劇場藝術搬入中國的教育體系。

戲劇系由新回國的趙太侔任系主任，余上沅任教授。開設的課程有戲劇概論、舞臺裝置、化妝術、習演、戲劇文學和發音等。但是他們的理想並不滿足於此，而是有感於愛爾蘭文藝復興運動中出現的民族戲劇，決定發動一個「國劇」運動，並構想了創辦劇院、雜誌、戲劇學校，戲劇圖書館，戲劇博物館等的公共機構。

從中國戲劇運動到提出國劇運動，表明戲劇已經被納入國家主義的範疇，知識精英致力於建設一種具有「國民性」的民族戲劇。但是在什麼是「國劇」上，出現了諸多分歧。國劇運動的輿論陣地剛開始以《劇刊》為中心，其撰稿人包括余上沅、趙太侔、熊佛西、陳西瀅、葉崇智等。《劇刊》在 1926 年刊行了 15 期，之後轉移到《現代評論》，余上沅、熊佛西等都曾發表相關的文章。我們以三篇文章為重點來討論國劇運動，1926 年趙太侔發表在《劇刊》上的《國劇》；〔註38〕1927 年熊佛西發表在《現代評論》第 5 卷上的《國劇與舊劇》；〔註39〕余上沅在《現代評論》第 6 卷的《國劇運動》。〔註40〕

趙太侔（1889～1968），山東益都（今青州）人。1918 年畢業於北京大學英語系，1919 年入美國哥倫比亞大學攻讀西洋文學，繼入該校研究院專攻西

〔註38〕趙太侔：《國劇》，《晨報副刊·劇刊》，1926 年第 1 期，2～3 頁，第 2 期，6～7 頁。

〔註39〕熊佛西：《國劇與舊劇》，《現代評論》，1927 年第 5 卷，第 130 期，第 18～20 頁。

〔註40〕余上沅：《國劇運動》，《現代評論》，1927 年第 6 卷第 142 期，8～11 頁。

洋戲劇。1925 年回國。《國劇》一文討論「何為國劇」，也就是尋找戲劇發展的方向。他認為，戲劇具有世界性和共通性，每個國家的戲劇也具有自身的獨特性。弄清楚中西戲劇的差異，是國劇問題最切實的。在這個大前提下，他提出以下觀點。第一，中國戲劇是歌劇，是具有藝術性的，是已經僵死了，必須在音樂、舞蹈，舞臺燈光等方面加以改革。第二，西方戲劇是重寫實的，但是二十世紀以來，寫實主義已經衰落。在藝術方面，「他們也眼巴巴地向東方望著」，拼命擺脫自然的桎梏。第三，保存了舊劇，也不拒絕話劇，因為話劇已經成為世界性的藝術。他列舉了當時戲劇改革的各種意見，表示不敢苟同。一派主張戲劇根本要不得，絕無改良的餘地，只聽憑它自生自滅；或是拿話劇來代替它；或另外創造一種新劇，反覺得直截了當些。總之，他認為的國劇，是將崑曲和皮簧等傳統戲曲，利用西方戲劇的技術加以改革。

　　熊佛西的《國劇與舊劇》，開篇便指出關於什麼是國劇的幾種意見，都值得斟酌。例如有人認為當時北京流行的舊劇，西洋式的話劇是國劇，或者將來的國劇的建設是在新劇和舊劇之間。熊佛西認為，在肯定什麼是國劇之前，首先弄清楚什麼是舊劇。但是他的本意其實是要批判舊劇算不上國劇，舊戲弱點眾多，例如「有戲無劇」，音調太少，缺少世界性，思想性差等。最後，他說「可以斷定中國的國劇不是舊劇，至少不是現在的舊劇。」那麼，什麼是將來的國劇？即需要擁有世界性，也需要有國民性，戲劇本來無古今中外，只要是「劇」，那麼無論是話劇還是歌劇，都能為「國劇」。這篇文章，是在回應趙太侔的主張，並且為話劇爭取國劇的地位。

　　余上沅的《國劇運動》一文，與趙太侔意見基本一致，並在其基礎上指出「運動」之艱難。首先，他對於《新青年》提倡的寫實主義，易卜生社會問題劇，及其藝術為人生的主張是不以為然的。他認為：「一副圖畫，無論它是什麼寫實派或自然派，如果沒有純粹圖案去做它的脊椎，它決不能站立起來自稱藝術。戲劇雖和人生太接近，太密切，但是它價值的高低，仍然不得不以他的抽象成分之強弱為標準。」藝術有共性和個性，沒有必要非要和西洋的完全相同，而是保持自身的特點。社會問題劇對於政治問題、家庭問題、職業問題、煙酒問題，更多問題做了戲劇的目標；演說家，雄辯家，傳教士，一一個個都跳上臺去。藝術與人生，因果倒置。認為他們硬要用藝術其糾正人生，改善生活，結果就是生活愈來愈複雜，戲劇愈來愈繁瑣，問題不存在了，戲劇也隨之不存在了。「藝術雖不是為人生的，人生卻正是為藝

術的。」這種運動,「仍然是易卜生運動,絕不是國劇運動。」其二,反對完全守舊派。「國劇也許可以惹出極滑稽的誤解。好事之徒,或者旁徵曲引,上自原本雜劇傳奇,下至崑曲皮黃秦腔,說它是中國的國粹,我們應該如何去保存,如何去整理,舉凡犯有舶來品之嫌疑的,一概予以擯棄,不如此不足以言國劇。這樣主張,未免是知其意不知其二。……近年以來,中外的交通是多麼便利,生活的變遷是多麼聚類;要在戲劇藝術上表現,我們那能不另走一條新路!」

那麼如何進行國劇運動?他所希望的是愛爾蘭文藝復興運動中那樣,也表明余上沅其實也是把民族文化的復興作為途徑。國劇運動成功的關鍵還需要科學的方法,及其資金上的支持。「西洋各種文學學術的發達,最得力處是他們的科學方法。」「這些東西,我們採取過來,利用它們來使中國國劇豐富,只要明白權變,總是有益無損的。」〔註41〕有了基本的方法,融會貫通,神明變化,將來不愁沒有簇新的作品出來。此外,還談到劇院的重要性。總之,余上沅所主張的國劇運動,也是要吸收外國戲劇中的理論和指導成分。反對易卜生主義的話劇,和寫實主義及其為人生而藝術的主張。

國劇運動強調戲劇和審美之間的結合,在思想觀念上與蕭伯納等宣揚的社會主義和社會問題劇相對立。一般被認為是資產階級右翼的活動,而主要的分歧,則是表現在對所謂為人生,還是為藝術的分歧。國劇運動的發動者和參與者,根據他們自己所宣稱的,並不是要單純復興傳統戲劇,而是要創造一種民族的戲劇,這種民族戲劇是在吸收西方戲劇,又結合中國戲劇的基礎上。即一種中國人用自己的材料創作的,給中國人自己看的戲劇。「這樣的戲劇,我們名之曰『國劇』。」〔註42〕

他們對於國劇的構想,是把戲曲改造到新歌劇的道路上。在戲劇系的第二學期,增加了大量的戲曲表演課程,每星期上十幾小時的臺步、唱功、科白。這種做法引發了學生的強烈反對,與「國劇」抗衡。1926 年 8 月,趙太侔和余上沅先後被迫離開學校,剛從哥倫比亞大學獲得碩士學位的熊佛西,應邀回國接辦戲劇系。

趙太侔和余上沅所設想的國劇運動並沒有成功。此後京劇成為了「國粹」,這就要歸功於齊如山。1932 年,齊如山、張伯駒、梅蘭芳等人成立國

〔註41〕余上沅:《國劇運動》,《現代評論》,1927 年第 6 卷第 142 期,8～11 頁。
〔註42〕余上沅:《國劇運動》。

劇學會，並組織了國劇傳習所。國劇傳習所學員規約第五條：皮黃、崑曲係
各組初學二劇，必須由本所教務會議規定，學員不得自行更易。1932 年 1
月 10 日，國劇學會舉行了第一次集會，發起者為梅蘭芳，徐叔岩。在第一
次集會之間，已經有所討論，參加者有胡適，李石增，袁守和，徐永昌數十
人的非正式集會。後推舉張伯駒為理事。並且國劇學會資助新落成戲臺。有
國劇學會講堂，及其宣傳部等組織。並於音樂、臉譜等方面展開研究。最終
「舊劇被一般人士定作了國劇」。〔註43〕在國劇運動的提倡下，京劇在 1930
年代通過齊如山和梅蘭芳的活動，成為中國國粹的代表。

　　梅蘭芳和齊如山的改革，實際上是把皮黃戲從改良的路上又拉了回來。
早期梅蘭芳的改良新戲《一縷麻》《鄧霞姑》，運用新式的服裝、布景，著眼於
表現緊迫的社會婚姻家庭問題。當時梅蘭芳白己已經意識到的，這其實已經
不再是京劇。此時，京劇又被拉回原來宮廷雅劇的地位，請文人填寫典雅的
詞。京劇於是變成一種文化「標本」，離普通大眾和社會改良越來越遠。梅蘭
芳的幾齣名劇《貴妃醉酒》《幫王別姬》，唱的都是王侯將相，漸漸變為小眾
接受和在學院研究的「精英文化」了。

五、戲劇專業化

　　從民國十一年即 1922 年開始，戲劇運動漸漸以戲劇學校的方式來開展。
先後規模比較大的戲劇學院，包括北平陳大悲主持的人藝戲劇專門學校，上
海田漢的南國社，濟南的實驗戲劇學院，歐陽予倩在廣州辦的戲劇研究所，
以及北京國立藝術專門學校。中國戲劇學科從無到有，漸漸形成其學科建制，
並培養學生，走向專業化和學院化的道路。

　　1928 年，上海藝術大學解體，田漢辭去上海藝術大學校長的職務之後，
開始籌備成立南國藝術學院。1928 年 3 月 24 日，南國藝術學院正式成立。南
國藝術學院設西畫、戲劇、文學三系，分別由徐悲鴻（1895～1953）、歐陽予
倩和田漢主持。但徐悲鴻是國立中央大學的教授，須往來於寧滬之間；歐陽
予倩在招生結束後就離開了，接受了廣東戲劇研究所的聘請，研究所是政府
支持和資助的。學院實際上還是由田漢一人負責。

　　南國藝術學院的創辦滲透著田漢的「私學」精神，他認為「官學」即國
立大學是培養「官員」的，「官學」禁錮太多、鉗制思想，沒有學術自由。他

〔註43〕樂人：《談國劇》，《南風季刊》（福州），1935 年第 9 期，第 35～37 頁。

竭力主張辦「私學」，不依靠官府，不祈求資本家，完全以「在野」的地位自由地思考，解放自己。學院招生「不拘學歷，但取天才，即沒有受過正規的教育而有過各種生活經驗的人都可以入學」。先後上課的教師有洪深、徐志摩、陳子展、孫師毅、葉鼎洛、朱維基、陳趾青等。開設的課程有英語、戲劇理論、莎士比亞選讀、中國文學史、英文詩歌、電影藝術、電影概論等。

「南國社」本是一個藝術團體，內分總務、出版、音樂、文學、繪畫、電影及戲劇七部。1928 年秋天進行了改組，改組後戲劇方面特別的努力。田漢是社長，南國所演的劇，幾乎金出於田氏之手。第一次公演在民國十七年十一月，劇目是田漢的《湖上的悲劇》、《蘇州夜話》、《生之意志》、《名優之死》。民國十八年二月赴廣州公演，公演的劇目除仍演第一次公演的六個劇外，另有田漢的《古潭的聲音》《南歸》《顫慄》《秦淮河之夜》，及菊池寬的《父歸》。還加入了歐陽予倩的《車夫之家》，和他改譯的《空與色》。

當時南國的戲劇除了全部接受了當時日本從歐美學來的新技術二外，同時也學習了日本自然主義末期的感傷色彩。田漢個人對於舊劇十分愛好，和舊劇界有相當密切的往來。田漢的戲劇運動更進一步促進了中國新戲劇和西方戲劇的結合，在舞臺技術和編劇技術上的提升。以「南國社」為中心，田漢等人發起了戲劇的「狂飆運動」。正如向培良指出，「狂飆演劇都是狂飆小劇場底準備，從事於整個的戲劇的運動。……我們可以說是演劇中心，準備踏上我們新的路之第一步。」〔註 44〕南國社和上海藝術學院的戲劇科，對於戲劇理論的建設也相當努力。特別是南國社，是理論與實踐同時並進的一個拓荒的戲劇團體。

廣東的戲劇研究所，是由陳真如、李任潮發起，邀請歐陽予倩先生到廣東創辦的。經費由廣東省政府撥給，歸廣東省政府直接管轄。此事發起是在 1927 年的夏天，那時因為歐陽予倩先生一時不能離開上海，直到 1928 年的冬天才成事實。歐陽予倩先生因為對於廣東的情形不太熟悉，到了廣州兩個月後才有具體的計劃，經過種種手續，才於 1929 年 2 月 16 日成立。

歐陽予倩早有創辦國民劇場的理想。他曾經在南通和張謇一起創辦了更俗劇場，進行戲劇改革。1927 年，也曾在國民政府支持下，在南京創立國民劇場。但由於孫傳芳反攻南京，局勢混亂停辦。之後和田漢合作創南國社，

〔註 44〕向培良：《中國戲劇概評》，上海：上海泰東圖書館，1929 年。

改組南國社創立南國藝術學院，並任戲劇科主任。他們兩人對戲劇運動的做法不一致，歐陽予倩認為「藉重政府，效果或者快些」。歐陽予倩離開南國社半年後，即應聘到了廣州。

廣州戲劇學校十分重視規模化和正規化。按照西式教育體系建立起來的結構，分設話劇和歌劇科。此學校開辦前後三年的時間，演劇學生畢業一班。期間，邀請南國社等人員，田漢、洪深、熊佛西、馬彥祥等，授課或者排戲。也邀請了在嶺南大學任教的留美博士陳受頤，和中山大學文學系主任，研究莎士比亞的專家黃家勤來講課。公演十多次，演出三十多部劇本。公演的戲劇，是以粵語演出的。歐陽予倩曾發表了《用粵語演話劇》的文章，提出「提倡國語是一回事，演戲又是另一回事，非國語不能演戲是錯誤的」。〔註45〕研究所的活動，漸漸左傾。國民黨政府開始裁減學院的經費，四千元的經費先是減掉一半，之後完全裁撤。1931 年，因為廣東政局的變更，廣東戲劇研究所停辦。歐陽予倩帶了一些學生離開廣東，回到了上海。

熊佛西接辦了北京國立藝術專門學校戲劇系之後，招收了第二批學生，女性占到了三分之一。他以教學方針問題召集教師和學生討論，多數人主張戲劇系應以話劇為主，只有四五人認為應辦成科班。討論之後，戲劇系的辦學方針確定為「訓練戲劇各方面人才的大本營，戲劇系應該是新興戲劇的試驗中心」。〔註46〕學生們開設的課程包括：編劇、西洋戲劇文學、西洋戲劇史、戲劇原理、中國戲曲史、皮黃崑曲研究、元曲等專業課程，還有國文、英文、社會學、哲學、心理學、文學概論等基礎課程。為了完成這些課程的教授，熊佛西廣聘名師，有對傳統戲曲深有研究的徐凌霄（1888～1961），語言大師趙元任（1892～1982），在國外專門研究戲劇歸國的陳治策（1894～1954），英國戲劇教授泰麗琳女士，瑞典舞蹈教師秀斯女士，音樂教師趙麗蓮，教授心理學和社會學的北大政治系主任樊際昌等。經過幾個月的學習和排練，戲劇系於 1926 年 11 月在藝專小劇場舉行了第二次公演，演出的劇目有熊佛西的《一片愛國心》和丁西林的《親愛的丈夫》。演出十分成功，尤其是《一片愛國心》，觀眾反響十分強烈，清華、北大的學生紛紛踏雪來觀看，許多觀眾寫信要求

〔註45〕歐陽予倩：《用粵劇演話劇》，《戲劇》1929 年第 1 期，第 341～350 頁。《戲劇》為廣東戲劇研究所機關刊物，此雜誌公出版二卷六期。

〔註46〕熊佛西：《戲劇大眾化之實驗》，轉引自賈冀川：《二十世紀中國現代戲劇教育史稿》，北京：中國戲劇出版社，2006 年，第 51 頁。

續演，結果該劇連續演出了一個多月。

然而好景不長，1927 年春，北京的張作霖軍閥政府對思想文化界實行高壓控制，4 月殺害了李大釗同志，不久逮捕了藝專的一個學生。在白色恐怖中，戲劇系舉行了第三次公演，劇目有熊佛西的《一片愛國心》、丁西林的《壓迫》和蕭昆的《五塊一角》。6 月，軍閥政府藉口發現藝專有共產黨活動下令搜查藝專，逮捕了戲劇系的王瑞麟、章泯、張寒暉、蕭昆、楊子戒等人，不久又解散了戲劇系。

由於地域的原因，形成戲劇的兩大主流，在南方有田漢，洪深，歐陽予倩。在北方有熊佛西、余上沅等，分擔南北的領導人物。結果，在新演劇這一文化的分野上，也有了「京派」和「海派」。這不僅是地域原因，還是由於戲劇理念不同，也有圈子外面人認為是「爭全國戲劇領導權的關係。」

近代中國各個知識領域的逐漸建立，是一個混雜和轉譯的過程。在這個過程中，傳統的和外來的因素，混合生產出一種新的知識體系。中國近代哲學、歷史學、化學等知識建構和學科體系的形成，都是在這段歷史時期形成。在這些學科領域中，近代戲劇也漸漸發展成為一個專業的學科門類，走向體制化和專業化，班德（Thomas Bender）教授在《民主與文化權威》一文中，追溯了十九世紀紐約文化權威在歷史上的三個階段；即貴族的、民主的、和專業權威，前後相繼，相互競爭。這種現象在現代城市史發展中亦有共性。就戲劇學這個專業而言，隨著大學體系的確立，漸漸出現了專門的戲劇學校，專業知識的確立，確立文化權威。〔註 47〕

「話劇」成為精英文化。同樣進入「高等文化」行列的，經過「國劇運動」後，確立「國劇」地位的京劇。話劇和京劇進入學院體系，設立話劇系和歌劇戲。正如葛蘭西指出，現代文明中的一切實踐活動都已變得如此複雜，各門科學與日常生活日益緊密地交織在一起，這致使每一種實踐活動都勢必要為自己的管理者和專家創立一類新的學校，並且在較高的層次上創造一批在這些學校任教的專家知識分子。〔註 48〕

〔註 47〕Bender, Thomas. *The Unfinished City: New York and the Metropolitan Idea*. New York: New York University Press, 2002.

〔註 48〕葛蘭西：《獄中箚記》，中國社會科學出版社，2000 年，第 18 頁。

第七章　發明「文明戲」

人間出現的每一件新事物，都務求有一個新詞。不管是杜撰一個新詞，以涵蓋新的體驗，還是用一箇舊詞，賦予它新的意思。

——漢娜・阿倫特《論革命》

一、民眾劇社

五四運動之後，政治中心轉移，劇運的中心也來到上海。1921 年，汪優游所主張的非營業的戲劇劇團，便在沈雁冰的主持下成立了，定名為「民眾劇社」。此名稱是沈雁冰提出來的，是仿照了法國的羅曼・羅蘭（Romain Rolland）的「民眾劇社」，在戲劇宗旨上也照搬了法國小劇場的戲劇理念。

文學革命取得勝利後，新知識分子根據自己不同的志趣開始分裂成不同派系。文學運動的一個最初結果，是 1921 年 1 月 4 日在北京成立了文學研究會。全會共有會員 172 人，在許多地區設有分會，整個組織雖然鬆散，但卻是很有影響力的文學團體。文學研究會主張為人生而藝術，強調對於人和社會實在的揭示，起到了向中國介紹西方現實主義、自然主義及理論的作用。沈雁冰和鄭振鐸均是當時新文化運動中新文學的主力，由於他們的介入，使汪仲賢等有志於戲劇改革的職業戲劇家得到一種來自新文化運動主流的支持。

1921 年 5 月《戲劇》雜誌出版，並取代《晨報副刊》成為民眾劇社的機關刊物。他們在報紙上刊登「民眾戲劇社宣言」，宗旨是「以非營業的性質，提倡藝術的新劇。」〔註1〕社團分為實行部和研究部。研究部，負責發行月刊和其他出版物；實行部「試演世界名劇，或自編劇本」。但因為人員不多，經

─────────────

〔註 1〕《晨報》，1921 年 3 月 8 日，第 7 版。

費不足，實行部暫緩舉行，先辦研究部。民眾劇社社員提名錄上所列人員有：沈雁冰、柯一岑、陳大悲、徐半梅、張聿光、陸冰心、熊佛西、張靜廬、歐陽予倩、鄭振鐸、汪仲賢、沈冰血、滕若渠。這個成員名單中，陳大悲、徐半梅（徐卓呆）、歐陽予倩、汪仲賢（汪優游）、沈冰血，都是以前的新劇社成員。張聿光即是新舞臺的布景師。茅盾和鄭振鐸是文學研究會的成員。

　　民眾劇社基本是停留在理論層面的討論，並沒有實際演出。陳大悲《本社預備實行部的提議》，指出演出面臨的困難很多，第一是經費，第二是場地，第三是人員。因為成員分散在各地，而且都有別的職業，要排演一齣戲劇需要幾個月的時間，很難實現。而就劇場而言，在上海有新式的舞臺，為商業的中心，但是花費比較大。北京知識分子比較多，可以找到新劇的「知己」，但是沒有適宜的舞臺，也沒有現成的布景。而南通，雖然有張謇籌款建造的舞臺，伶工學校的服裝布景，但是地理位置比較偏狹。〔註2〕

　　《戲劇》雜誌，是民眾劇社藉以發表主張，介紹西洋的學說，並且和國人討論的陣地。在文學研究會的指導下，提出了小劇場運動的主張。沈雁冰委託其弟沈澤民撰寫的《民眾戲院的意義與目的》一文，開宗明義地引用蕭伯納的話說：「戲場是宣傳主義的地方。」〔註3〕民眾劇社提出了雙重的反對，一是繼承五四精神反對傳統舊戲；二是受到俄國革命影響反對商業化和資本主義戲劇，提倡文藝為社會服務的精神。五四時期，社會主義是一個知識分子爭相談論的話題，但是嚴格來說，民眾劇社不是社會主義，而是一種民主社會理想的建構，基本還是一個資產階級民主思想的團體。

　　關於民眾是什麼，他們自己也不清楚。基本照搬國外關於民眾的論述，對於本國的國情沒有深入分析。沈澤民自己也說：近二十年來，民眾變成一個流行的詞語，什麼都可以拿著民眾來說事，來做材料和利用，但對於民眾到底是誰卻不認識。在《民眾戲院的意義和目的》這篇文章中，關於民眾戲劇，介紹的主要是羅曼・羅蘭的主張。二十世紀初，著名的民眾藝術首創者羅曼・羅蘭，更詳細地說明了民眾戲院的計劃，使得民眾戲院的運動也和十九世紀末的自由戲院運動一般為大眾矚目。民眾劇院內部的事情是完全獨立的，不受國家的支配。羅曼・羅蘭認為民眾戲院的宗旨有三：娛樂、能力、知識。娛樂這個詞語的意義，就是使得辛苦一天的勞工們能得到道德上與體力上的休息，所謂的娛

〔註2〕陳大悲：《本社預備實行部的提議》，《戲劇》第1卷第2期。
〔註3〕沈澤民：《民眾戲院的意義與目的》，《戲劇》1921年第1卷第1期，10～13頁。

樂是正當不過的養精蓄銳，而不是「中產階級的娛樂——引起肉感，誘進墮落的娛樂。」「起首使人垂淚，而終之以『快樂團圓』的情節，也是僅僅像火酒一樣，雖然刺激人的神經，卻不免欲把神經弄成麻木了。」所以，羅曼・羅蘭主張另編專合用在民眾戲院的劇本，就是要讓到戲院的勞工不是來消磨精力和時間，而是像是一個肩膀一樣，讓累了的勞動者依著休息一下，第二天有精力去繼續工作。所以戲院給「看客」的不是憂愁煩悶的壓迫，而是在積極方面。〔註4〕民眾劇社站在同情勞動人民的基礎上，但是對於中國的社會階層並沒有深入分析。大眾是誰？理論上講，大眾指的是工人階級，但是此時工人的數量比較少。此外，農民占人口的百分之九十以上，是否他們才是中國的大眾？

民眾劇社進步性的一面，是首先提出了平民文學的主張，並且要以新劇來改造不合理的社會。對於新劇的方向雖然不明確，但是卻比《新青年》時期提出的西洋派戲劇的主張進了一步。其次，是對於傳統戲劇的態度上，民眾劇社沒有全盤否定，主張可以改編其中一部分。這種提倡和態度，也比較符合當時的實際。

1929 年，歐陽予倩在《民眾劇的研究》一文中，指出民眾是英文中的 people，而不是 Mob 或者 Crowd。並且根據德國哈格曼的解釋把民眾戲劇分為三類：一是以民眾為題材的戲劇，如高爾基、易卜生；二是民眾共有的戲劇，如希臘劇，戶外劇，市民劇之類；三是教化民眾的喜劇，如宗教劇。歐陽予倩認為民眾劇應當作為「平民劇」，才能講得通。指出，皮簧戲變成京劇之後貴族化，而普通民眾還是「哼他們的梆子，唱他們的花鼓調，花鼓戲演的都是鄉下的家長里短，從花鼓戲裏頭可以看得見他們農忙時候的情形，採茶時候的光景。」「鄉下人的事，演給鄉下人看，所以他們覺得非常有趣，——比大戲有趣得多。」〔註5〕歐陽予倩認識到民間曲藝和市民劇的重要性。民眾劇社的主張，其實在走向戲劇大眾化的道路和作出努力。

儘管民眾劇社和愛美劇運動諸多的聯繫，但嚴格說來，愛美劇演出和民眾劇社的主張是不同的。愛美劇運動有兩個議題，一個是現代戲劇，一個是

〔註 4〕這篇文章是茅盾授意下寫的，《戲劇》出版，朋友們要我做一篇，可惜我適值有點病，而且忙中又寫不出來，不過題目倒已經想好了，沒奈何只得請吾弟澤民做了一篇文章，雖是他做的，可以說我對於這個題目的意見——尤其是末了對國內戲劇界情形的意見——也不外乎此。雁冰附注。」沈澤民：《民眾戲院的意義與目的》，《戲劇》1921 年第 1 卷第 1 期，第 10～13 頁。
〔註 5〕歐陽予倩：《民眾劇的研究》，《戲劇》，1929 年第 1 卷第 3 期，3～16 頁。

民眾戲劇。所謂的「現代戲劇」，指向了西方話劇。另外一個重要議題是民眾戲劇，但他們卻是抱著精英的心態，遠遠脫離一般民眾的。愛美的戲劇的組織，最適宜的是學生，或是已有了別的職業的人，演劇的地點最好在學校，這樣實際上是把戲劇侷限在知識分子的狹小範圍內了。陳大悲雖然也模糊地意識到，「不是要提倡愛美的戲劇來打倒或者代替職業的戲劇，是要把戲劇底感化、安慰，一切影響，擴充到職業的戲劇以外，使它成為民眾化。」但是，他又處處強調戲劇屬於精英的「藝術」，「並不是向科班投師學藝的貧兒，以及私坊班買來當猴子耍的窮小子」所能從事的。他也指責比較熱衷「看花鼓戲、蹦蹦戲、梆子戲的民眾」，「非看刺激獸欲的戲不能過癮」。陳大悲也提及民眾：「我們要使人知道戲劇是屬於民眾的，是由民眾所創造的，是為民眾而創造的。除了民眾，就沒有什麼戲劇。愛美的戲劇家底惟一目的，就是要打破從前戲劇中所有一切神秘的不自然的遺物，是要爭回民眾所享有的戲劇的權利。愛美的戲劇家自身就是民眾，不是高高在上的，也不是低低在下的，是一個戴天履地的『大百姓』。」本身朝著大眾化的方向努力，但是對於來自民間的戲劇卻心存鄙視。

五四時期，又提出「人的文學」的主張。《戲劇》討論民眾戲劇的同時，1921～1922年《時事新報》《文學旬刊》等報刊開展了「文學民眾化」的論證，但是這個時候的民眾通常沒有太多階級的屬性。〔註6〕所以，此時關於民眾的討論，並不是1930年代左翼討論文藝大眾化時期，因為階級問題產生的分歧，即不是人的文學和人民的文學的分歧。這個時候的文學和戲劇還是在「人的文學」的範疇內討論。這種人的文學，恰恰是沒有認清楚誰才是真正的民眾，如周作人，他提倡的還是一種人道主義和普遍主義。

二、排演《華倫夫人之職業》

1920年10月，汪優游在《新青年》和《晨報副刊》等關於戲劇改良的討論激勵下，聯合他搭班所在的新舞臺演員，一起籌劃演出蕭伯納的《華倫夫人的職業》。早在《新青年》「易卜生專號」（1918年4卷6號）刊登的「特別啟事」中，就已經預告將系統紹介蕭伯納，翻譯他的《人及超人》（*Man and Superman*）、《巴伯勒大尉》（*Myir Barbava*）及《華倫夫人之職業》（*Mrs. Warren's*

〔註6〕黃科安：《啟蒙‧革命‧規訓——中國現代「文藝大眾化」考論》，文史哲編輯部編：《左翼文學研究》，商務印書館，2015年，第321頁。

Profession)。之後，蕭伯納的多種戲劇被翻譯和刊登在《新青年》及其他新文化期刊上。是劇早已為潘家洵翻譯並發表在《新潮》二卷一號，此劇也是宋春舫《近代名戲百種》之一。新舞臺要排演這部戲劇，一方面是受到新文化宣傳的影響，一方面是因為這部戲宗旨是討論女性問題。正如他們的廣告所言：「戲中的命意，是推翻舊社會的女子生活。它把現在女子生活的罪惡，赤條條得陳露出來，要教普天下的女子都知道自己人格的重要，不要去作男子的娛樂品。這本戲對於現代中國的惡濁社會極有益處，凡是女子和留心女子問題的人，都不能不看。」〔註7〕

對於《華倫夫人之職業》，新舞臺演員排練的工夫，就費了一百多夜。中國劇場的通例，排演都在夜上，一是因為演員容易召集，二是夜深人靜，沒有嘈雜的聲音。他們每夜排一幕，時常弄到天明方散。登臺實地試演了三次，然後正式開演。全劇分為四幕，除第二幕是把舊有的將就應用外，其餘三幕的布景都是完全新制的。華倫夫人由周鳳文扮演，薇薇由汪優游扮演，賽牧師由夏月珊扮演，這個陣容在當時上海觀眾眼中不可謂不豪華。新舞臺的演員說「我們自從唱戲以來，從沒有為了一本戲用過這許多腦力，排成這本名劇，以貫徹我們提倡新劇的最初主張。」〔註8〕

本劇在宣傳上也下足了工夫。一般廣告只是刊登在《申報》和《新聞報》，而這次的廣告除了《申報》《新聞報》，還有《時事新報》，《民國日報》等五種，且預先刊登了好幾天，新舞臺從來沒有花過這麼多的廣告費。確如所言，查看1920年10月16日《申報》「特別廣告」，佔據半個版面：「這是中國舞臺上第一次演出西洋劇本，是新世紀最有名的劇本，是普天下女子不可不看的戲。一是因為社會上關於戲劇的討論，指出改良戲劇是社會問題，戲劇能表示一國的文化；二是看到世界西方戲劇家的榮譽和西方戲劇的價值，所以要試演西洋的戲劇。」〔註9〕但效果卻恰恰相反，正如汪優游也說，「上海的劇場一般只消有一個新名詞掛出去，無論劇的內容如何，第一也總能轟動許多看客來。惟有《華倫夫人之職業》的名字，卻大不利，初次開演就沒有什麼看客，不過新舞臺的廣告卻登得比平常多得多。」〔註10〕

〔註7〕新舞臺《華奶奶之職業》特別廣告，《申報》1920年10月16日，第8版。
〔註8〕《中國舞臺上第一次演西洋劇本》，1920年10月15日，上海《時事新報》，第4版。
〔註9〕《華奶奶之職業》特別廣告，《申報》1920年10月16日，第8版。
〔註10〕汪仲賢：《劇談》（十六），《晨報》，1921年1月18日，第7版。

　　《華倫夫人之職業》擲了一千多元的資本，最後以遭遇票房的滑鐵盧而告終。演出的時候是禮拜六，平時新舞臺演出《濟公活佛》，一天可以賣出一千四百元，最少也能賣到五百元。而此番新劇連演兩夜，第一夜賣出了三百元，第二夜賣出了三百十三元，要比最少的日子還少四成的座位。演到第二幕，華奶奶坐下來在薇薇面前追述從前歷史的時節，有三、五位很時髦的女客立起來就走了。之後觀眾陸續離開，最後散場的時候只剩下四分之三，而且在三等座位上的看客都是罵著離開的。此劇的初次演出是在 1920 年 10 月 16 日，連演了兩天，不能叫座。過了兩個星期又演了一次，共計只演了三次。自此之後新舞臺不但不敢排練新的，就連已經排成的也不敢再演了。

　　汪優游 1920 年 11 開始接連在《晨報》發表劇談討論失敗原因。他說，上海新舞臺開演《華奶奶之職業》，狹義的說來，是純粹的寫實派的西洋劇，第一次和中國社會接觸；廣義來說，是新文化戲劇一部分與中國社會第一次接觸。鑒於此次實驗意義，汪優游從劇本、劇情、觀眾、和演員等方面來分析失敗原因。首先，原封不動照搬外國劇本，而不加以剪裁改編是不行的。「你想區區六個人，在臺上平平淡淡地說四個半鐘頭的話。第一幕開場就是薇薇與潑蘭地沒頭沒腦地說了差不多三十分鐘。第三幕華倫夫人與薇薇要說一點鐘話，看慣走馬燈的新戲的中國觀眾見了這樣的新劇，怎樣教他們坐得住啊？」其次，劇情不能被觀眾所理解和接受，例如信奉妻子要服從丈夫的人，看到《娜拉》、《群鬼》等戲就會排斥；信奉天下沒有不是的父母的人，看到《華倫夫人之職業》，就認為是大逆不道，而這樣的人在劇場中十居八九。最後，就演員來說，「此番開演純粹新劇，是舊劇家第一次脫離鑼鼓和唱功底束縛，並且大家震於劇本的大名，一個個都是提心弔膽的上臺去演，反而弄的恨（很）不自在了。」〔註11〕

　　一篇《新舞臺觀劇記》中，對當時演出情況的描述，也印證了汪優游的說法。作者先說人物極其簡單，演員只有六人，即傅蘭客，傅珊妙、華奶奶、華薇薇、濮蘭田、喬奇，名字皆是英文翻譯而來。薇薇大學畢業，但是並不知道母親所從事的職業。當薇薇識破真相之後，華倫夫人勸女兒的說辭：「女子之姿容媚術，乃天賦之資本，一日果邀狎客寵愛，不難由賤而貴，誠如所謂朝為越溪女，暮作吳宮妃。故平康一業，實為女界造福。」薇薇聞之，大為不慊，作色而言曰：「女子當自重人格、清白乃身，以自食自力，即舊道德所謂

<hr />

〔註11〕汪仲賢：《劇談》（十六），《晨報》，1921 年 1 月 18 日，第七版。

『凍餒事小，失節事大』。豈可飾如花鳥，做商店之廣告，遊戲場之點綴品，以供男子之娛樂，為社會之寄生蟲哉？至於母業平康，污辱無數清白之女子，實女子之地獄，乃不曰作孽，而曰造福，女殊不解。」〔註12〕以「凍餒事小，失節事大」這樣的傳統舊道德來解釋薇薇的選擇，是令人啼笑皆非的。對於《華倫夫人之職業》所宣揚的自由主義和個人選擇，以及所揭露的社會問題，無論是演員還是觀眾，都不甚理解。無怪乎會有評價稱：「硬搬西洋近代的批判現實主義戲劇，它和中國的現實還存在很大的差距。」

　　《華》劇演出失敗的原因，一方面是因為無論是演員和觀眾，都對於「近代劇」不甚瞭解；另一方面，是蕭伯納的現實主義戲劇本身的問題。易卜生和蕭伯納問題劇的提出，恰恰是在西方戲劇出現政治轉型時期，從情節劇轉向對社會問題的關注，探討社會主義的問題。蕭伯納是費邊社的成員之一。他深受易卜生的影響，堅決主張藝術應當反映最迫切的社會問題，反對為藝術而藝術。他認為戲劇是思想工廠，舞臺是宣講講臺。蕭伯納提出藝術家必須是哲學家，作家的責任不是用虛構的故事去迎合觀眾的趣味，而是要探索現實，批判現實，必要時作家要申述自己的主張，以改變現實。易卜生主義和蕭伯納其實是隨著社會主義思想傳播的。

　　但是正如雷蒙德在分析蕭伯納的社會思想時指出，蕭伯納煞有介事地把現有的人類描述為「資本主義的人類」，接著使之依附在一個體系，作出一個有關一種新人類的語言，於是一種不能輕易直言的東西馬上被合理化為一種人道主義的關心。蕭伯納遵循了費邊主義為頂峰的英國傳統，而費邊主義直接繼承了穆勒主義，是由歷史上一個新的形勢的經驗所精練而成的功利主義。〔註13〕費邊主義把希望寄託在進化上，把它作為一種社會典範。不論是為藝術而藝術，還是為人生而藝術，都不是「人民的藝術」。雷蒙德指出，藝術的事業是人民的事業，我們有一天將會重新贏得藝術，也就是說，贏得人生的樂趣，使藝術重新回到我們的日常勞動之中。〔註14〕

　　1921 年，汪優游又撰寫了《營業性質的劇團為什麼不能創造真的新劇》總結經驗教訓。經過兩年的研究，認識到「不能把外國寫實的、美術的、神秘的、象徵的……戲劇，不問自己脾胃如何，酸甜苦辣一起在喉嚨裏亂塞。」他

〔註12〕《新舞臺觀劇記》，《申報》1920 年 10 月 18 日，第 11 版。
〔註13〕雷蒙德·威廉斯：《文化與社會》，北京大學出版社，1991 年，第 239 頁。
〔註14〕雷蒙德·威廉斯：《文化與社會》，第 207 頁。

認為戲劇的改革和創造，要真正適應國情，不是逢迎社會低劣點，也不是抄外國式的驗方。〔註 15〕新戲的演出不能只為讓少數眼界高的人看了滿意，對一般觀眾來說，他們「不懂你說的什麼，演的什麼」，還能談什麼「借演劇的方法實行通俗教育」。所以他提出今後的演劇方針是：「我們演劇不能絕對去迎合社會心理，也不能絕對的去求智識階層看了適宜。拿極淺進的新思想，混入極有趣的情節裏面，編成功教大家要看的劇本。」〔註 16〕他意識到：「我們創造新劇，用意識去感動人，比用了主義去動人要容易得多。」〔註 17〕「新文學，如果不想想法子，則仍舊是在平民底上面建設一種『新貴族的』『白話式的』古文學而已」。〔註 18〕

但是在《華》劇演出之後，卻出現了「真新劇」和「假新劇」的討論。「一些眼界高的人」，勸汪仲賢繼續演出這樣的新劇，並且認為易卜生和蕭伯納戲劇才是「真新劇」。但是汪仲賢有經驗和教訓的總結，對這個觀點並不完全認同。他還為「已經墮落」的「假新劇」和新劇家辯護：「現在想創造真新劇的人，都輕視從前的假新劇，想做未來的新劇家的人，都極力詛咒過去的新劇家，都因為他們沒有研究的價值，所以就不肯去做精細的調查，下正確的批評。但是據我底意思說來，從前創辦新劇的人，未必就存了害社會的心才去演劇的；雖不能恭維他們是改良社會，究竟他們也有一種目的存在裏面。要知道從前新劇家底目的何在，先要知道新劇底歷史，和新劇家的由來」。

三、真假新劇

《華倫夫人之職業》演出雖然失敗，但卻引起了知識界的關注。《時事新報》上刊登了一篇「所謂真新劇」的文章，對《華》劇加以吹捧，認為《華》劇才是「真新劇」，從而挑起了關於「真新劇」和「假新劇」的「話頭」。

對此，汪仲賢卻不以為然。他說：「我以為『真新劇』和『假新劇』的區別，是劇本上的問題，不是新劇家的問題。我演了十數年的假新劇，此番是第一次演比較有規矩的新劇。我自信比從前演的假新劇稍微高一點，不過還

〔註 15〕汪優游：《營業性質的劇團為什麼不能創造真的新劇》，《時事新報》1921 年 1 月。
〔註 16〕汪仲賢：《劇談》（4），《晨報》，1920 年 11 月 6 日，第 7 版。
〔註 17〕汪優游：《營業性質的劇團為什麼不能創造真的新劇》，《時事新報》1921 年 1 月。
〔註 18〕汪仲賢：《劇談》（6），《晨報》1920 年 11 月 18 日。

決不敢自稱為真新劇。在劇單上已經聲明過，新劇家比舊劇家底知識，至少還要高百倍。我很希望新劇家多多演幾本真正的『真的新劇』」。〔註19〕汪優游以為《華》劇也不是真新劇，而且演出失敗了，那麼真正的新劇是什麼？

民眾劇社成員一致認為，這是真新劇不夠成熟的原因，怎樣創造真的新劇，成了急切討論的問題。什麼是真的新劇，需要有一個標準去衡量。鄭振鐸也說：「我常和大悲幾個朋友商量，我們七嘴八舌做文章罵舊戲，罵假新劇，實在是白費氣力。因為凡是判斷一種是非，必要先有一種公認的標準。……我們要提倡真的新劇，批判現在戲劇底是非。與其零零碎碎攻擊人，不如先闡明了戲劇上應該公認的標準，然後再往下說。」〔註20〕

於是在其機關刊物《戲劇》上，發起了關於真假新劇的討論。主要王統照的《劇本創作的商榷》，汪優游《與創作新劇諸君商榷》，公彥的《過去的戲劇和將來的戲劇》等幾篇文章。

《戲劇》對「真新劇」的提倡，首先是從劇本開始的。經過半年多社員之間知識的交換和討論，最後達成共識，認為要對新劇思想內容進行改造，首先就要改造劇本。他們不贊成直接利用舊劇劇目，而是主張改編西洋劇本，當然最重要的是自己創造。王統照的《劇本創作的商榷》，開始談論到新劇問題。指出新劇在中國已經有十幾年的時間，但是在五四以前所謂新劇在舞臺上毫無進步。文學革命即已經鮮明的打起了戲劇改良的旗幟，在實際上沒有幾分的成功。舊劇的勢力仍然旗鼓高張，而新劇的力量非常微弱，主要是因為劇本的問題。介紹西洋的劇本固然是重要的，但是照搬西洋的劇本，一字不易地照搬到中國舞臺上，已經證明是失敗的了。陳大悲、汪優游、沈雁冰、沈冰血等人也一致認為，不能拿翻譯的外國劇本直接來應用，須要自己創作劇本。而最緊迫的眼前問題，不是「劇本要不要創作」，而是創作的劇本如何不成為案頭劇，真正能夠上演，並且有人看。〔註21〕

汪優游《與創作新劇諸君商榷》文中，指出要改變舊戲的遊戲性質，變為討論人生切要問題，提倡新劇還需要一步一步來。提倡民眾的戲劇，就是要創造一種高尚的和通俗的戲劇，如果只是高尚而不顧一般人懂不懂，那這

〔註19〕汪仲賢：《劇談》（3），《晨報》，1920年11月5日，第7版。
〔註20〕觀場（鄭振鐸）：《紹介這一部創見的戲劇書》，韓日新編：《陳大悲研究資料》，1985年，第91～93頁。這篇文章寫在1922年，是鄭振鐸為陳大悲的《愛美的戲劇》寫的序言。
〔註21〕王統照：《劇本創作的商榷》，《戲劇》1921年第1卷第6期，第18～22頁。

種戲劇還是只能在知識階層，不能普及到普通民眾中去，仍然是階級的藝術。「如果太迎社會底低劣心理，則那些演落難公子中狀元底假新劇，早已有了成績，在社會上已經造成了許多光怪陸離的結果了。」「太高深的西洋劇本，和太惡劣的假新劇，前者太過，後者不及，過與不及，都不適於今日底中國社會。」〔註22〕他同時也指出，當下的寫實派新劇，如易卜生的《群鬼》等，暫時也不宜介紹，先要用藝術來打動他們，使他們知道什麼是真的新劇，先造成一般人的輿論，回去說「新劇不是枯燥無味的！」然後再演出關於人生的問題劇就比較容易接受了。

撰稿人中有文學研究會的成員，故而他們強調提升戲劇的文學性，強調劇本的重要性。在《真戲劇》一文中，作者指出，「反觀西方戲劇，歷來把劇本看作文學的一種題材，劇作家享有崇高的地位。」並且指出，古希臘以來，文學性一直被當做衡量作品優劣的標準，亞里士多德《詩學》提出的六要素就是明證。文學研究會成員從文學改良的角度，強調戲劇的文學性，也是為了改變戲劇在傳統社會中與「小說」同列，不入經史子集的地位，從而提升戲劇和藝人的地位。但是在20世紀早期，西方戲劇就試圖從文學性的束縛中走出來。文學性的戲劇──也就是作為一種文學體裁的戲劇（自亞里士多德便確立了史詩、抒情詩、戲劇詩相併立的詩學分類），是西方戲劇的重要組成部分，但不是整體樣貌。西方戲劇同樣具有強調劇場性的一面。

此處並不在於爭論戲劇文學性和劇場性的優劣，而且二者之間並沒有矛盾。但是五四時期，內化了西方傳統中的二元對立。尤其是在五四進化觀的支配下，把所有的傳統曲藝都歸於不進化的野蠻序列。五四時期對於舊戲的批判，是全面的，包括地方戲曲和曲藝。例如蒲伯英曾反駁以為讀者來信：「拿近代戲劇的意義來說，中國舊戲實在還沒取得戲劇的資格──還是一種鼓詞、評書，『跑馬』『賣解』，混合一團糟的雜戲。」那位讀者「由於他根本上不瞭解近代戲劇的意義，所以敢於拿不進化的雜戲來唐突戲劇。」

如果說真戲劇的對應要素是劇本，那麼假新劇的最大罪名就是幕表制。幕表制，是中國傳統舊戲的特徵。所謂的幕表，根據文明戲演員張冶兒的口述，就是採取小說中的故事或改編外國劇本，大略的編寫一張表，沒有固定的臺詞。等於京劇裏的戲劇提綱，略微詳細一點。前面有劇情說明，其次人物的年齡、身份、性格和其他特點介紹。接著分幕，每一幕是什麼情節，從哪裏起，到哪

〔註22〕明悔：《與創作新劇諸君商榷》，《戲劇》第1卷第1期，第21～24頁。

裏止，一共幾個人上場，誰先誰後，順序排列。人物和人物之間，應該演出什麼情節，關鍵在哪裏，目的是什麼，這就是一份詳細的幕表。至於各人的臺詞和動作，就沒有說明和排練；全靠演員自己揣摩創造。張冶兒回憶說，小說家包天笑、天虛我生、周瘦鵑等寫過一些通俗話劇的劇本。這些劇本大都是敘述一個故事的內容，和一些劇中人物的性格，沒有全部對白。由此看來，也類似一個幕表。由於採用幕表制，臺詞由演員臨時編，即興表演的成分很多。

由於採用幕表制，就產生了「管幕人」。相當於現在的舞臺監督，還兼近似導演的職務。因為單憑幕表演戲，沒有完整的劇本，要演員登臺演出就要管幕人給演員們說戲：詳細介紹劇情和劇中人的性格和表演方法。甚至分派角色，也歸他掌握決定。演員提出疑問，由他解答。演出時，演員的上、下場，先後次序，開幕、閉幕等都歸他指揮。同時演出腳本（幕表）也歸管幕人保管。擔任這樣重要職務的人，必須有相當的文化藝術修養和舞臺經驗。他知識水平的淺博，講解的好壞，與演出的質量有很大的關係。因此，一個新成立的劇團，總聘請一位富有舞臺經驗而且手裏有較多劇本與幕表的人管幕。此外，文明戲被詬病的幕外戲，也是中國戲劇的做法。因為換景的時間觀眾不耐煩等待，所以下幕之後，接著在幕外演一小段過場戲。而新舞臺等新式劇場，也是用開幕和閉幕的方式來隔開場子，也有幕外戲。

民眾劇社自己提出了民眾的問題，但是他們在戲劇大眾化這個問題卻是找不到方向。《戲劇》雜誌的討論中，出現了多種關於戲劇的名詞，有新劇、近世劇、愛美劇、真新劇，假新劇，不一而足等，恰恰表明當時關於戲劇的名稱還沒有固定的狀況。終於，《戲劇》中有署名公彥的《過去的戲劇和將來的戲劇》一文，提出關於命名的問題。這篇文章總結戲劇的趨勢有五種：第一是從鄉土的變成世界的；第二是從貴族的變成平民的；第三是理想的變成現實的；第四是從玩賞的變成神聖的；第五是從教訓的變成人生的。對於將來的戲劇希望是什麼樣子的呢？有三個條件，第一是要劇本合乎戲劇原理，材料要取材現在社會。第二要演者能糾正社會的弱點。第三要使觀眾瞭解每齣戲劇的真正意義。他總結說：

> 戲劇根據過去的成績，隨時蛻變隨時改進的。所以中國的舊劇是過去了的，是已經死了的。這不是我個人的意見，也不是袒護新劇的人的意見，這是許多醉心舊劇的朋友公認的。你只看許多讚揚舊劇的文章，哪一篇不是追念舊劇底過去（在帝王時代）與否認舊

> 劇底將來（在平民時代）呢？雖然，北京上海有幾個「文明跟包」
> 竭力在那裡胡說亂道，但是非但不能挽回，並且連說的人也大有作
> 古的氣味。那些職業新劇社，表面上似乎換了一個招牌，然而內容
> 也和舊劇一樣，換了湯沒有換藥，所以也是作古的了。這種不合現
> 代的戲劇，我們不叫他戲劇，另外用個名字叫他「？」。要合於我們
> 上述的條件我們便叫他戲劇。〔註 23〕

對於「真新劇」他們是模糊的。但是他們卻有了反對的對象，這段話中矛頭對準兩種戲劇，一個是舊戲，另外就是職業新劇社團。並且用了一個問號來替代「假新劇」，這就需要一個命名來填充這個空白。

漢娜・阿倫特指出，一些歷史現象——要確定它實際誕生的日期，一個辦法當然就是，找到此後一直沿用於該現象的詞，它第一次究竟是出現在什麼時候。我們已經從最初的戲曲改良，追溯到文明新戲的起源。但是，作為「標籤」的「文明戲」，卻是另有所起。「污名化」的「文明戲」並非是自稱，而是一個他稱。1922 年之前的所見評論文章中，「文明戲」作為特有所指的術語並不常見。此時，需要創造一種「真新劇」的時候，需要有一個名字來指代「假新劇」，這個名字就是「文明戲」。

四、標籤化「文明戲」

最先大量使用「文明戲」這個詞語的，是陳大悲的《愛美的戲劇》。在這本書中，出現了幾十次「文明戲」的字樣。在 1922 年之前，關於研究戲劇的專書，只有一本商務藝術館出版的《西洋演劇史》，所以陳大悲的這本書「開了中國現代新演劇的先河」。他被認為是第一個系統地論述戲劇理論和舞臺實踐的人，而且他倡導愛美劇運動，和主持人藝期間名聲大噪，《愛美的戲劇》在當時也影響甚大。

《愛美的戲劇》中名稱也不固定，而是使用了「文明新戲」「文明新劇」「文明劇」「男子文明新劇」「女子文明新劇」「半新半舊戲」「改良戲」「新戲劇」「假新劇」「文明戲」「非驢非馬的四不像的舊戲」等多種名字。從這裡可以看到，陳大悲用這些名稱的時候也是不固定和隨意為之的。我們把《愛美的戲劇》中，包含有「文明戲」「文明新戲」的字樣挑出來，來查看這個詞出現的語境。

〔註 23〕公彥：《過去的戲劇和將來的戲劇》1921 年第 1 卷第 1 期，18～21 頁。

1. 中國現有的所謂「文明新戲」，原來也發源於愛美的劇團。「春柳」「進化」等社最初並不以營業為目的，可惜當時少數愛美的戲劇家，為了曲高和寡的緣故，畢竟為舊社會種種惡勢力所壓迫，漸次由愛美的而變成職業的。到了現在，所謂這個社、那個社，**已純然成了一種遊戲場底裝飾品**，無業者底棲流所，許多目不識丁的新劇家在那裡胡亂混飯吃，竟不知戲劇藝術為何物。（何謂愛美的戲劇）

2. 我們眼前看，不但舊戲，就是那到處賣錢的「文明戲」，也都是中國歷史的產物，雖然面目不同，骨子裏是在一樣，都是代表中國野蠻、齷齪、愚昧、荒謬，……不進化的大歷史。要拿「現代戲劇底意味」來看，中國所有種種職業的戲劇，都可以說「非戲劇」，也就可以說中國無戲劇。（愛美的戲劇研究之必要）

3. 結果就與現在**遊戲場底**「**文明新戲**」一樣：今天姨太太煩演「濟公活佛」，明天新聞記者煩演《安重根刺伊藤》，後天佛教會煩演「阿彌陀佛」，再後天也許演一齣破除迷信詆毀宗教的戲。這樣隨波逐流，朝秦暮楚的娼妓生活，愛美的戲劇家原因幹嗎？（劇社與劇本）

4. 凡領略過**遊戲場文明新劇**的人，沒有不相信我的話。使得我最痛心的，就是文明新劇的觀眾，中間常常有許多青年的學生！（道德問題）

5. 讀者以為這「雜拌」兩個字用得過火，說得太刻薄嗎？**請你進現在的所謂「文明新劇」場中去一看**，就知道了。……

從前新劇所以一變而為現在的「男子文明新劇」或是「女子文明新劇」者，實在因為不知「藝術專制」底真價值，實在因為沒有一致精神底完備組織法。……

我們對於現行的「文明新劇」固然不滿意，有時固然不免要發嘲諷的言辭與攻擊，然而我們底衷曲，實在可以為一般隱忍在**新劇界**中的有識朋友所共諒。（組織與戲劇藝術底關係）

6. （從前有許多舊戲園主，用大包銀引誘新劇家，使他們團體渙散；散了之後，然後罷免李完用收場。）到如今只要有一兩個上

得臺去不紅臉的人聯絡幾個流氓、地痞、跑堂的、拆白黨、龜奴、舊戲龍套，**買幾本彈詞唱本，就可以開演滿口胡說的「文明新戲」**。被缺乏人性的舊戲把元氣斷喪到奄奄一息的娛樂社會，又經此缺乏藝術的「文明新戲」一番摧殘！可怕呵！⋯⋯

現在「文明新戲」的職業劇社，未嘗沒有舞臺監督底稱號，然而沒有舞臺監督底真精神。（少不得的舞臺監督）

7. 近來中國學生界裏，**還有一班常到遊戲場去賞識男子或是女子「文明新戲」的朋友**，沾染了「滑稽戲」膚淺鄙陋的惡習，自以為「戲劇藝術只此而已」，看一看就可以上臺上去充個角色。諸如此類的人，在演「獨角戲」時或者能做得非常出色，但在團體精神的現代戲劇中，未必能夠立刻成功。然而這些的人，卻往往人心過甚，不但自己又「朕即國家」的胸襟，就連社員中的一部分也要與「斯人不出如蒼生何！」之歎，要對這類人加以選擇真實北京人底土話「有點扎手」。（演員之選擇與分配）

8. 現在流行的「文明新戲」承襲了舊戲底「分派制度」，把一干角色分為數種「派別」，硬把人類社會中的各式人物裝入這幾種派別底模子裏去。「激烈派」不論飾那一齣戲中的角色，都要演說幾句刻板的愛國話或是罵世語。「滑稽派」不論在那一天或是那一齣戲裏總是一付賊頭狗腦的腔調。其餘如「悲旦」「潑旦」老生小生等，都是千篇一律，天天相同。⋯⋯與徐狗子唱雙簧時，抹上一個白鼻子算是另換一個人的意思一般無二。⋯⋯看過「文明戲」的人想必也記得起來，他們飾曾國藩時，滿口新名詞，就是時代的錯誤。飾富商，巨紳，學生，僕人都用一套板的流氓口吻，是身份的錯誤。⋯⋯愛美的劇社中往往發見染「文明戲梅毒」已到了第三期的朋友。⋯⋯

這或許是**遊戲場式的文明新戲底「尼其泰」**，卻並不是托爾斯泰劇本中的「尼其泰」。（研究腳本底精神）

9. 現代的新戲劇，雖已脫去了從前舞臺上的許多束縛，如臺步、架子把子身段之類，但是並不像現在文明新戲那樣的自由動作，自由談話⋯⋯（分節排練法）

10. 新派戲稱為臺下有一具攝影的鏡子⋯⋯結果就是現在**那種**

遊戲場式的文明新戲，以及舊戲院裏的改良戲。不幸這種毒菌傳染性非常可怕；近來各處學生演劇社中所謂「最富舞臺經驗」的朋友，犯這種病毒的最多，因為他們底模範（就是現行的文明戲與改良戲），已引他們出了戲劇藝術底正規。（舞臺的畫景）

11. 遊戲場式的文明戲裏面常有所謂臺上臺下，戲中戲，加雙簧雜耍，滿臺燈彩焰火等等的把戲，騙觀眾底錢救自己底急，這簡直是笨人耍笨把戲，不值識者一罵。（遲速底調節）

12. **遊戲場式文明新戲舞臺上只有不自然的停頓而不許有自然的停頓……**（自然底停頓）

13. 現在流行的文明新戲，只消由一位排戲人向大眾把演作底大略說一遍就演得成戲。（關於排演的雜談）

14. **與舊戲對抗的文明新戲**，廢除了歌唱以及一切因襲的套數，打破了模仿前輩的舊習慣而從事於個性底發展，這是中國戲劇界中空前的一次革命。只可惜當時創造者知識不足，設備不完，以致有破壞而無建設，**到如今只成了遊戲場底裝飾品。**

現在演文明戲的，固然不像舊戲樣的一味模仿前輩，但是他們卻走到了那一邊的一個極端──就是只能表現演者自己底個性。凡看過文明戲的朋友都相信他們每天在舞臺上表現的只是一個自己，而並不是劇中人。

……現在的文明戲說明書上，居然大書某派旦角以示榮耀。（演劇人底心態）

15. 還有一班人以為凡能在演說臺上出鋒頭的人，不必習練演劇底專門技術，也能演作戲劇。這便是大錯而特錯了。這一錯就造成現在「文明戲」臺上最惹人厭的激烈派或是莊嚴派老生。……現在**遊藝場的「文明新戲」**還常常用種種虛偽的模仿，證明他們是愛國志士底遺蛻，是退伍都督的嫡傳。（舞臺上的行動）

16. 你沒有看過現在的文明戲嗎？他們不懂得什麼叫做舞臺畫景。（演劇人的喉音）

17. 文明戲之所以失敗以及漸漸變成今日**遊戲場底裝飾品者**，其原因雖很複雜，而缺乏團體精神是在是致命傷之一。……但是惡

習慣與遺傳毒常常由舊劇與文明戲場裏移植過來。（團體的精神）

18. 在這種光低下面擦一臉非化妝品的鉛粉，那簡直是要冒充從前賽會中扮粉的白無常鬼。（你若不信，不妨到**遊藝場底文明戲場裏去一看。**）

19. 常常有人問我，滑稽派應當怎樣化妝？或是，「閨閣派應當怎樣化妝？發這樣的問題的人確已中了現在流行的文明戲底毒，是在是因為他不知道現代劇本底進化。」……在浪漫派時代，西洋舞臺上的化妝是很容易的。當時的化妝術雖不至於像中國舊戲底臉譜那樣不合理……與我們現在的文明戲完全相同。……因為文明戲很富浪漫色彩……（化妝與戲劇底進化）

20. 從前的文明戲失敗的原因雖不至一種，而不能征服觀眾底叫囂，實在是許多缺乏知識的劇社所以致敗的原因。……（滑稽派底種種醜態）已經種種不經濟的行為。謬種流傳至今，文明新戲竟變成了爛掉了肉的空蚌殼了。……

……我不久前到上海新舞臺仔細觀察過一次，覺得他們演那**帶唱帶鑼鼓的半新戲時**，每來一次唱，打一次鑼鼓，臺下底叫囂聲也增高一次。（愛美的劇場）

21. 新式的舞臺只適於演出人生的戲劇，而不適應演那些**新的、舊的，半新半舊的，非人的戲劇。**（愛美的舞臺）

22. 濫用布景的舊戲與文明戲……近來最流行的什麼濟公活佛，就是我那一類的魔術戲簡直專靠這布景賣錢……

現在北京流行的四不像的舊戲──如天女散花，嫦娥奔月之類──就是布景底魔術化……

前幾年上海幾個文明戲社裏大演古裝戲時，布景與時代不符的笑話層出不窮。（愛美的布景）

23. 這是從前文明戲所以破產的主要原因，是我親眼觀察得來的。現在文明戲的後臺裏面依舊是充滿了戰爭的空氣。

這是《愛美的戲劇》中所有出現文明戲的段落和句子。仔細閱讀，我們發現，陳大悲所指的文明戲，是「遊藝場裏的文明戲」。一個新的詞彙代表著

一種歷史現象的出現。遊樂場文明戲的形成，是在 1920 年代隨著城市小市民階層娛樂的興起而出現的。

陳大悲寫作《愛美的戲劇》時身在北京。1920 年代，京津遊藝場廣告在報紙自稱「文明新戲」是坤班的奎德社。還有極個別從上海旅行到北京演出的新劇團，但很快就在 1922 年被驅逐出北京。儘管陳大悲用了許多次「遊藝場中的文明戲」，但是查看當時報紙廣告，遊樂場的演出廣告，都一律用「新劇」字樣。

向培良在 1929 所寫的《中國戲劇概述》中論及陳大悲，說他「為了使已經破產的墮落的『新劇』具有合法性，他借用了『文明戲』來指涉這些『假新劇』，以此把這作為一個過去而拋棄，從而他掀開一個真新劇——『愛美的戲劇』的歷史。結果，最後他也被貼上了『文明戲』的標籤。而且這個標籤因為他的『功勞』，已經變成一個被人鄙視侮辱不堪的字眼。」此書寫作距離愛美劇運動不遠，向培良也指出，是陳大悲使用了「文明戲」來指代「假新劇」。當然，陳大悲並非是為了給「新劇」正名和具有合法性才這樣做的，他完全誤會了陳大悲本來的意思。

「文明戲」三個字，到 1930 年代才成為一個「污名化」的常用詞。即誰都不知道文明戲到底是什麼，但是又都知道確有所指。有意思的是，陳大悲也被稱為「文明戲子」，不得不寫了很多文章來為自己辯解。他說，「五四以後我和一班朋友們在北京提倡愛美的戲劇。……他並不是不知道我所攻擊最力的就是文明戲，但是他現代偏要尊稱我為文明戲子！我真覺得汗顏無地。」陳大悲也寫了數篇討論「文明戲」稱呼的由來，卻往往根據不同的形勢和立場，有各種不同的說法。他也承認「文明戲」這個名字不是自稱：「當我在舞臺上的時候兒，『文明戲』這個名詞從來沒有由演新劇的人自己叫出來的」。「文明戲」這個名稱最初是由唱舊戲的伶人嘴裏喚出的，他們聽見新劇中所有的對白都是他們不懂的新名詞，這些新名詞在他們嘴裏叫做「文明詞兒」，滿口文明詞兒的戲就叫做「文明戲」。〔註24〕又或者把責任推給當時已經去世的鄭正秋：「五四運動以後，我看見由上海邀來的新劇團體在北京的遊藝園門口掛出牌來，居然自稱為『文明新戲』。我才知道由鄭正秋先生領導的上海派新戲到處都掛著『文明新戲』的銜牌。」這種說法是沒有事實根據的，我們去查看報紙廣告，鄭正秋的劇團從新民社，到後來的「藥風新劇社」，都是自稱

〔註24〕陳大悲：《關於文明戲》，《新壘半月刊》，1933 年第 1 卷第 2 期，2～4 頁。

「新劇」。鄭正秋本人所寫的文章,也自稱新劇。

關於「文明戲」的叫法也用到了教科書中。馬彥祥在「戲劇講座」中講到陳大悲,「他提倡『愛美的』戲劇,代替了文明戲,戲劇得以在文學上藝術上稍為佔了些地位。……陳大悲自己也是演文明戲出身的……所謂『愛美的』戲劇,實際上只是文明戲的另一個面目,」「他的劇本都是極富於刺激性的。這也許就是為了他是直接從文明戲來的,深知道一般觀眾的心理,需要刺激。」〔註 25〕時間越久,這個詞語標籤化的用法越是頻繁,人們也不再追究其本來是什麼,是怎麼來的。馬彥祥 1933 年一篇文章說:一提起「文明戲」,我們便會感覺到,在目前已是怎樣的一個惡劣而且鄙賤的名詞了!〔註 26〕再如洪深曾說:「除了反對京派和魔術派舊戲外,他們對於那時流行的文明戲,反對得更利害,稱它『假新戲』」。〔註 27〕但是洪深先生在 1929 年所寫的《從中國的「新戲」說到「話劇」》一文中,通篇未曾出現「文明戲」字樣。

1957 年,歐陽予倩先生先後寫了兩篇回憶錄《回憶春柳》和《談文明戲》。其中後者是篇幅很長,大致有為文明戲辯護的意思。歐陽予倩先生,對於文明戲一詞的由來也是不清楚,甚至對其「污名」感到莫名其妙。但是他所追溯的文明戲,是沿著日本春柳社——上海春柳劇場——早期話劇這個脈絡。

在上海孤島時期,通俗文化畸形繁盛。主要是因為在抗戰期間,話劇脫離舞臺,承擔宣傳抗日的任務,需要採用更為接近民眾理解的方式,迫切需要採用文明戲的形式來獲得觀眾。而且孤島時候,電影的來源被切斷。於是舞臺劇再度有了市場,「新劇」再度繁榮,並且有了「通俗話劇」的名稱。當然,對「文明戲」仍然用來攻擊通俗話劇的個人或者劇團,而被罵為文明戲的人或者團體都會「深惡痛絕,欲哭無淚」。〔註 28〕但同時話劇需要借助「文明戲」能夠吸引觀眾的「價值」,於是一度出現了「改良文明戲」的主張。改良「文明戲」,其實就是開創一條話劇大眾化的路線。

〔註 25〕馬彥祥:《戲劇講座現代中國戲劇》,1932 年 8 月現代書局版,陳大悲研究資料,108～110 頁。

〔註 26〕馬彥祥:〈文明戲之史的研究:中國話劇運動史之一〉,(《矛盾月刊》,1933 年第 5 期,第 41～69 頁。

〔註 27〕洪深:〈現代戲劇導論〉,《洪深文集》(第 4 卷),第 18～19 頁。

〔註 28〕上官蓉:〈文明戲與話劇〉,《作家(南京)》,1941 年第 1 卷第 5 期,第 213～215 頁。

「文明新戲」毋寧可看做是一個過程，而不是一個具體的劇種。是中國戲曲走向現代的過程，包括大戲和各種小戲，也包括外來戲劇的影響，在城市這個空間，和現代的物質技術、新的觀眾、新的表演的融合。「假新劇」＝「文明戲」，屏蔽了中國戲劇自身的發展歷程。與此同時，話劇和國劇獲得了主導地位，娛樂市場出現精英文化和大眾文化分野。隨著國家力量的強大，逐漸加緊對大眾娛樂市場的審查和意識形態控制和灌輸。

五、從「文明」到「文化」

「文明戲」的意義轉變，和標籤化的歷程，還要放在文明／文化的思想脈絡中才能更好理解。

首先，在 20 世紀的中國，文明和文化的勢力消長是一個隱而不顯的重要現象。甲午戰爭後，文明這個詞彙開始輸入並流行，起初文明具有物質和精神的雙重涵義。改良主義者認識到改變民眾精神的重要性，戲劇改良的論說在 1900 年之後相繼湧現，在 1905 年前後民間和官方都進行了實質性的戲曲改良活動。此時的「文明」在日常語言中變成流行語，其意涵大致有三個重要特點：第一是社會達爾文主義為背景，文明代表著進步；其次，帶著「現代」話語論述中的東方主義和等級秩序的邏輯；三，具有價值判斷的特點。〔註29〕

第一波「文明熱」是在 20 世紀最初幾年，「文明」一次成為流行詞。新開的學校，名之曰「文明學校」，新開的戲院名之曰「文明茶園」。小學叫做「文明小學堂」，女塾也叫做「文明女塾」，書店叫做「文明書局」，學會叫做「文明學會」，在報紙上登載一篇文章介紹新的學校，也叫做「文明紹介」〔註30〕1905 年，滬學會舉行新年大會，馬湘伯先生演說，《時報》刊登下午七點鐘起舉行「文明遊戲」。〔註31〕在《時報》上，抵制也叫做「文明抵制」，例

〔註29〕筆者所見到的關於文明／文化論述的文章和專著，包括黃興濤：《晚清民初現代「文明」和「文化」概念的形成及其歷史實踐》，追溯了這兩個概念及其社會化運行，《近代史研究》，2006 年第 6 期，第 1～30 頁。方維規：《概念的歷史分量：近代中國思想的概念史研究》，談到近現代中國「文明」「文化」觀，並且辨析了新文化運動後的「文明」「文化」問題。北京：北京大學出版社，2018 年 12 月，第 53～99 頁。黃克武：《從「文明」論述到「文化」論述──清末民初中國思想界的一個重要轉折》，《南京大學學報》（哲社版）2017 年第 1 期，第 68～78 頁。

〔註30〕文明介紹《中國白話報》1904 年第 6 期，65～70 頁。

〔註31〕滬學會之文明遊戲《時報》1905 年 2 月 13 日，第 6 版。

如 1905 年成立的「文明拒約社」。〔註 32〕此外有「文明招牌」「文明禁煙」「文明募賑」「文明客棧」「文明演說」「文明監獄」。〔註 33〕在戲劇前面加上文明，及文明戲劇，戲劇文明，也成為常有的事。而在戲劇前面加上「文明」這兩個字，並非就是指「文明國家」的戲劇或者西方戲劇，而是指宣揚禁煙，禁纏足，提倡女學的新戲劇。

　　白話報紙上也提倡從兒童開始培養「文明種」。《杭州白話報》上的新童謠《文明種》：「我今舉目覽八荒，少年世界修羅場。街頭巷尾相嬉逐，無知無識如犬羊。訓蒙師如牛充棟，無奈利名心太重。生來已種奴隸苗，如何能布文明種。」《半教國》「冀女學之振興」中倡導女學：「女學原為文明母，家齊然後國家固。賢母方能育令兒，家庭教育為基礎。胡為困守深閨中，拘攣束縛為囚籠。事不能為書不識，木雕泥塑母乃同。女界蒙蔽乃如此，安能誕育文明子。文明子之不可育，國家屢弱從此始。我為女界吐不平，願為女界放光明。培女德開女智，組織文明第一種。」〔註 34〕

　　知識精英也發表政論文章，討論文明的問題。1902 年《新民叢報》中，從地理上分析亞非歐各大洲文明，並且指出亞洲文明出現很早，所短在於第二期沒有能夠從專制中走出來。此時在文明的認識上，並不認為開始的時候孰高孰劣。〔註 35〕1902 年和 1903 年的報刊上連載《中國文明新史》及《世界文明史提綱》。馬君武的《創造文明之國民論》指出埃及、印度、中國等文明發源很早，但是因襲文明，而不能創造文明。故而中國如果能打開局面進行改良，就能創造新文明。〔註 36〕也有一些知識精英，主張中西洋文明的調和，例如在《東西洋文明之融合》一文中，「東洋文明起源於道德之觀念，故以克己為主。西洋文明發端於政治之競爭，故以自立為主。」〔註 37〕總體是認為中國的文明需要進化，和學習西方文明的某些方面。

　　但也有針對文明和野蠻的不同認知。1904 年德國搶佔膠州灣，《新民叢報》上發表《國家文明野蠻之界說》一文，指出英國、美國等強權的瓜分行徑，就

〔註 32〕文明拒約社之會議，《時報》1905 年 7 月 29 日，第 3 版。
〔註 33〕文明監獄成立有期，《新聞報》，1910 年 12 月 24 日，第 13 版。
〔註 34〕《杭州白話報》，1902 年第 2 卷第 8 期，1～2 頁。
〔註 35〕《地理與文明》，《新民叢報》1902 年第 2 期，第 62～66 頁。
〔註 36〕馬君武：《創造文明之國民論》，《譯書彙編》1903 年第二卷第 12 期，1～7 頁。
〔註 37〕《論東西洋文明之融合》，《外交報》1905 年第五卷第 5 期，21～22 頁。

是一種野蠻的行為。〔註38〕在文明的認識上，認為中國是文明早發地，只不過這種文明只是因襲而沒有進化，於是遁入專制。「吾欲維新吾國也，急起而傚之。於是歸而括其民脂民膏，以充辦新政之資，曰建洋樓也，修馬路也，豎電杆也，築鐵路也，購機器也。」這些都不過是文明的外觀，文明絕不是缺少理想的國民所能具有的，「國之文明程度愈高，則國民之自立精神愈富。」〔註39〕這篇文章的獨到之處在於認為西方的殖民行為是野蠻對於文明的征服，被殖民國家需要自強，而自強不在於學習物質的皮毛，而是要塑造新的國民精神。

　　民國初年的混亂政治促使知識精英去思考錯在何處。而且，在一戰期間，知識分子對於西方現代文明開始了反思。中國的社會轉型和文化革命與第一次世界大戰不期而遇，而且迫使中國不管願意與否都要與外國交往。在「一戰」期間，中國精英試圖建立一個不包含中國文化傳統固有成分的民族國家，他們力圖重建中國認同並使其與本國的文明和歷史毫無關係。〔註40〕方維規在研究文明、文化的概念史也指出，這即所謂的文化認同危機，到了五四時期，知識界的認同危機愈加深重。在自我否定的時候，為了不至於一下子掉入真空或者失去行動方向，反傳統主義者的目光首先向著「西方」。〔註41〕

　　中國傳統世界觀念是以文化、道德和友善等軟權力為基礎。而西方主宰的國際體系與此截然相反，自 18 世紀以來，它更倚重的是軍事經濟實力和競爭力等硬權力。這是一個政治體系而非文化體系，其特徵就是侵略與領土擴張。在歐洲體系中，其主要核心觀念是民族國家而不是文明，擁護這一國際體系的主要是那些領土擴張主義者。工業革命，資本家的進取精神以及啟蒙思想使得西方體系比中國的朝貢體系更具活力，更具開拓精神。1914 年的世界是第一波全球化的開始，留學生在全世界廣泛分布，一戰之後，留學的目的地不再是東京，英國、法國和美國成為留學生的首選。所以，在歐洲盛行的新思想，更容易傳播到國內來，使得中國思想界發生與晚清不同的質變。

　　1915 年新文化運動間，陳獨秀已經開始論述「狹義的文化觀念」。並且

〔註38〕《國家文明野蠻之界說》，《新民叢報》1904 年，彙編，1067～1068 頁。
〔註39〕言論《論文明第一要素及中國不能文明之原因》，《大陸報》1904 年第 3 期，1～9 頁。
〔註40〕參見徐國琦著，馬建標譯：《中國與大戰──尋求新的國家認同與國際化》，四川人民出版社，2019 年。
〔註41〕方維規：《概念的歷史分量：近代中國思想的概念史研究》，北京：北京大學出版社，2018 年，第 98 頁。

指出，文化運動應該區別於社會運動，是一種更為長期和艱巨的歷史進程。〔註42〕新文化運動的開啟，代表著知識精英向「文化」的轉向。「文化」一詞，和文言文中的文化不同，這是一個經由日本翻譯西方概念而來的經典術語。

五四新文化運動期間，出現了「文明」和文化之辨。羅志田在討論胡適和梁漱溟的文章中，也談及了五四運動之後文化和文明這兩個詞彙，在中國知識語境中的變化。五四新文化運動時期流行的看法是文化偏精神，而文明偏重物質，故而文化高於文明。他還指出晚清人更喜歡談論文明，而新文化運動時期喜歡談論文化。文化比文明高一籌，成為當時很多知識分子的看法：「文化偏精神而文明偏物質，故文化高於文明的看法那時比較流行。」〔註43〕

五四新文化運動，重新開啟了一個現代時間。文明被描述為器物和物質文化，改造這樣的「文明」，唯有文化運動。從此可見文化日益擴張，而文明日漸退縮的趨勢。總體而言，文明一詞在 19、20 世紀之交開始時興，而「文化」二字則在進入 20 世紀之後才逐漸普及。真正注重「文化」與「文明」的區別，並有選擇地使用「文化」一詞，從而使之成為一個流行概念，則是在五四運動之後。〔註44〕

文明和文化的論辯，從思想界到文學，波及到戲劇。從《戲劇》上關於真假新劇的討論，也多指責儘管在舞臺、布景等器物上變遷，而內在的思想還是不變。在啟蒙的感覺結構下，所有傳統戲曲都和儒家禮教相關聯，變成一種虛偽僵化的虛假道德體系，濃縮成為一句話就是「封建」。於是文明戲也變成為了「反封建」而製造的一個靶標，甚至認為這種半新半舊的新戲，比之完全的舊戲還要惡劣。

文明戲是文化鬥爭的戰場。代表不同文化的派別相互爭奪話語權和樹立自己的權威，其結果就是造成了文化等級的重新劃分，失卻話語權的一方就被打入低等文化的行列。我們的世界總是被各種高低雅俗的形容詞所分割，文化總是要分出高低的檔次。最後，我們自己也被這樣等級分明的文化分類

〔註42〕黃興濤：《晚清民初現代「文明」和「文化」概念的形成及其歷史實踐》，《近代史研究》，2006 年第 6 期，第 1～30 頁。

〔註43〕羅志田：《文明與文化：後五四時代梁漱溟與胡適的爭論》，《四川大學學報》2017 年第 3 期。

〔註44〕方維規：《概念的歷史分量：近代中國思想的概念史研究》，北京大學出版社，2018 年，第 105 頁。

所限制住。文化分類的標準是什麼呢？是誰把握了文化的主導權？誰掌握了
話語權，誰就處在高等文化的位置。處於霸權地位的西方文化又和國內的啟
蒙救亡話語結合起來，結果就是為人們所喜聞樂見的娛樂形式，被貼上了低
俗文化的標簽，這種分類方法影響悠遠。

第八章　五四遺事

　　1920 年代，遊藝場在各大城市出現，尤其是上海的遊藝場，客流量每天逾萬。移民組成城市人口的大部分，這樣的娛樂空間也是一個異質文化的空間。在這樣的空間中，大眾文化、精英文化、民間文化，甚至革命文化，相互之間的界限並不明顯。人們帶來不同地區的文化，各種文化相互融合，一種新型的都市文化空間在形成，而這個過程因為其活力和無限可能性，永遠都是「未完成的」。

一、滑稽戲的獨立

　　新劇分化之後，在上海還有一個獨立的劇場──笑舞臺，一直演出到1920年代末。在笑舞臺演出丑角的腳色漸漸獨立出來。此後他們在遊藝場中站穩腳跟，人員不斷增加，形成了滑稽戲。到1930年代，滑稽戲達到了最繁盛時期，還出現了女子滑稽。

　　笑舞臺原名叫做「小舞臺」，原是專門演出女子新劇的劇場。在租約到期後，女子新劇轉到小世界遊藝場演出，此後這個劇場被主人抵給了邵醉翁償還債務。電影在中國的發展首先是外國資本，早期電影院都是外國人開辦的。一戰之後，民族資本也開始介入電影行業，邵氏兄弟嘗試用笑舞臺的班底來拍攝電影，並成立了「天一電影公司」。於是笑舞臺演員也產生分化，分為三波：一部分出堂會，一部分拍電影，或一起在舞臺聯合演出。王無能、張冶兒、易方朔都是笑舞臺的丑角演員。笑舞臺時期的新劇，幾乎是靠滑稽角色的出色表演，才贏得了觀眾。

　　易方朔在笑舞臺演出，幼居越郡。參加過進化團，1917 年左右，捨行伍

而投身新劇界，歷遊京津滬漢諸大埠。1925年秋，入笑舞臺，受鄭正秋薰陶提攜，氣質大變，藝術猛進，「演馬永貞時，一人兼飾四個角色，黃鬍子、乞丐、紹興戲、程子民。化裝入神，動作入化，吐語雋永，不落窠臼。其出場，未有動作，場臺下已經掌聲雷動。」〔註1〕

王無能被同行稱為「老牌滑稽」。據說最早的獨立滑稽演出，就是從他開始的。有次一家人做喜事叫了堂會，因為同時還有別的堂會，很多演員都遲到了。主人不斷催促，為了應場，王無能便一個人上臺講些滑稽故事。王無能會說多種方言，南腔北調都能哼上幾句。他在洋行做歐僕時學會了英語，還會唱京戲，會口技，「說學逗唱」樣樣都行。他在臺上表演了半個多鐘頭，意外得到觀眾讚賞。自後，滑稽角色經常獨立演出，王無能等人先後離開笑舞臺自立門戶。

新劇中本來就有正劇和趣劇，趣劇是作為開幕前的小戲而存在的。過去舊戲開幕一般在晚上六七點鐘，而新劇開幕一般在晚上八點，閉幕在十二點，添加布景有時也會延時。〔註2〕很多早來的觀眾等得著急，經常也有一些觀眾遲到，於是在正劇之前，安排獨幕劇演出，有時也多至二、三幕。在新民新劇社時期，徐半梅就編寫過許多滑稽劇本，有30多出。1914年曾經在舞臺演出的有《真假夫妻》《兄弟爭美》《庸人自擾》《誰先死》《遊西湖》等。〔註3〕其中《誰先死》是徐半梅的拿手好戲，而另外一齣《文明人》，則是諷刺歐化的假洋鬼子，送其母去幼稚園學習，到堂子裏去吹「Violin」的種種滑稽事情。與徐半梅的劇本相比，王無能、張冶兒更多吸收了民間藝術的表演方式。在遊藝場時期，很多滑稽戲藝人是從地方戲藝人轉變而來的。

1923年，新劇藝人董別聲首先在永安公司天韻樓掛牌成立禮拜團，專門演出新劇中的《騙術奇談》等趣劇。當時劇團往往臨時搭配，隨時流散，不久即停演，但卻顯示滑稽演出具有號召觀眾的能力。天韻樓重金聘請王無能駐演，果然大賣其座，從業者也猛增。張冶兒和易方朔成立「精神團」，後起之秀有劉春山等。黃楚九的大世界又成立了「星期團」滑稽新劇，並且開始在

〔註1〕葉良德：《記滑稽新劇家易方朔》《遊藝畫報》，1925年11月1日，第11期第2版。

〔註2〕《今日新劇家之十要件》，《戲劇叢報》，1915年第1卷第1期，第99～104頁。

〔註3〕「新民新劇社」廣告，《申報》1914年4月，第12版。

滑稽演出中加唱，起初加唱京戲，後來漸漸發展為加唱地方戲和民間小調。新世界的徐海度為了營業競爭，到各個遊藝場去挖角，把當時的五班著名滑稽集中起來，安置在每一層樓的舞臺上。這五班包括王無能、錢無量、江笑笑、劉春山、盛呆呆、陸奇奇、丁怪怪（原春柳社成員）等。他們聯合演出《元和教歌》，這本是「文明戲」中的小戲，古劇《繡襦記》中也有這一折，戲中有兩個叫花子，有滑稽的戲份。一開始張冶兒的精神團把它發展為「回教歌」，這五班滑稽更改為「十教歌」，以師父教授徒弟的形式，把各地方言，各種唱腔曲調，各種短小的笑話，各地叫花子的特色等等都組織進去，可說是滑稽說唱大競賽，是各地方言和乞丐賣唱的「展覽會」。裏面唱的五花八門，有九種唱法：「滑稽京調小滑頭休躺白張冶兒唱，王無能張冶兒煙鬼過昭關，新新蓮花落新編詞句張冶兒唱，易方朔前朝不搭後代的紹興調，北方蓮花調（方朔鼻子吹馬號），王無能哭得人人笑不知啥路道，劉春山搭棚戲唱得意想不到，王筱新拿手東鄉調真正刮刮叫，張冶兒易方朔王無能寧紹空城計。」問觀眾：「昨晚笑得肚皮痛否？只要問看過的就知道了。」〔註4〕遊藝場中觀眾在 1920 年代發生了變化，沒有了中產階層的感傷，只剩下了小市民「沒心沒肺」的「笑」。

　　1925 年的革命時間似乎已經停擺，進入到日常生活的時間。傳統的節日仍然演出應景劇目，如新春元宵節有《大香山》《洛陽橋》《斗牛宮》；清明節有《小上墳》；端午節有《白蛇傳》《蜈蚣嶺》《混元盒》等；七夕有《天河配》；秋節有《陰陽河》，《遊月宮》，梅蘭芳《奔月》；除夕有《王小二過年》。相比之下，「雙十節」卻沒有特別的劇目，民國初年排演《鄂州血》《廣州血》《新黃鶴樓》等戲，但是劇本早已經散逸，也沒有劇社演出了。〔註5〕看戲更增強了對節日的情感，故而關乎社會心理，這也說明傳統在民眾日常生活中還佔據主要位置。京劇在「國劇運動」之後，被國家體系收編，有上層知識精英扶植。話劇在「愛美的戲劇」運動中，漸漸走上學院化道路。在 1930 年代後，左翼成立劇聯，雖然不能如同京劇那樣獲得代表國家政治的「霸權」，但是卻贏得了文化上的話語領導權。新劇則變成遊藝場中的「文明戲」，成為和民間曲藝一起表演的民眾娛樂形式。滑稽戲從新劇中獨立出來，並且和傳統民間曲藝相互融合，在 1930 年代進入繁盛時期。話劇贏得了「立場」，卻失去了

〔註4〕《申報》增刊，1929 年 5 月 7 日，第 2 版。
〔註5〕塵因：《雙十節與戲劇》，《遊藝畫報》1925 年第 4 期第 1 版。

小市民觀眾，「大眾心甘情願掏出血汗錢去參觀這種能引人笑的滑稽戲。話劇公演售出的幾百張票子卻要耗費許多宣傳的工夫，才能引動一些少爺小姐們捧一捧場。」〔註6〕在「一・二八事變」之後，市面不景氣，很多電影院劇場依靠穿插演出滑稽戲來招徠觀眾。

女子滑稽也開始獨立。1920年代，位於南市小世界演出的女子新劇團有兩個。小世界衛生條件不甚好，但是由於位置使然，賣座尚可。在三樓演出的是「愛華社女子新劇」，四樓是「笑社」。笑社的班主是吳一笑，最早一批女子新劇演員之一。文明戲老藝人葉霞珍在口述中講到，曾拜到吳一笑門下。葉霞珍的父親是笑社排戲師傅，母親在笑社中專演滑稽角色。滑稽戲女演員，似乎可以不用如同「花旦」那樣演出風流冶豔的角色，引發觀眾對於演員臺上作風的想像，但是她們也一樣遇到問題。除了笑社，愛華社，其他女子新劇團的滑稽演員也分化和獨立出來。例如在大世界演出的鳳鳴社女子新劇，慢慢分化出「女子趣劇」，一開始廣告是曹金鳳、徐素秋、唐玉英、薛秋霞、薛祥雲、馬蘭生一起演出滑稽戲。再到後來，就只剩下唐玉英自己的獨腳戲。1936年在大世界登臺的周美虹、周小虹、周麗虹三姐妹，她們的長處在於，不但能說，還能唱，無論是京戲、小曲，及其新式的唱歌，都能在插科打諢中穿插。〔註7〕

遊藝場時期的新劇一開始還是分男班和女班，滑稽戲也是一樣。但是漸漸出現了男女合演的趨勢，尤其是到1930年代，男女合演已經非常普遍。老藝人范麗娜的訪談中，我們可看到這樣的情況。在遊藝場時期，新劇和地方戲相互競爭和相互影響，例如蘇灘，評彈等。范麗娜起初是跟著蘇灘老師傅薛浩然學習蘇灘，還學習跳舞，京劇。學滿之後，1932年，隨團去汕頭、廈門演出。在廈門的新世界的遊藝場裏，各個不同的劇團經常相互挖角。她提到隔壁的白話劇來挖旦角，因為團裏不放，他們竟然將她們的行李偷走，這樣劇團不得不放人。〔註8〕1933年，姊妹倆來到上海新世界演出，後來進入了小世界的紅玫瑰劇團，專演出洋裝戲。由於遊藝場各種演出競爭激烈，一邊的演出不好看，觀眾就走到別的地方去。所以能夠長期固定在一個遊藝場的演出是需要一定實力的。

〔註6〕陳大悲：《關於文明戲》，《新壘半月刊》，1933年第1卷第2期，第2～4頁。

〔註7〕《女子滑稽周美虹三姊妹》，《大公報》（上海版），1936年8月12日，第13版。

〔註8〕蘇州市文化廣播電視管理局：《滑稽戲老藝人回憶錄》，第99頁。

　　滑稽戲雖然是從新劇中直接分化出來，但是其與傳統曲藝有血緣關係。
汪優游開創新劇中的獨腳戲，來自於中國雜劇表演中開場跳加官的慣例。相
當於在正式開場之前的開幕式，起到靜場的作用，包括「饒」「踏場」「攛掇」
等。這種「贈送戲」在明末清初就很普遍，到民國因襲了這種習慣。〔註9〕汪
優游對傳統跳加官加以改良，服飾上用頂帽套袍，不用加官假面具。加官開
始倒退著入場，然後猛然轉身，觀眾冷不丁看到這樣的表情和臉龐都哄然大
笑。借助加官諷刺種種官場醜態，加官見到洋大人、姨太太、手槍炸彈等不
同樣子，演出有半個多鐘，整個演出中掌聲不斷。〔註10〕顧無為後來在張園
遊藝會上，模仿汪優游唱「新跳加官」也受歡迎。此後錢無量和王無能獨腳
戲，也直接受到新跳加官的影響。王國維在《宋元戲曲史》中指出，我國戲
劇，漢魏以來與百戲合，至唐而分為歌舞戲，及滑稽戲二種，宋滑稽戲尤盛。
到了元雜劇才有了純粹的戲曲，然其與百戲及滑稽戲關係，並非全絕。〔註11〕
新劇藝人中，大多是對於傳統戲曲和曲藝耳目濡染。早期學生演劇時期的汪
優游，陳大悲，歐陽予倩，都熟稔京劇。而後期的滑稽戲藝人，則出身民間灘
簧藝人較多。文明戲演員吸收了京劇和民間演唱如灘簧、說書的表演方法，
又參照京劇分「行當」辦法，根據演員的擅長，分為生、旦、老旦、正派、反
派各專行。

　　遊藝是遊戲還是藝術？很明顯的是，曲藝替代了遊藝，遊戲的意義消失
了。對大眾文化長期的貶低，對城市化和市場娛樂文化不能正視，也導致了
這段文明戲歷史的被遮蔽。遊藝場的娛樂史，也是傳統曲藝的現代進程，所
具有的民間性也被忽略和否定了。這種民間藝術，在無形中產生，又在無形
中抹去，在這悠長的新生和沒落之過程中，我們隨處可以找到無數「民間藝
術家」智慧的結晶。

二、廉價娛樂

　　遊藝場的觀眾群體主要是來自住在里弄裏的小市民。里弄房子是除卻赤
貧和巨富以外階層的住所。他們可能是從蘇州鄉下來的小裁縫，和他周圍的

〔註 9〕么書儀，《晚清戲曲的變革》，北京：人民文學出版社，2006 年，頁 57～58。
〔註10〕汪優游，《我的俳優生活（六）：發明獨腳啞劇》，《社會月刊》，1934 年第 1 卷
　　　　第 5 期，頁 95～97。
〔註11〕王國維，《宋元戲曲史》，北京：中華書局，2010 年第 1 版，2015 年第 5 次印
　　　　刷，頁 153。

朋友，例如包打聽的夥計，拉胡琴的烏師，馬車行的老闆，大菜館的西崽，紙紮店的小開，公館中的廚子，水果店的經理，組成了一個中下層的世界。這些住在里弄的芸芸眾生，組成了遊藝場的遊樂群體。

　　林培瑞（Perry link）在其關於鴛鴦蝴蝶派的研究中，對於「小市民」的觀眾群體分析。指出這個中產階層和歐洲及其日本的「中產階層」有明顯的不同，他們和精英階層的差距更遠。這些小市民大多來自內地有士紳背景的家庭，對於西方知之不多，生活在類似上海這樣的半西方化的現代城市感到極大的不安全。〔註12〕盧漢超對小市民階層進行更精確的限定，住在石庫門裏面的民眾為小市民階層，這其中也包括工作穩定的產業工人。〔註13〕

　　上海的產業工人，特點是女工比例較高，和以移民為主體。〔註14〕1927年之前，中國民族工業企業中，超過五分之一落戶上海。棉紡織業是上海主要產業之一，女工在棉紡織業中占一半。這些工人來自於周圍農村的農民。一般工作穩定的熟練工人，也能住得起石庫門里弄和去遊藝場遊玩。尤其是絲廠的女工，更是「工人貴族」。附屬於百貨公司的遊藝場，一開始是為了招徠顧客，購買物品的顧客便贈予遊藝場門票，但後來遊藝場漸漸脫穎而出。雖然百貨公司被稱之為中產階層的養成所，但是遊藝場的經營卻大反其道，低廉的門票使得一般勞工階層也能去「開開洋葷」，因此遊戲場和百貨公司的其他部門形成了截然不同的消費文化。〔註15〕儘管娛樂出現的分層，但是20世紀早期，除了街頭和戶外的遊藝，在劇場和遊樂場仍然混合了各個階層。

　　作為一種「普及大眾娛樂」的場所，遊藝場的門票開始一般是小洋二角，到後來下降到小洋一角，為了吸引女遊客，特地規定女客門票半價。在1917年遊藝場的客流量已經非常巨大，旅遊指南書稱：「各遊戲場入門皆極廉，……小名士、小滑頭，及無業之民，伶隸之輩亦相與肩摩踵接，出入有逾萬人者。」〔註16〕1920年的旅遊指南書稱，場內有餐館，有點心店，無論晚膳小食，隨

〔註12〕 Perry Link, Jr. *Mandarin Duck and Butterflies: Popular Fiction in Early Twentieth-century.* Chinese Cities. University of California Press, Berkeley, 1981, p5.

〔註13〕 盧漢超：《霓虹燈外：20 世紀初上海日常生活中的上海》，上海古籍出版社，2004 年，第 141 頁。

〔註14〕 羅蘇文、宋鑽友：《民國社會》，熊月之主編：《上海通史》第九卷，上海：上海人民出版社，1999 年，第 79 頁。

〔註15〕 連玲玲：《打造消費天堂：百貨公司與近代上海城市文化》，北京：社會科學文獻出版社，頁 167。

〔註16〕 續南遊雜記，《大公報》（天津版），1917 年 5 月 12 日，第 3 版。

心所欲。〔註17〕1937 年的指南書指出,「上海的遊藝場擁有最大多數的觀眾,小職員、店員、學生、工人、少奶奶,公館裏的姨娘,都是遊藝場最忠實的顧客。同時,遊藝場也是一個最複雜的社會,正如一碗炒雜燴一樣,京劇、文明戲、歌舞、滑稽戲、蹦蹦戲,以及各地方戲,可以說是『應有盡有』。有評論家說:「遊藝場的演員,是最難扮飾的演員,也是最成功的演員。因為他們的演技能夠接近小市民的生活,也懂得小市民的趣味。」〔註18〕甚至在抗戰結束後,遊藝場仍然是市民可以暫時擺脫生活重負的地方。「滑稽醜的表演是藥中甘草,都得加上一點兒,觀眾需要笑呀,不管笑的有聊,無聊,低級,高級,能夠笑開了嘴,便收到了消遣和娛樂的效果。」〔註19〕這些形形色色的評價和指南書,有的也顯示出了精英文化的意味,和對小市民文化的批評,但他們對遊藝場的人員流動之人,遊戲項目之多也歎為觀止。

民初到二十年代上海各業工人日工資水平大致如下:

紡織類	男工	0.22～0.47 元
	女工	0.22～0.31 元
	童工	0.18 元
絲織類	女工	0.15～0.40 元
	童工	0.15～0.20 元
造紙業	男工	0.35～0.60 元
	女工	0.14～0.20 元
煙草業	男工	0.40～0.50 元
	女工	0.20～0.30 元
火柴業	男工	0.30～0.50 元
	女工	0.20 元
印刷業	月	15.00 元以下
機器業	學徒	0.10～0.20 元
	銅鐵匠	0.30～1.00 元
江南造船廠		0.20～0.90～2.60 元〔註20〕

〔註17〕上海指南(卷五),1920 年增訂十一版,臺北中研院近史所中研院近代史研究所檔案館館藏。

〔註18〕徐碧豔談遊藝生活,《大公報》(上海版),1937 年 6 月 23 日,第 13 版。

〔註19〕閒話遊藝場,《大公報》(上海版),1946 年 10 月 29 日,第 1 版。

〔註20〕劉明逵:《1912～1921 年中國工人階級狀況》,中華全國總工會中國職工運動

　　如果以絲廠女工的日工資來計算，一張門票僅僅是日工資的三分之一或者四分之一。一些年輕的未婚女工，離家比較遠的時候，她們寧願花兩毛錢待上幾個小時再去上夜工。或者是去遊樂場看來自家鄉的地方戲，新劇，和同鄉見面吃大菜。關於紐約女工娛樂的研究，指出舞廳，電影院，劇院這些娛樂場所，為女性擺脫維多利亞時期的家庭束縛起到了一定的鬆綁作用。〔註21〕那麼在遊藝場中，到底是一種具有性別解放作用的娛樂，還是一種危險的愉悅？舊上海的世情小說很多都是紀實，往往是根據時事連綴而成，這些小說以揭示「黑幕」為趣味所向，但也因為紀實提供了某種社會生活的真相。在小說家的筆下，這些地方也是藏污納垢的場所，充滿了危險。在 20 世紀 30年代的上海，經常還有販賣人口的行為，「摘桑葉」暗指販賣少女的買賣。人販子經常是黑社會組織的一部分，他們把拐騙的女性賣作奴僕、妓女、童養媳或者棉紡廠童工。〔註22〕

　　在包天笑的小說《上海春秋》中，描繪女工在工餘到遊藝場遊玩的情景。這些女工來自襪廠、絲廠、棉紗廠，或者是各個百貨公司的營業員等。在第二十七回，襪廠女工大新和白娘娘到大世界遊玩。大新喜歡聽本灘，而白娘娘是寧波人，喜歡聽寧波灘簧。在看戲空當，一位二十多歲的青年來搭訕。慢慢熟悉後，這個青年打著蘇白說：「你們天天到大世界來嗎？我們也天天來，上海這地方也沒有什麼好白相，還是到大世界來，出了兩隻角子從白天一兩點鐘可以白相到夜裏一兩點鐘，再便宜也沒有的了。而且裏面花頭來的多，要看戲就看戲，要聽書就聽書，口渴就吃茶，肚子餓便吃飯、吃點心，葷也有素也有，再要便當也沒有了。」第二天放工之後，她們來到大世界的共和廳聽戲，這裡面唱的是《三笑》《雙珠鳳》《描金鳳》《玉蜻蜓》等。又遇到之前那個青年崔明生，一起到了大劇場，去看粉菊花的武功，大劇場有一個案目是大新的同鄉。崔明生去買了很多零食，什麼陳皮梅、什麼雞肫乾，什麼香港牛肉，都是婦女喜歡吃的東西。不料，這人卻是人販子，以在內地開設織襪公司請她們去當女工教習為由，將二人騙到崑山的拐子窩裏，幾乎開條子

　　　　史研究室編：《中國工運史料》，北京：人出版社，1958 年第一輯，第 94 頁。
〔註21〕Peiss, Kathy. *Cheap Amusements: Working Women and Leisure in Turn-of-the-Century New York.* Philadelphia: Temple University Press, 1985.
〔註22〕Emily Honig 著，韓慈譯，姐妹們與陌生人：上海紗廠女性，1919～1949，南京：江蘇人民出版社，2011 年，頁 87。

要把她們買到東三省。〔註23〕從小說指向來看，對於這種女性消閒持懷疑和警惕態度，認為於婦德有害，也是非常危險的。

　　遊藝場漸漸成為城市地標。隨著鐵路的開通，都市也成為外地人旅遊之目的地。遊樂場都裝電梯和哈哈鏡，這是內地小城或者鄉下的人從來沒有見過的。有外地攜家人來滬旅遊者，記載初次坐電梯和照哈哈鏡的情景。「初決乘電梯，冉冉上升時，各人已嚇一大跳。」屋頂上除吃茶、聽書兩處外，尚有一哈哈亭與噴水池，亭內裝有凹凸鏡面，「我儕入內，見自己之身軀，有時較無常鬼更長，有時比武大郎還短，不禁哈哈大笑。」他的妻子起初不明就裏，「見此怪狀，不知即是自己之影，竟認為怪物，而嚇得面如土色，緊抱予身，而幾至下淚。」〔註24〕

　　其他城市也有遊藝場，亦有新劇演出。北京有香廠新世界，有七層的高度，自民國七年開辦營業就非常發達。至民國八年，城南公園開辦為遊藝場。因為設備更加完備，地方寬敞，加上天然風景的花草樹木，比新世界更加優越，導致新世界的營業日差一日。〔註25〕各地遊藝場裏面的演出劇目儘管方言不同，但是共用一個劇目庫，多是傳統民間故事，訴說著普通民眾的喜怒哀樂。

　　在民初社會結構轉型時期，傳統社會的內外隔離雖然逐漸被打破，但是空間仍然帶有性別的屬性。進入現代社會的結構中，公私領域出現嚴格的劃分。弗雷澤解析了哈貝馬斯關於公共空間和私人空間領域的二元劃分。從性別的視角切入，女性進入「公共空間」，這個空間未必真正帶給女性「紅利」。對於女演員，她們在公共空間的表演，遭受的仍然是關於「性」「色情」的凝視。而對於女工和其他的職業女性，儘管進入了公共領域，但是從內外隔離轉變為近代的公私領域劃分，她們還是被放入「私領域」的視野中被考量。

三、1928 年的階級與愛情

　　1928 年 7 月 28 日，出身於舊官宦家庭的上海時髦小姐黃慧如，與家裏的俊僕陸根榮私奔事件，引起了軒然大波。先是陸根榮從黃家走出後，到了

〔註23〕包天笑，上海春秋，上海古籍出版社，1991 年，頁 253～262。
〔註24〕籌成，初次白相樓外樓之回憶，《申報》1938 年 11 月 15 日。
〔註25〕《京報》，1921 年 7 月 28 日，第 6 版。

吳淞，隨後黃慧如尋至吳淞，兩人一起在蘇州被抓獲。

這一私情事件，完全被曝光在公共輿論內。黃慧如一開始被塑造成為一個追求自由戀愛的形象，她自己也認同這種形象，並且配合國民黨主流報紙《國民日報》的宣傳。但是最後事情卻發生了戲劇性的變化，黃慧如不得不以假死的方式消失在公眾面前。於是，這件進入公共空間的私人情感時間，給與歷史研究以豐富的解讀資料和想像空間。至少有三個視角可以介入：一是反映了 1928 年左右，傳統法律和現代司法改革之間的拉鋸；二展示了大眾媒體對私人戀愛事件肆無忌憚的消費；第三，階級的被發現。通過這起事件及其相關的報導討論，我們揭示民初制度、法律，大眾媒體多種多重力量對性別身份的鉗制；以及階級意識，如何鑲嵌到自由戀愛的敘事話語中。

1928 年 8 月 27 日，吳縣地方法院進行一審判決，陸根榮獲刑兩年。之後，黃慧如聘請律師宋銘勳為辯護律師，上訴至江蘇高等法院。1928 年 10 月 22 日開庭再審，10 月 27 日宣告判決，陸根榮犯姦淫及幫助盜竊二罪，處徒刑四年。陸根榮仍不服判決，仍延請宋律師提起再上訴。1929 年 2 月 24 日，最高法院發回重審。1929 年 6 月 28 日，江蘇最高法院做出陸根榮更審判決，竊盜罪處徒刑二年。陸根榮隨後提出最高上訴。1929 年 7 月 23 日，陸根榮被無罪釋放。在陸根榮被羈押和不斷上訴的兩年時間，黃陸愛情以浪漫化或者漫畫式的方式充斥大眾文化空間。早在初審時，就出現了很多大報記者群集追蹤的情況，在此後兩年多的審訊中，《申報》《時事新報》《國民日報》等報紙一直持續追蹤。黃陸事件還通過舞臺劇、電影、小說，照相館、甚至煙火表演，展示了民初一場令人咋舌的社會「景觀」。

在法院的審判書中，宣布黃慧如其和誘部分免訴。所謂的和誘，即同意被引誘。這種法律建構來自清代對婦女的貞節觀念的強調，也是男女高度不平等在性道德觀念的集中體現。《大清律例》來說，男人是所有這些犯罪行為中的主動者，而婦女是被動者。這種觀點否定了婦女的性自由，認為婦女是缺乏獨立的消極體，從而建構得出婦女「和從」其侵犯者的罪行，包括「和誘」「和略」「和賣」甚至「和姦」。黃宗智先生將其稱之為「消極的能動性」，既非獨立自主，也不是沒有抉擇。〔註26〕婦女如在被侵犯的情況下，即使冒著自己被傷害甚至被殺的情況，也要拼命抵抗，否則就涉嫌和從。許多婦女

〔註26〕黃宗智：《中國的新型正義體系：實踐與理論》，桂林：廣西師範大學出版社，2020 年，第 108 頁。

面對這樣的嫌疑，往往只能自殺以示清白。1929 到 1930 年間，國民黨公布了民法典，拋棄了關於和誘等一套由貞節觀念派生體系。所以在這起案件中，和誘部分被免除。

民國法律一直到 1929 年仍沿用「大清律例」。滯後法律的審判引發了公眾的不滿，這也是引發關注和報導的原因。這也倒逼國民政府加快新法令的頒布和實施。公共輿論一開始也在刻意塑造黃慧如正面的形象，即她是一個敢於打破階級，實行自由戀愛的新女性。起初，無論是舞臺的再現還是報紙的報導，重點都在刻畫黃慧如敢於打破「尊卑」，作為一個富家大小姐，其衣食住行和陸根榮的巨大差距。

1920 年代的大眾娛樂文化特點之一，就是反映社會事件非常迅速。1928 年 10 月 20 日，在陸被捕僅一個多月後，笑舞臺就開演關於黃陸的新劇。這是二本的連臺本戲，連演十幾天場場爆滿。陳無我扮演陸根榮，「受寵若驚，處處體貼」，而黃慧如，「不慣貧民生活，樣樣露出外行」。演員將劇中人物的個性，描寫得有聲有色，淋漓盡致。新制布景，如上海赫德路春平坊黃慧如之住宅，屬驚人奪目。蘇州樂橋頭之舊貨店，布置得應有盡有。〔註 27〕這種私密空間的公開展示，如上層社會女性的閨房，也顯示了大眾文化的特點之一，即通過把私人空間公共化，得以窺探隱私，並把私人空間去政治化。

舞臺劇為了吸引觀眾，還編演了一個情節：「即電影男明星吳某，久慕黃慧如才貌雙全，乘陸根榮判處徒刑之時，遂至黃慧如處求婚。將固有的戀人拋卻，滿想得到黃慧如的垂青和允許，那知竟遭拒絕，問趣乎不趣？」〔註 28〕這個情節不知道是真有其事還是杜撰，目的只是為了製造舞臺噱頭。但卻表明黃慧如的驚人之舉，在當時社會上得到一些力量的支持和贊許。但並不是所有參與討論著，都認為黃慧如是敢於打破階級，值得稱頌的現代新女性。大多數人皆認為黃慧如的行為是「淫奔」，不但不可取，還為社會所不齒，使家族蒙羞。正因為社會觀念如是，黃慧如的私奔行為才引起如許大的波瀾。

電影的反應緊跟舞臺劇。事件發生不到半年，就已經拍攝電影並放映。1929 年 1 月 28 日，鄭正秋、程步高合作導演，胡蝶、龔稼農主演，沈麗霞、譚志遠、王吉亭、夏佩貞、高黎痕等合演《黃陸之愛》，又名《黃慧如陸根榮戀愛史》，演出日夜三場。中央大戲院從正月二十五日起連映四天《黃慧如之

〔註 27〕「笑舞臺開演黃慧如之盛況」，《申報》1928 年 10 月 20 日。
〔註 28〕《申報》1928 年 10 月 30 日，

傷心史》，廣告聲稱「專描寫黃慧如與陸根榮分離後之鄉間生活，黃慧如本人親上銀幕，倩影亭亭、妙曼多姿。苟欲一識此實行打破階級觀念之癡情閨女之廬山真面目者，不可不一觀此片。」1920 年的電影界，似乎要將「寫實主義」發揮到極致，經常請到當事人來扮演電影角色。

黃陸之戀引發了公共輿論內關於階級和戀愛的大討論。階級概念從 20 世紀初傳入中國，起初並無大的影響。在 1925 年五卅慘案後，成為一個熱烈討論的話題。1928 年左右出現很多討論階級問題的文章，例如瞿秋白的《國民革命運動中之階級分化》。國民黨機關報《民國日報》也將其打造成為打破階級，實行戀愛自由的典型。在黃陸事件第一次審判期間，《民國日報》對此做了報導。1928 年 8 月 25 日，張世豪在《從黃慧如女士說起》一文中：「黃慧如是一『懂戀愛配談戀愛』的新女子」。8 月 29 日出現的一篇文章《黃慧如女士是情專的，是堅志的，是勇敢的，是革命的》稱：「我真奇怪我們中國的社會，在這青天白日旗下，這種專制行為，還是橫行著。」〔註29〕8 月 31 日，《民國日報》著名副刊《覺悟》，發表文章《從社交公開下的罪人說到黃慧如女士》，提出了「階級」的問題，稱讚他們打破階級，是「真正的革命戀愛者」。

黃慧如自己也似乎慢慢進入了自己扮演的「新女性」的角色。她寫給《民國日報》的一封信道：「舊社會的惡勢力，若沒有人作勇敢的抗爭，終不能推翻的，而這種勇敢的抗爭，雖然結果是不可知，無論如何，總能給明白的人認識。所以我毅然脫離家庭，願為匍匐在家庭壓迫下的女同胞作先驅！」「我以為現社會的婚姻制度，還是革命的不澈（徹）底！父母之命、媒婦之言所造成的不必說，而一般自以為懂得愛情者，朝好夕離，也真是太無恥了！我以為婚姻之根基，除了愛不再有其他；愛是一種原則，不是一種條件，在條件下，是沒有愛可言的！」「憑著我力量去幹，不幸，就做了革命的犧牲者，幸而成功，那倒不是我個人的事呢。」隨著大眾的關注，報紙對於黃慧如的報導達到了事無鉅細的地步。

新興的大眾媒體，可能形成輿論的空間。但是這是一把雙刃劍，即可以因對「孝女」的同情赦免施劍翹，也可因為將「新女性」作為一種「景觀」殺人於無形。無論是在革命的話語，還是在商業的操作中，女性的身體和形象，往往都被客體化和工具化。「新女性」的身體和身份，變成一種集體的女性窺視，作為一種奇異的「景觀」被鑑賞和品評。黃慧如在被媒體和「革命」話語

─────────────

〔註29〕《民國日報》，1928 年 6 月 23 日，第 8 版。

雙重利用之後，因為她的「女性身體」和性別規範，最後不得不以「死」以示清白，和離開公眾窺視的視線。

　　儘管公共空間對女性開放，但是女性身體仍然是大眾媒體和公眾窺探的對象。在吳縣地方法院第一次開庭審理的時候，報導特意描述黃慧如出庭時的裝扮，「身穿炒米色印度綢旗袍，足登高跟黃皮革履」。在江蘇高等法院開庭辯論時，黃慧如「發作掠後式，油光閃亮，身穿白質面黑章之自由布棉旗袍，白色絲襪，黑漆高跟皮鞋，兩旁綴有黃色緞花。」上海舞臺開演《黃慧如與陸根榮》，每位隨票贈黃慧如本人，及陸根榮本人合影小照。消費主義也開始利用這一事件。不久，照相館推出黃慧如與陸根榮全套照片廣告，「轟動全國之主僕戀愛實地攝影，全套十六張特價三角」。1929 年 8 月 9 日，「七夕花燈贈品大會今日開幕」，「以藝術的手腕，提倡國貨為宗旨。特請燈彩大王桑君，特製燈彩焰火，有活動牛郎織女鵲橋相會，黃慧如陸根榮戀奸焰火」。甚至還出現了黃慧如牌香煙。

　　此後黃慧如的遭遇，顯示出 1920 年代末大眾媒體對社會新聞的愛好。1929 年 1 月 12 日黃慧如因為鄉下條件不便，到蘇州志華醫院待產。記者蜂擁而至，每天多達幾百人。申新等各報記者，追問黃慧如的真態度，以及孩子的處理問題。黃每天不勝其擾，精神幾近崩潰。醫院於病室外貼有字條一紙，謂「因身體疲乏，精神不旺，倘有親友來探，一例恕不招待。」1929 年 3 月 8 日，《申報》本埠新聞稱：「黃慧如舉一雄，昨晨七時分娩，小孩頭肥耳大，姓陸姓黃未定，有人為其算命。」「黃自本年一月七日至該院後，當經院長顧志華診斷其分娩期，當在元宵（即二月二十四）左右。乃因體軀壯健，且係頭生，故愆期至十餘日。六日下午，忽感腹中微痛，該院即為預備一切，七日上午二時，始正式發動，四時痛加緊，五時有拚陣，並露嬰孩髮頂，但至七時許，痛雖極烈而胎兒卻依然不下，乃經顧院長注射催生針一針，孩始安然墮地。頭肥耳大，啼聲甚俊，男也，稱見體重計九磅四兩。慧如產後，脈搏八十四注，溫度九十九度，現象頗佳。」「有好事者以小陸根榮將來之命運，頗為社會所注意，故請著名相家凌雲士排一八字，兼批一命。據相士云，小陸根榮之八字平平，一歲即交火運，將來椿萱恐不能並茂。」《申報》1929 年 1 月 18 日，特派記者胡曉昌對黃慧如進行採訪和大篇幅報導。1929 年 2 月 14 日，《申報》自由談：「凡黃所之，新聞記者踵之不捨，好事者亦如蠅之逐臭，而喧勝其事於報章，著書編劇。」

　　在這種情形下，3 月 22 日傳來黃慧如的死訊。這又引起了各種媒體對於黃慧如真死和假死的探究，事件並沒有因為黃慧如的死而告結束。報紙稱「赴蘇以後歸滬以前，投函求婚者百餘人，黃宅昨日電話大忙。」「當黃陸之案喧傳蘇滬後，其家中嘗接得求婚之書信，總數在百封以上。其中有學生商人以及執業於文墨界者，且多附有相片。冀中雀屏之選，其大半均憐惜慧如之身世與遭遇，願其痛悔前非，重新為人。顧大錯已成，亦無術挽救矣。昨日，其家中自晨至暮，電鈴之聲不絕於耳。詢以何事，則三兩語後，其言遽斷。更有多人圍其宅前探望，冀得真相，其家人不堪其擾，甚至榜帖拒絕，亦足見社會注意此事者之多也。」黃慧如的母親說「慧如死後，外間甚有投函恐嚇，指本人謀斃慧如，而欲手槍對付者。亦有於夜半人靜，打電話來家，自稱為陸根榮，而由押所逃出，來索慧如者，諸類紛擾，不一而足。」不久之後，有新聞爆料黃慧如躲避到上海周邊某處。1929 年 4 月 3 日，《黃慧如猝死真相》出版售賣，「黃慧如猝然死去，確是絕大疑問！本書作者秘密調查，得其真相！大膽無忌的描寫，直言不諱的記載，與日報所載不同。欲知黃陸案將來，不可不讀。」

　　黃慧如被因性別的處境被「審判」，陸根榮卻因為階級的因素得以被豁免。而陸根榮和黃慧如這場官司中，人們把同情給與了黃包車夫陸根榮。1929 年 3 月 21 日，《申報》在新聞版頭條發布了「陸根榮上訴宣判」的新聞。6 月 6 日，江蘇高等法院重審，旁聽者擁擠不堪秩序大亂，審判未成，改 7 日上午再審。報導稱陸根榮態度尚從容，沿途手持草帽掩羞，見惠如畫片而微歎，還押時頗露頹喪狀。「該院於六日公開審理，因旁聽者在千人以上，法庭秩序紊亂。」「沿途觀者人山人海，陸為蔽羞計，手持草帽，掩蔽面部，及至法院門首，鵠立觀看者，已有六七百人。慧靈女學有學生十餘人到庭旁聽。」「庭外之候聽人，尚欲擁入，以致將旁聽席之木欄擠損。而大部分旁聽者，均站立凳上，椅凳亦被損十餘隻，秩序因之大亂。庭長無可如何，乃只能第二次宣告退庭，將陸回押。」

　　法院一直認為「案情與風化攸關，非將陸根榮重懲，不足以挽頹俗。」但陸案已經在全國引起很大的爭議，在輿論壓力不得不說「然法律是一事，情理又一事」。這一方面是輿論上，對自由戀愛的支持。另一方便，也有政治因素。1930 年 5 月 28 日，最高法院再次判決重審。這次審訊出現了新的情況，陸根榮所在的江蘇第三監獄分駐所迭次發生鬧監風潮。高等法院派員前往調查，「將為首滋事之反革命案犯朱繼臣、陳百堅、徐家瑾、繆莊林，及林

任齋、林根寶、范金川等送交地方法院審理。據朱繼臣、繆莊林、陳百堅、徐家瑾供述。於本年一月，內有組織難友大會交換意見，於三一八紀念日組織工農學校，由繆莊林擔任教授，並編國際歌分發，在押人犯歌讀並有林任齋、林根寶、范金川等組織新劇團，編演新劇，曾演過《黃陸之愛》一劇，由陸根榮親飾主角。」

　　法官問陸根榮：「新近在監內檢查出來的反動案，他們供你在獄中演黃陸之愛的新戲，你串黃慧如嗎？」答：「沒有此事，這是他們政治犯、反動犯做的，其時我有病，並不知道。」在最後審訊的有關記錄中，陸根榮一反之前唯唯諾諾，低頭垂淚的姿態，而是據理力爭，連記者都謂陸根榮「以在押二年，日與他犯接觸，已滿口新名詞。」

　　1926 年三一八慘案後，民眾對日本的反抗亦越來越強烈。而此時，黃慧如的哥哥黃澄滄顯然和日本人有牽連。在審訊中，法官追問黃慧如的母親黃朱氏：「黃澄滄現任職何處？」答：「現仍在上海紗布交易所。」問：「黃澄滄前用虧交易所鉅款如何解決的？」答：「由家中賠出若干了事。」1929 年 6 月 22 日，報紙新聞「昨日有傳黃澄滄已赴日本者，後經調查，並非事實。」1929 年 9 月 5 日，黃澄滄被控挪用公歟，以五千元交保。1930 年 7 月 1 日，江蘇高等法院重審陸案。「陸之辯律師宋銘勳，亦出庭。旁聽者約三百人，審理約一小時始畢。當時趙庭長以本案為社會特別注意，故訊供時亦較為認真詳情。」陸根榮被宣告無罪，並與 7 月 23 日釋放。被釋放之後，陸根廷還被邀請到舞臺現身說法。

　　1928 年是標誌性的一年。黃慧如是一個受到新觀念影響的女性，但是當她無辜地進入到媒體公共空間、革命話語，和打破階級的戀愛，最終發現她被媒體利用，被革命利用，被愛人利用，最後不得不以死告別。這樣的故事在女作家的作品中不斷被重述，丁玲《莎菲女士的日記》塑造了文學史不可磨滅的莎菲形象，但是故事中的女主人公莎菲一直是「病著」的，最後終於南下了。黃陸之愛的階級和愛情的談論，不是對於愛情壁壘的超越，而是「革命」和「階級」的發現。左翼和右翼的性政治達到了一致，自由戀愛剛剛開幕便已落幕。

四、改良文明戲與話劇大眾化

　　改良文明戲提出了兩次，一個是在 1930 年代左翼的文藝大眾化時期，一

次是在孤島時期。第一次基本是流於口號，沒有進行實質行動；第二次提出了具體的綱領和措施，並且有實際的活動。1930 年，戲劇協社、復旦劇社、辛酉劇社、南國社、藝術劇社等各大話劇社聯合公演。在這次聯合公演之後，劇社之間產生分歧和分離，到 1930 下半年，由於國民黨的取締鎮壓，劇運沈寂了下去。與此同時，中國劇壇徹底分裂左右兩個派別。

　　所謂的改良文明戲，也是話劇大眾化的努力。九一八事變爆發後，為了調動民眾的抗日精神，左聯提出了「文藝大眾化」的主張。在左聯機關刊物《北斗》上進行討論，涉及文藝大眾化的形式和大眾化的創作方法等內容。他們批判五四白話文，認為「五四的白話文，已經歐化、日化和文言化，以至形成一種四不像的新式文言『中國洋話』」。這種五四式的白話，除去少數的歐化紳商和摩登青年之外，一般工農大眾看不懂。而現在許多流行在大眾中的章回體小說上的白話，中間混雜很多文言，也不能用。所以他們認為可以運用方言，排除知識分子的語言，而研究工農大眾語言。〔註 30〕田漢在《戲劇大眾化和大眾化戲劇》一文中指出，無論是南國社還是藝術劇社，對都市的小市民層都沒有什麼影響。要爭取小市民層，過去那種公演是證明了毫無力量，而要從「顧無為」「張石川」「劉春山」們去學習。只有學會了他們所懂得的是什麼，所喜歡的是什麼，所要求的是什麼，而給他們以恰恰適合的那樣的東西，我們才能為廣大的小市民層所有，才能叫他們聽我們的話，跟著我們走。〔註 31〕隨後提出了「專門家無產階級化，無產階級專門家化」的口號。1931 年 9 月通過了《中國左翼戲劇家聯盟最近行動綱領》作為指導綱領。也有人提出把「新的內容去注入舊的形式，或者新的描寫方法逐漸去修改舊的形式。」具體說來，「不妨打一些在開幕時加上西皮二簧或雙簧表演的話劇。」〔註 32〕《行動綱領》也指出要「爭取革命的小資產階級的學生群眾與小市民」〔註 33〕。但從實際情況看，基本上對文明戲持批判的態度。改良文明戲的口號，更將「文明戲」污名化，到了 1933 年，文明戲變成了

〔註 30〕錢杏邨，一九三一年中國文壇的回顧，《北斗》1932 年第 2 卷第 1 期，頁 6～29。

〔註 31〕田漢，戲劇大眾化和大眾化戲劇，《北斗》1932 年第 2 卷第 3/4 期，頁 446～448。

〔註 32〕寒生，文藝大眾化與大眾文藝，《北斗》1932 年第 2 卷第 3～4 期，頁 437。

〔註 33〕《中國左翼戲劇家聯盟最近行動綱領》，《文學導報》，1931 年第 1 卷第 617 期合刊，頁 31～32。

一個「污穢」的名字，以至於人人惟恐被列入文明戲行列。

　　遊藝場中的新劇團卻自行進行「改良」了。1930 年代遊藝場的新劇，也開始改稱為「話劇」，而且他們也邀請有名的戲劇家做指導，在舞臺設置、燈光、編劇等方面，向話劇學習。新劇藝人汪優游和灘簧女藝人王美玉搭班，組成「尚樂」新劇社，在大世界演出數年。隨著影響的增大，專門成立了皇后大劇院作為新劇演出劇場。其他遊藝場的新劇社，大約在 1932 年，新新屋頂花園新劇改稱「鍾社話劇」。〔註 34〕永安天韻樓新劇團也自稱「柳社話劇」〔註 35〕。後期的新劇社，基本實現了男女合演。在演出內容上也緊隨時事，九一八事變發生後不久，10 月 1 日鍾社就「開演高尚改良白話新劇」「新編國難時事名劇《一片愛國心》」，「揭破暴日侵略滿蒙的野心，警醒同胞自救救國的好戲。」「王美雲扮愛國女郎，高唱救國歌，戲中串戲。」〔註 36〕1933 年，「春秋班」在新世界演出了《一九三三的前奏曲》、《山海關失守》等有新聞性的劇本，而得到小市民觀眾的歡迎。相比而言，十年間的話劇運動，僅停留在「長時間的『游擊戰』式的學校劇運動」。〔註 37〕一些從事文明戲的文人，在報紙上發文辯解，「多虧了文明戲在過去的十年中在中國文學思想上，撒下來許多種子」。「文明戲之所以被輕視和被認為沒有藝術價值的原因，這完全是由於另一種新劇——即現在的採用劇本的舞臺劇——的興起，而一班幹戲劇的人們，轉化方向從事這一新的工作，而把文明戲放棄。所以，文明戲之被一班人抨擊，就與文明戲興起時舊劇受人抨擊是一樣的。」〔註 38〕

　　孤島時期，為了擴大抗日民族統一戰線，開始爭取文明戲所擁有的小市民觀眾。1938 年，大的公演在孤島時期都被取消了，劇團登記和劇本審查更嚴，孤島劇運幾乎限於停頓。留在孤島的戲劇工作者，仍然繼續著「戲劇大眾化」的推進工作。他們提出，要「把戲劇交給大眾，向大眾學習，建立大眾的戲劇，利用舊形式，改良一切接近大眾的戲劇形式，如舊戲、文明戲、地方戲、雜耍等。」〔註 39〕為此，以于伶為首制定《改良文明戲的方針》。

〔註 34〕《申報》增刊 1932 年 5 月 1 日第 6 版。
〔註 35〕《申報》增刊 1932 年 5 月 1 日第 6 版。
〔註 36〕《申報》增刊 1931 年 10 月 1 日第 3 版。
〔註 37〕晶心，提倡話劇與今日社會問題，《劇學月刊》，1935 年第 4 卷 7 期，頁 6～9。
〔註 38〕陳奕，從改良文明戲談到觀音戲，《社會月刊》，1934 年第 1 卷第 3 期，頁 92～96。
〔註 39〕錢堃，漫談孤島劇運，《戲劇雜誌》，1938 年第 1 卷 1 期，頁 39～40。

進而起草《改良文明戲的集體意見》，明確改良文明戲不僅是藝術的問題，而是路線鬥爭的問題，擴大抗日民族統一戰線，把本來存在愛國心的小市民拉到統一戰線中來。〔註40〕

在此之前，電影明星顧夢鶴加入了皇后劇院，倡導改良文明戲，但是這次改良以失敗告終。顧夢鶴在皇后劇場的改良，直接把文明戲改為話劇，結果是失去了觀眾。〔註41〕顧夢鶴加入皇后劇院後，演出了三個戲《現代貂蟬》《無名夫人》《虎子復仇記》。《現代貂蟬》原名《孔雀夫人》，這次有了劇本，寫劇本的時候為了消除「毒素」，稍稍有些改動，不過大體上還是一樣。《無名夫人》是新作，是一個法國戲為藍本的。《虎子復仇記》是曹禺的《原野》，不過在頭上還加了些閻王陷害仇虎全家的兩幕。這次改良是1938年8月5日開始，到9月9日因為拖欠演員包銀而宣布「修理內部」，皇后劇院不得不停業。這次改良讓他們「發現『文明戲子』並不如想像的那般惡劣，有許多人是的確有改良的志願和向上的精神。問題是在過去一向太把他們忽略了，沒有人去領導他們。〔註42〕

于伶等人的改良，吸取了顧夢鶴失敗的教訓。看到了話劇和文明戲的本質區別，所以，不是把文明戲「提升」為話劇，也不是降低話劇變成文明戲，而是利用文明戲的形式來宣傳「正確的內容」，剔除小市民的「封建意識」的毒素。在這個過程中，有些形式他們認為可以繼續保留，例如直接和臺下交流，一些無傷大雅的玩笑。先改編其內容，再改變其形式，進而改變它的小市民觀眾。後來孤島時期的文明戲劇場綠寶劇場的改良，是比較成功的，並且製造萬人空巷的《秋海棠》之轟動。

〔註40〕于伶等，改良文明戲的集體意見，《大晚報剪影》，1938年12月4～9日，轉引自洛蝕文編.抗戰文藝論集，文緣出版社，1939年，頁327～337。

〔註41〕改良文明戲問題：從顧夢鶴失敗說起，《至尊》1938年第4期，頁7。

〔註42〕史桴，抗戰的文化動態：上海改良文明戲運動，《文獻》（上海1938年）第1卷第1期，頁6～8。

結語　中國戲劇的現代進程

　　20 世紀初期，戲劇隨著中國社會的劇變也經歷著演變。崑曲衰落了，京劇經過晚清的改良，又經過國劇運動的扶持，變成了代表民族文化的「國劇」。晚清時期散落在民間的數百種戲曲，一開始隨著移民進入到城市謀生。有的進入遊樂場演出後，成為獨立劇種漸漸有了名字，從遊樂場中獨立出來，甚至有了獨立的表演劇場。更多的卻是無法立足，以致於消失就此湮滅，或者一直在遊樂場緩慢發展。融合了西方演劇和傳統戲曲的新劇演變成為現代話劇，戲劇學院的學院化體制漸漸完成，變成學院體制和專家權威的一部分。這是一個近代戲劇演變的過程，也是一個命名的過程。

　　五四開始了一個「現代」的時間，在此之前，他們共同擁有一個名字，叫做「文明新戲」。這裡的「文明」，更像是一個動詞，代表著一種變化的姿態。如同雜劇一樣，是一個統稱。但是其後被發明的「文明戲」，卻成為一個污名和標籤。這兩個進程，都要放在「現代性」的話語背景中來考量。

　　布魯諾・拉圖爾（Bruno Latour）的《我們從未現代過》一書，從科技史切入，試圖全面檢討現代性這個核心問題。拉圖提出了「現代憲章」（Modern Constitution）的概念，並且指出現代性是一場有勝利者與被征服者的文化鬥爭。〔註1〕正是現代憲章的制定和出現，新的二元對抗不斷重新被製造出來。

〔註 1〕拉圖極有創意地使用「憲法」這個比喻來理解現代性，因為他稱之為現代性的憲章（Modern Constitution）。簡單地說，許多國家的憲法中明文規定司法與行政的分立，這是制度性的規定在許多時候有著一定的效力，它一方面侷限了法官與政治人物間公開的、制度性的互動，另一方面，又將他們間綿密的往來推擠到檯面下，隔離於公眾意識之外，因而該國人民會覺得自己的確

在一個變革時代，一切社會關係在重組，新的知識和領域正在產生而還沒有成型時期出現「混種物」（hybrid）。這個混種物的形成因素，有傳統，還有外來的「轉譯」（translation），「中介」（mediation）等。混種物無疑成為固化關係的異端分子，似乎無法命名，因為它處在固定知識和體系的前期。但是現代憲章不允許混種物的存在，人們不斷地將理論上應該斷然分割的不同領域結合在一起，創造出混種物之後，又再將它們純化分離（purification），「還原到截然分離的兩軸，於是由結果看起來，我們彷彿一直存活在這種二元對立的現代世界之中。」〔註2〕

「文明新戲」就是這樣一種處在變革時期的混種物。當現代時間開啟之時，也是一切混種要被重新劃分，進行純化、命名，和確定文化等級的起始，從而一系列對立的二項式被創造出來。這些概念我們耳熟能詳，包括新與舊，傳統與現代，東方與西方。在戲劇領域，出現新劇與舊劇，真新劇與假新劇，說白（話劇）與唱腔（戲曲），國劇（精英）與民間曲藝（大眾），左翼話劇和右翼戲劇等一系列的分野和對抗。或者說「文明新戲」是發生在「現代性」之前的故事，當戲劇運動者面臨「現代性」話語的侵襲，便遭遇到認知上的矛盾。

這種混種與純化的現象，不僅僅是戲劇所獨有，它出現的從傳統到現代裂變時期的諸多類屬中，如音樂、醫學、繪畫等等。〔註3〕臺灣學者雷祥麟的專著《非驢非馬——中國現代性紛爭中的醫學史》，對於現代醫學和國家政權之間的關係進行分析，展示了一種新的混合型的中西醫類屬的生成。1929年，國民黨宣布取締中醫，這是在北伐結束後開啟新的國家建設的舉措，卻引發了「國醫運動」。作者指出，這恰恰成為一個轉折點，促成了一種混合醫療的誕生。歷史性的對抗並不是直接反生在兩種醫學之間，而是發生在中醫和現代化的民族國家之間。而這種新的醫學種類的生成，恰恰表明中醫和現代性

身處這樣一個二權分立的現代社會之中。由拉圖的角度看來，許多現代性的大分裂都可以類比為這種法律規定的分立，它使我們不斷看到科技獨立於社會文化之外的事例，卻將兩者間的纏繞排除到公眾的視野之外。雷祥麟：《中文版序：〈我們從未現代過〉的三個意義》，布魯諾·拉圖（Bruno Latour）著，余曉嵐等譯：《我們從未現代過》，臺北群學出版公司2012年版，第7頁。

〔註2〕布魯諾·拉圖（Bruno Latour）著，余曉嵐等譯：《我們從未現代過》，臺北群學出版公司2012年版，第8頁。

〔註3〕關於混種流行音樂的研究，例如洪芳怡：《上海流行音樂（1927～49）：雜種美學與視覺現代性的建立》，臺北：政大出版社，2015年6月。

之間並非對立的關係。作者指出,「非驢非馬」這個名字,和後殖民主義「混種」的概念並不相同。當時另外一種叫法叫做「雜種醫」,這並非是當時中醫行動者的自稱,而是來自批評者施加的綽號和批判手段。「雜種」在中文中具有明顯的貶義,當批判者使用這個詞語的時候,意在表明這種做法對於另種正統的純醫學的背叛。和這種強烈的負面意義相比,後殖民的「混種」概念則是強調後殖民文化的混雜宗旨,是一種優勢而非劣勢。〔註4〕如果相比較,「雜種醫」這個稱號,和「文明戲」這個稱號一樣,也是一個「污名」。

中國雖然從來沒有淪為完全意義上的殖民地,但後殖民主義現代性理論在研究上也有適用性。從殖民現代性(colonial modernity)的角度來研究中國戲劇的,如 Joshua Goldstein 關於京劇的著述,以殖民現代性和被發明的傳統兩種理論框架,追溯京劇在近現代的發展歷程,展示中國近現代的都市文化史、性別建構及其民族框架。作者亦指出,1920 年代之前的京劇改良處於「混種」的狀態,這種狀態被其後的五四新文化運動打破了。〔註5〕劉思遠用米哈伊爾・巴赫金(Mikhail Bakhtin)的雜糅理論研究新劇,指出「巴赫金的無意識、有機的隱性雜糅也提醒我們所有的戲劇形式都是混雜的,純粹的戲劇是不存在。」戲劇具有「多親」的性質,這也導致了新劇的多種混種特性。〔註6〕

在後現代主義和後殖民主義思想的影響下,日本學界對於新派劇也進行了重新評價,他們開始質疑如新劇(話劇)對於西方戲劇照搬的模式。例如有學者斷言:「新派劇才是日本現代戲劇的先行者。」〔註7〕研究莎士比亞戲劇在亞洲傳播的學者詹姆斯・布蘭頓指出三種傳播形式:「標準的(新劇和話劇),本土化的(新派劇和文明戲),和文化交叉性質的。」第一種是無條件的投降,第二種是「西體我用」,第三種是碎片式的對話。〔註8〕如果同意以上

〔註4〕Sern Hsiang-Lin Lei, *Neither Donkey Nor Horse: Medical in the Struggle over China's Modernity*, Chicago: The University of Chicage Press. 2014. p162.

〔註5〕Joshua Goldstein, *Drama King: Players and publics in the re-creation of PekingOpera, 1870～1937*. University of California press. 2007.

〔註6〕(加拿大)劉思遠:《新潮演劇與雜糅》,《戲劇藝術》,2016 年第 3 期,第 14～23 頁。

〔註7〕Brain Powell. *Japan' Modern Theatre*. p19. 轉引自 Liu Siyuan. *The Impact of Japnese Shipa on Early Chinese Huajv*. Dissertation of University of Pittsburgh, 2006.

〔註8〕參見 Liu Siyuan. *The Impact of Japnese Shipa on Early Chinese Huajv*. Dissertation of University of Pittsburgh, 2006. P3.

的觀點，那麼我們對文明戲和話劇引入西方戲劇的不同策略之分析，也要結合二十世紀初東西方之間不平衡的權力關係。薩義德在《東方學》中指出了西方和東方之間存在的支配關係和霸權關係。他指出「東方主義」是一種話語的建構，歐洲文化通過這一學科「以政治的、社會學的、軍事的、意識形態的、科學的以及想像的方式來處理——甚至創造——東方的。」〔註9〕這種話語又通過文化霸權來規訓東方並得到其承認和認同。

現代性首先和時間相關的，現代性的時間開啟之後，「傳統」就被封閉在一個前現代的循環乃至停滯的時間裏。現代性又是和空間相關的，還是一個地域性的概念。「現代性似乎是一種起源於歐洲的歐洲本土統一話語，它被從歐洲歷史中提煉出來並應用於普遍的實踐中。在空間上，這種理論映像了一種均衡的全球整合觀念；在時間上，這意味著向著一個完善身份的階段前進。」這種身份一旦獲得就具有本體性的穩定性和不可置疑性，而且設想別處的現代性進程和西方一致，而不是將現代性看作一個（新）殖民主義和不平衡的跨國主義交織關係中形成的複雜的文化生產的產物。〔註10〕

如果，拉圖是站在西方人的角度說「我們從未現代過」，而作為東方的中國，要追求的現代性又是什麼？又怎麼可以判定，在「現代」時間開啟之前，我們沒有現代過？

在晚清時期，梁啟超等人都看到了愛爾蘭和其他國家的民族化的戲劇運動，並且號召中國也能有這樣的一場運動。用戴錦華的話說，反帝和反封建，這種五四式的命題，我們本來以為是走向現代化的非西方國家所共同需要經過的，但是這種雙重命題只有中國才是特殊情況。一個重要的不同在於，絕大多數的非西方國家和中國都經歷了極端慘烈的殖民歷史，他們的文化從前現代到現代的轉化過程不是自己主導發生的，而是在軍事佔領和政治控制之下，被強暴的過程。因此，他們的主要使命是反帝反殖、驅趕外來統治者，而完成這一使命所依憑的武器，正是本土文化和民族主體身份。反觀中國，除了東北和臺灣之外，中國主部並沒有經歷過殖民統治，只有在這樣一個歷史過程中，我們才能有勇氣同時打倒兩個敵人。即反帝反封建，後者針對的就

〔註9〕愛德華·W·薩義德著，王宇根譯：《東方學》，北京：三聯書店，1999年，第5頁。

〔註10〕羅麗莎著：《另類的現代性：改革開放時代中國性別化的渴望》，黃新，譯，南京：江蘇人民出版社，2006年，第12頁。

是中國的主流傳統文化。這樣的雙重目標的設定，也導致我們在現代中國文化內部失去了立足點。換言之，我們在建構一個現代中國的過程中，同時創造了一個自我中空的主體。

中國的戲劇運動之所以一直被認為是失敗的，恰恰是丟掉了民族化和大眾化的形式。其外在表現就是話劇一直找不到觀眾，這一直是話劇運動從事者所感慨的。而戲曲由於現代化進程的中斷，也和現代生活越來越隔離。由於新舊完全的對立，導致民族戲劇運動沒有成功。完全的西方化的話劇，和保留所有不適宜色彩的「國劇」，這兩種戲劇都缺乏普通民眾的關注。

隨著中國經濟的崛起，開始對前現代歷史的回收。歷史重新又回到文明和文化的議題，梁漱溟的關於中華文明的論斷成為公共討論的議題。梁漱溟認為中國文化具有早熟的性格。他把人類對環境的應對分為三個階段，在這樣的劃分中，西方歸為更原始而不是更加先進。中國太早遠離了攻擊性與征服自然這一路線，所以曾經被動挨打。中國的被動挨打，並不代表中國文化的野蠻或者落後，因為儒家文化是愛好和平，講究道德的文化，對於戰爭和競爭，歷來不是中國文化的核心內容。他提出「世界文化三期重現說」，並指出「質而言之，世界未來文化就是中國文化的復興，有似希臘文化在近世的復興那樣。」〔註11〕作為「最後的儒家」，梁漱溟多少受到他的父親梁濟言傳身教的影響。在梁漱溟所接受的教育中，經典所佔的比重要比陳獨秀或胡適小得多。在梁漱溟的生活中，人們可以感到一種個人的精神探求。縱使徹底地吸收了某些西方觀念，他仍然堅持其他基本價值是中國所獨有的，例如人性本善良。對梁漱溟來說，儒家的「仁」的觀念是中國文化的真正精神，也是世界所需要中國為文化提供的。〔註12〕而梁濟的「捨身取道」，也可以說，是在儒家的天人感應，大我小我，及其「道德成王」的觀念下催發的「烈士精神」。〔註13〕

〔註11〕梁漱溟：《東西文化及其哲學》，《梁漱溟學術自選集》，北京師範學院出版社，1992年，第64頁。

〔註12〕〔美〕沙培德（Peter Zarrow），高波，譯：《戰爭與革命交織的近代中國（1895～1949）》，北京：中國人民大學出版社，2016年，第213～214頁。

〔註13〕張灝：《烈士精神與批判意識：譚嗣同思想的分析》，崔志海、葛夫平譯，中央編譯出版社，2016年，第44頁。筆者認為，梁濟的自盡與譚嗣同的就義一樣，都是在儒家的「根範式」支配下的行為。關於「烈士精神」和儒家道德內在超越性的進一步討論，參見張灝：《幽暗意識與時代探索》，廣東人民出版社，2016年。

　　1918年舊曆十月初六，梁濟冷靜淡然地做好投湖自盡之前的一切準備。其實，這一赴死的決定，在六年事前就已經做好了。梁濟自殺變成一場公共事件，將我們帶入新與舊，傳統與現代的討論之中。在五四時期，在新舊之間劍拔弩張的時刻，他的聲音只能被喧囂淹沒。今天我們回視歷史，即帶著同情心站在歷史的立場，看待五四人當時完全倒向西方的歷史選擇。同時，也跳出當時的歷史侷限性，客觀看待何謂新舊的問題。

　　梁濟在去世之前，寫好了給親朋好友的遺書。其中一封，是給他的好友林墨青（林兆翰）的。在信中，他再三叮囑提攜坤伶，務以新舊偏廢為要：

　　　墨青仁弟鑒：

　　　吾國戾氣彌漫，眾人昏迷不醒，和平苦口勸導已難見功。兄留敬告世人長函，投水一死，求世人醒悟。不知以死勸人，比和平苦口勸人有小效否！

　　　鄙意舊戲不宜屏棄，舊戲規矩萬不可廢。只求能鼓吹國家主義，人民常識，則古代衣服冠動作，正為一般中下級北方質樸人所愛看愛聽。……乞告韻譜新舊相併，務偏廢為要旨者。

　　　閣下對坤伶不必避嫌疑。如有新戲本，可召集鮮靈芝、宋鳳（雲）、汪金榮、（小）旋風、紫雲等，在臺上告以此劇宗旨義理所在……再聽楊韻譜指授云云。如此則可尊彼等人權，以免終身不及見正人，不及聽真理。……匆匆之告別，千古之茫茫。

　　　小兄梁濟頓首。〔註14〕

　　梁濟堅持「新舊相併，務偏廢為要旨者」的主張。在《敬告世人書》中，梁濟又說：「我之死，非僅眷戀舊也，並將喚起新也。」〔註15〕我們不禁要問，第一，他的「舊」是否喚起了「新」，什麼樣的價值是「恒新的」？哪些「舊」又不能「起新」？

　　梁濟相信道德至上的力量，並且將儒家道德普遍化。他認為新政的失敗，是因為沒有抓住社會教育的要害。他認為「今日之要害是人敝也，而非法敝也。」在辛亥革命後，慨歎社會風氣「毫無高風義烈之可言」。他認為這種情

〔註14〕梁濟：《留奉林墨青弟書》，黃曙輝編校：《梁巨川遺書》，上海：華東師範大學出版社，2008年，第100頁。

〔註15〕梁濟：《敬告世人書》，黃曙輝編校：《梁巨川遺書》，華東師範大學出版社，2008年。

況，巡警廳和官府教育都有責任。教育僅在學堂，範圍太小，故而民眾教育責成在稱之地。社會風氣不良，在於缺乏孝悌忠信禮義廉恥。「治安實由道德而發生」，這種思想也體現在他的戲劇思想中。梁濟在論述戲劇之優劣時，最看重是劇中人物所呈現的道德價值。他說：「惟心術品行，忠孝節廉，無分於新，無分於舊，一律列為首要。」〔註16〕就是說，道德具有彌新的價值。

作為一個深受儒家文化薰陶的道德自律者，他去看戲並非單純是為了耳目之娛。梁濟對他的母親懷有深深的崇敬，他認為自己對社會的責任感，都來自於母親的言傳身教。所以，他最喜歡看金剛鑽演的《三娘教子》。金剛鑽每隔八九天就唱一次《三娘教子》，梁濟每每去聽，認為每聽一次「不由善心隨聲而動，吾故云又增長良心一次也」。從戲院回家家裏，情節歷歷在目。「如親見賢母之境遇艱難，心事悲苦，彷彿古人實狀如此，令人有起敬之思。」覺劇中含有精理，處處與他的心意相合。從戲院回來，就把所見所聞及感想記下，以便「有年月可資後來考證」。他列舉《桑園會》《汾河灣》等，描摹農家瑣屑，貧女艱難，不惟不加厭惡，而更有愛敬愛之心，胡文忠所謂老來乃悟少年所讀詩，皆有至理，如「憂國願年豐」等句。慨歎「國家百餘年，不講教育，而鄉間愚民猶有知務根本高尚節義者，未始非幾齣迂腐之戲，深印於婦孺之腦中。此非親與鄉野人接洽，不能深悉其狀也。」〔註17〕

梁濟的道德傾向不但不為當時人所認可，反而愈來愈為人所嘲諷。1918年，他去戲院觀看《睢陽城》。觀劇中，梁濟覺得其中二位夫人的忠烈情節應該褒獎，但是同座「西服政界某省二人嗤之以鼻」；當夫人之婢女殉主，梁濟加以讚歎，「二公相語而笑」。直到最後老旦出來，「二公彩聲始作」，梁濟對此「竊默慨人心至此，必將事事顛倒，無所不至。」一方面，由於梁濟看到人性已經失落，需要「復禮」，但另一方面，是他所用的道德體系卻無法擺脫傳統儒家觀念中的節烈思想。故而，他的倫理道德和戲劇改良，雖然非常令人同情，但是「舊」中出「新」卻是很難。舊中如何起新？

1918年，他為奎德社編寫了最後一部新劇《庚娘傳》。如果言為心聲，則這段肺腑之言令人動容：

　　　　鄙人所亟欲言明者，望世人勿謂鄙人講究聲歌、通解音律，敢

〔註16〕桂林梁濟巨川：《擬呈民政部長官請代遞疏稿》，《遺書之四：辛壬類稿》（卷上），京華印書局鉛印本，1925年，第11頁。
〔註17〕梁煥鼎校錄：《桂林梁先生遺書之五：伏卵錄》。

以編戲為事也。鄙人於雅樂詞曲，既未嘗用功，今樂票房，亦絕不
接洽。聲歌音律，全屬茫然，真正外行，實非謙語。……又以老眼
昏花，挑燈細寫，密行小字，已經改正之本，至第三謄寫之後，猶
復塗改許多。何其不憚煩苦乃爾？……知今世為古今最昏之世，苟
聽其昏，將人心天理至於無存，其禍不可窮詰。則今日之世，已可
謂之不可終日，人人不容坐視。凡事皆可盡心，求眾人萬一之醒悟，
而不解戲之人，率爾妄為編戲改戲。……蓋惟以對於今世，喚得一
人是一人，挽得一分是一分，求我之心安理得而已！知我罪我，皆
所不計，是以如此。〔註18〕

　　和早期從《列女傳》選取素材不同，《庚娘傳》的底本，是梁濟根據西安
易俗社的版本改編的。《庚娘傳》故事來自《聊齋誌異》，全劇分為七幕。故事
講述庚娘為夫復仇節烈赴死，而又機緣巧合夫妻團圓的故事。庚娘膽識過人，
先是在逃難之中，一眼看出王十八並非善類。其後王覬覦庚娘美色，不僅謀
害金生父子，並且強納庚娘。庚娘經歷了這些變故，雖然已存必死相殉的決
心，仍冷靜展開縝密的復仇計劃。最後復仇成功，揮劍自刎。庚娘周旋應付，
維護了人倫家庭的完整，一身是膽，勇毅忠貞。

　　劇中有一段庚娘因為纏足，行動不便而加以抱怨，繼續《女子愛國》中
對纏足的批評。但是，無論是庚娘忍辱復仇冤仇得報之後投水殉夫，還是最
後巧遇夫妻團圓，金大用納「二美」結局，都是在舊有的道德框架下，而且，
最後仍然是褒揚女性的「節烈」。

　　晚清民初，大眾文化建構的情文化空間，引發了觀眾的無數同情和熱淚。
然而，還是在儒家的「情感結構」之中。什麼是現代性，抑或戲劇的現代性？
新的方向在哪裏，仍然是一個找不到答案，和需要繼續探索的問題。但同時，
也開放給未來以「未完成」的想像。

　　戲劇的現代進程，成為中國走向現代道路選擇的隱喻。無論是舊的路線，
還是完全朝向西方的現代性路線，都證明是走不通的。從跨文化的角度來看，
戲劇的現代化進程就是一個複雜的融合的過程，具有雜糅和混種（hybrid）的
性質。但是現代性又是一個分離，混合和又加以純化的過程，任何混雜的東
西都要被現代憲章清理，所以又要避免陷入「現代性」的陷阱。要打破僵硬
和固定的界限，就要打破進化論的敘事和時間序列。一切差異都在中間階段

〔註18〕梁濟：《庚娘傳·序言》，鉛印本，1918 年。

重合，一切對立都經過中間環節而相互轉移。

　　辯證的思維不承認什麼僵硬和固定的界限，不承認什麼普遍絕對的非此即彼，又在恰當的地方承認亦此亦彼，並使對立的各方相互聯繫起來。這樣的辯證思維方法是唯一在最高程度上適合於戲劇這一發展階段的思維方法。這一理論對於 20 世紀初中國戲劇現代進程和城市文化的研究給予啟發，應該打破現代性的目的論，及一系列的二元對立，和任何僵化、轄域的觀念。在思想觀念上，這段時期處在閾限狀態；在形態上，是一個無邊界的異質共同體。

附　錄

女子新劇社

劇團名稱	出現時間	演出地址
1 第一女子新劇社	1914 年 7 月 9 日	圓明園路蘭心大劇院
2 張園女子新劇社	1914 年 7 月 9 日	張園
3 普化女子演藝社	1914 年 8 月 8 日	法界歌舞臺，三洋涇橋（今延安東路江西路）
4 女子慈善演藝社	1914 年 10 月 2 日	假借寶善街丹桂茶園（今廣東路）
5 愛華女子新劇社	1914 年 10 月 4 日	假借民鳴社，三馬路大新街
6 坤華女子新劇社	1914 年 10 月 5 日	法界嵩山路 45 號
7 坤一女子新劇社	1914 年 12 月 15 日	假借春柳劇社　英大馬路（今南京路）東口三院
8 巾幗新劇場	1915 年 1 月 20 日	英大馬路北廣西路中啟民社原址
9 競華女子新劇社	1915 年 1 月 21 日	假座民興社，三洋涇橋南首
10 振坤女子新劇社	1915 年 2 月 28 日	假座新民舞臺
11 中華女子新劇社	1915 年 3 月 21 日	假借石路新民舞臺
12 小舞臺	1915 年 4 月 9 日	廣西路汕頭路口
13 明德社女子新劇	1915 年 5 月 10 日	假座三洋涇橋民興社
14 中華笑舞臺	1915 年 10 月 8 日	廣西路汕頭路口
15 愛興社	1915 年 11 月 1 日	南市久大碼頭前大觀園原址
16 同志社女子新劇	1916 年 3 月 31 日	假座寶善街丹桂茶園

17 優美女子新劇社	1916 年 4 月 3 日	開演於新世界，事務所在法大馬路西乾康醬園南隔壁
18 新華社女子新劇	1916 年 4 月 13 日	假座笑舞臺
19 培德社女子新劇	1916 年 5 月 1 日	西門外方板橋共和影戲院
20 興華社女子新劇	1916 年 5 月 1 日	假座寶善街丹桂茶園
21 振亞女子新劇社	1916 年 10 月 27 日	天外天
22 鳳鳴社女子新劇	1917 年 2 月	豫園邑廟勸業場三層樓
23 啟秀社	1917 年	

說明：除《申報》中可查考 23 家，《繁華雜誌》亦提到競社、閨閣女子新劇社，任天知創辦的大同女子新劇社。此外，高梨痕提及 1913 年之前的坤範女子新劇社。在 1920 年代上海遊樂場中還有銘社、霓裳團女子新劇。天津遊樂場中奎德社，演至 1937 年始歇。

參考文獻

一、報紙期刊

1. 《北斗》（上海），1932 年。

2. 《晨報》（北京），1918～1922 年。

3. 《晨報副鐫》（北京），1922 年。

4. 《晨報副刊》（北京），1923 年。

5. 《春柳》（上海），1919 年。

6. 《春生日報》（上海），1921 年。

7. 《大公報》（上海版），1936～1946 年。

8. 《大公報》（天津版），1902～1933 年。

9. 《大公報》（香港版），1940 年。

10. 《大公報》（重慶版），1938，1940 年。

11. 《大公晚報》（重慶版），1948 年。

12. 《大陸報》1904 年。

13. 《東方雜誌》（上海），1916～1921 年。

14. 《都市生活》，1943 年。

15. 《二十世紀大舞臺》（上海），1904 年。

16. 《繁華雜誌》（上海），1914～1915 年。

17. 《廣益叢報》（四川），1904～1905 年。

18. 《國華報》（上海），1910 年。

19. 《國民日日報彙編》（上海），1904 年。

20. 《杭州白話報》，1902 年。

21. 《華北日報》，1937 年。

22. 《華文大阪每日》，1941 年。

23. 《寰球中國學生會週刊》，1920 年。

24. 《惠興女學報》，1909 年。

25. 《教育雜誌》，1910 年。

26. 《京報》，1921 年。

27. 《劇場藝術》，1940 年。

28. 《劇學月刊》，1935 年。

29. 《梨花雜誌》，1924 年。

30. 《立言畫刊》，1942 年。

31. 《眉語》，1915 年。

32. 《民立報》，1910～1912 年。

33. 《民立日報》，1912 年。

34. 《民權素》，1914 年。

35. 《明星》，1935 年。

36. 《南社》，1914 年。

37. 《南洋官報》，1911 年。

38. 《南洋七日報》，1902 年。

39. 《清議報》，1899 年。

40. 《人言週刊》，1935 年。

41. 《社會教育星期報》（天津），1924 年。

42. 《社會月刊》，1934 年。

43. 《神州女報》，1912～1913 年。

44. 《時報》（上海），1905 年。

45. 《時事新報》（上海），1920～1921 年。

46. 《時務報》，1896 年。

47. 《順天時報》，1906 年。

48. 《四川官報》，1904 年。

49. 《天鐸報》，1912 年。

50. 《通俗教育研究錄》（天津），1912 年。

51. 《同文消閒報》，1901 年。

52. 《圖畫日報》，1910 年。

53. 《外交報》1905 年。

54. 《文獻》（上海），1938 年。

55. 《文學旬刊》，1921 年。

56. 《舞臺藝術》，1935 年年。

57. 《戲劇》（廣州），1921 年。

58. 《戲劇叢報》，1915 年。

59. 《戲劇雜誌》，1938 年。

60. 《戲雜誌》，1922～1923 年。

61. 《先施樂園日報》，1918～1922 年。

62. 《小說新報》1909，1920 年。

63. 《新劇雜誌》，1914 年。

64. 《新疆半月刊》，1933 年。

65. 《新民叢報》，1902～1904 年。

66. 《新青年》，1918 年。

67. 《新天津》，1930 年。

68. 《新聞報》，1906～1933 年。

69. 《新小說》，1905 年。

70. 《遊戲報》，1904 年。

71. 《遊藝畫報》，1915～1926 年。

72. 《直隸教育雜誌》（天津），1906 年。

73. 《至尊》（上海），1938 年。

74. 《中國白話報》，1904 年。

75. 《作家》（南京），1941 年。

二、著作

1. 阿里夫‧德里克：《中國革命中的無政府主義》，孫宜學譯，桂林：廣西師範大學出版社，2006 年。

2. 愛德華‧W‧薩義德：《東方學》，王宇根譯，北京：三聯書店，1999 年。

3. 柏彬：《中國話劇史稿》，上海：上海翻譯出版公司，1991 年，第 17 頁。

4. 包天笑：《釧影樓回憶錄》，北京：中國大百科全書出版社，2009 年。

5. 包天笑：《上海春秋》，上海：上海古籍出版社，1991 年。

6. 鮑家麟編著：《中國婦女史論集》，臺北：稻香出版社，1999 年。

7. 北京、上海藝術研究所聯合編著：《中國京劇史》，北京：中國戲劇出版社，1990 年。

8. 布魯諾‧拉圖（Bruno Latour）：《我們從未現代過》，余曉嵐等譯，臺北群學出版公司，2012 年。

9. 蔡爾康：《李鴻章遊歷歐美記》，長沙：嶽麓書社，1986 年。

10. 陳大悲：《愛美的戲劇》，上海：商務印書館據晨報社，1922 年影印本。

11. 陳建華：《紫羅蘭的魅影——周瘦鵑與上海文學文化，1911～1949》，上海文藝出版社，2019 年。

12. 程華平：《中國小說戲劇理論的近代轉型》，上海：華東師範大學出版社，2001 年。

13. 程季華《中國電影發展史》，北京：中國電影出版社，1980 年。

14. 崔國良主編《南開話劇史料叢編 3》（編演紀事卷），天津：南開大學出版社，2009 年。

15. 方維規：《概念的歷史分量：近代中國思想的概念史研究》，北京：北京

大學出版社，2018 年。

16. 費斯克（John Fiske）：《理解大眾文化》，成都：西南財經大學出版社，2001 年。

17. 費正清：《偉大的中國革命 1800～1985》，劉尊棋譯，北京：世界知識出版社，2000 年。

18. 馮煦主修，陳師禮總纂：《皖政輯要》，合肥：黃山書社，2005 年。

19. 傅謹、袁國興主編：《新潮演劇與新劇的發生》，北京：學苑出版社，2015 年。

20. 高彥頤：《閨塾詩：明末清初江南的才女文化》，李志生譯，南京：江蘇人民出版社，2005 年。

21. 葛蘭西：《獄中箚記》，北京：中國社會科學出版社，2000 年。

22. 顧炳權：《上海洋場竹枝詞》，上海：上海書店出版社，1996 年。

23. 廣東話劇研究會編：《廣東話劇運動史料集》（1～3 集），東莞市印刷廠，出版年不詳。

24. 郭安瑞：《文化中的政治：戲曲表演與清都社會》，北京：社會科學文獻出版社，2018 年。

25. 韓起瀾（Emily Honig）：《姐妹們與陌生人：上海紗廠女性，1919～1949》，韓慈譯，南京：江蘇人民出版社，2011 年。

26. 韓日新編：《陳大悲研究資料》，北京：中國戲劇出版社，1985 年。

27. 韓書瑞：《北京：公共空間和城市生活，1400～1900》，孔祥文譯，北京：中國人民大學出版社，2019 年。

28. 洪芳怡：《上海流行音樂（1927～49）：雜種美學與視覺現代性的建立》，臺北：政大出版社，2015 年。

29. 胡適：《五十年來中國之文學》，上海：申報館，1924 年。

30. 胡曉真：《才女徹夜未眠：近代中國女性敘事文學的興起》，臺北：麥田出版，2003 年。

31. 黃愛華：《中國早期話劇與日本》，長沙：嶽麓書社，2001 年。

32. 黃曙輝編校：《梁巨川遺書》，上海：華東師範大學出版社，2008 年。

33. 黃宗智：《中國的新型正義體系：實踐與理論》，桂林：廣西師範大學出版社，2000 年。

34. 李家珍（Joan Judge）：《印刷與政治：〈時報〉與晚清中國的改革文化》，王樊一婧譯，桂林：廣西師範大學出版社，2015 年。

35. 姜進：《詩與政治》，北京：社會科學文獻出版社，2015 年。

36. 金觀濤：《觀念史研究：中國現代重要政治術語的形成》，北京：法律出版社，2010 年。

37. 科大衛：《明清社會和禮儀》，北京：北京師範大學出版社，2016 年。

38. 瀨戶宏：《中國話劇成立史研究》，陳凌虹譯，廈門大學出版社，2015 年。

39. 雷蒙·威廉斯（Raymond Williams）：《關鍵詞：文化與社會的詞彙》，劉建基譯，上海：生活·讀書·新知三聯書店，2005 年。

40. 雷蒙德·威廉斯：《文化與社會》，北京：北京大學出版社，1991 年。

41. 李達嘉：《商人與共產革命：1919～1927》，臺北：「中研院」近代史研究所，2015 年。

42. 李海燕：《心靈革命：現代中國愛情的譜系》，北京大學出版社，2018 年。

43. 李明輝：《當代儒學的自我轉化》，臺北：中央研究院中國文哲研究所。

44. 李歐梵：《上海摩登——一種新都市流行文化在中國（1930～1945）》，毛尖譯，北京大學出版社，2001 年。

45. 李仁淵：《晚清的新式傳播媒體與知識分子：以報刊出版為中心的討論》，新北：稻香出版社，2005 年。

46. 李孝悌：《清末的下層社會啟蒙運動》，臺北：「中央研究院」近代史研究所，1982 年。

47. 連玲玲：《打造消費天堂：百貨公司與近代上海城市文化》，北京：社會科學文獻出版社，2018 年。

48. 連玲玲主編：《萬象小報：近代中國城市的文化、社會與政治》，台北：中央研究院近代史研究所，2013 年。

49. 梁煥鼎等校錄：《桂林梁先生年譜》，京華印書局鉛印本，1925 年。

50. 梁煥鼎等校錄：《桂林梁先生遺書》，京華印書局鉛印本，1925 年。

51. 梁漱溟：《東西文化及其哲學》，上海人民出版社，2015 年。

52. 林郁沁：《施劍翹復仇案：民國時期公眾同情的興起與影響》，南京：江蘇人民出版社，2011 年。

53. 林毓生：《中國傳統的創造性轉化》，上海：生活·讀書·新知三聯書店，1994 年。

54. 柳無忌主編：《高變集》，北京：中國人民大學出版社，1999 年。

55. 盧漢超：《霓虹燈外：20 世紀初上海日常生活中的上海》，上海古籍出版社，2004 年。

56. 羅麗莎著：《另類的現代性：改革開放時代中國性別化的渴望》，黃新，譯，南京：江蘇人民出版社，2006 年。

57. 羅蘇文、宋鑽友：《民國社會》，熊月之主編：《上海通史》（第九卷），上海：上海人民出版社，1999 年。

58. 羅威廉（William Rowe）：《中國最後的帝國：大清王朝》，李仁淵、張遠譯，臺北：臺大出版中心，2013 年。

59. 羅威廉（William T. Rowe）：《漢口：一個中國城市的衝突和社區（1796～1895）》，魯西奇、羅杜芳譯，中國人民大學出版社，2016 年。

60. 羅威廉著：《漢口：一個中國城市的商業與社會 1796～1898》，江溶譯，北京：中國人民出版社，2005 年。

61. 么書儀：《晚清戲曲的變革》，北京：人民文學出版社，2006 年。

62. 梅蘭芳自述，許姬傳記：《舞臺生活四十年：梅蘭芳回憶錄》，北京：團結出版社，2006 年。

63. 米歇爾·福柯：《規訓與懲罰》，劉北成、楊遠嬰譯，北京：三聯書店，1999 年。

64. 歐文·戈夫曼（Erving Goffman）：《污名——受損身份管理箚記》，北京：商務印書館，2009 年。

65. 歐陽予倩：《自我演戲以來》，北京：中國戲劇出版社，1957 年。

66. 彭鵬：《研究系與五四時期新文化運動：以 1920 年前後為中心》，廣州：中山大學出版社，2003 年。

67. 浦安迪（Andrew H. Plaks）：《中國敘事學》，北京大學出版社，2018 年。

68. 齊美爾：〈大都會與精神生活〉，選自《橋與門——齊美爾隨筆集》，上海：上海三聯書店，1991 年。

69. 齊如山：《齊如山文論》，瀋陽：遼寧教育出版社，2010 年。

70. 沙培德（Peter Zarrow）：《戰爭與革命交織的近代中國（1895～1949)》，高波譯，北京：中國人民大學出版社，2016 年，第 136 頁。

71. 上野千鶴子：《厭女：日本的女性嫌惡》，王蘭譯，上海：上海三聯書店，2015 年。

72. 施堅雅主編：《中國帝國晚期的城市》，葉光庭等譯，陳橋驛校，北京：中華書局，2000 年。

73. 史華羅：《中國歷史中的情感文化——對明清文獻的跨學科文本研究》，林舒俐等譯，北京：商務印書館，2009 年。

74. 宋春舫：《論劇第一集》，北京：中華書局，1923 年。

75. 蘇州市文化廣播電視管理局編：《滑稽戲老藝人回憶錄》，蘇州大學印刷廠印刷，2001 年 12 月。

76. 蘇州市文化廣播電視管理局編：《蘇州滑稽戲資料彙編》，蘇州大學印刷廠印刷，2001 年 12 月。

77. 田根勝著：《近代戲劇的傳承與開拓》，上海：上海三聯書店，2005 年。

78. 田海（Barend ter Haar）：《中國歷史上的白蓮教》，劉平、王蕊譯，北京：商務印書館，2017 年。

79. 田漢、歐陽予倩、夏衍、陽翰笙等編：《中國話劇運動五十年史料集》，北京：中國戲劇出版社，1958 年。

80. 田仲一成：《中國戲劇史》，雲貴彬、于允譯，黃美華校譯，北京廣播學院出版社，2002 年。

81. 屠詩聘主編：《上海市大觀》，上海：上海圖書編譯館，1948 年。

82. 汪暉：《現代中國思想的興起》，北京：生活·讀書·新知三聯書店，2015 年。

83. 汪佩偉：《江亢虎研究》，武漢：武漢出版社，1998 年。

84. 王笛著譯：《茶館：成都的公共生活和微觀世界，1900～1950》，北京：社會科學出版社，2010 年。

85. 王汎森：《權力的毛細管作用——清代的思想、學術與心態》，北京：北京大學出版社，2015 年。

86. 王鳳霞：《文明戲考論》，廣州：廣東高等教育出版社，2011 年。

87. 王國維：《宋元戲曲史》，北京：中華書局，2010 年。

88. 陳龍：《中國近代通俗戲劇》，臺北：東大圖書公司，2002 年。

89. 王韜：《漫遊隨錄》，長沙：嶽麓書社，1985 年。

90. 魏照風、趙銘彝、柏彬等編寫：《中國話劇史綱要》油印本，1962 年。

91. 巫仁恕：《優游坊廂：明清江南城市的休閒消費與空間變遷》，臺北：中央研究院近代史研究所，2014 年。

92. 夏曉紅：《晚清女子國民常識的建構》，北京大學出版社，2016 年。

93. 向培良：《中國戲劇概評》，上海：上海泰東圖書館，1929 年。

94. 徐半梅：《話劇創時期回憶錄》，北京：中國戲劇出版社，1957 年。

95. 徐國琦：《亞洲與一戰：一部共有的歷史》，尤衛群譯，成都：四川人民出版社，2020 年。

96. 徐國琦：《中國與大戰——尋求新的國家認同與國際化》，馬建標譯，成都：四川人民出版社，2019 年。

97. 許紀霖、羅崗等著：《啟蒙的自我瓦解：1900 年代以來中國思想文化界重大論爭研究》，長春：吉林出版集團有限責任公司，2007 年。

98. 許紀霖：《家國天下：現代中國的個人、國家與世界認同》，上海人民出版社，2017 年。

99. 亞里士多德著：《詩學》，陳中梅，譯著，上海：新文藝出版社，1954 年。

100. 袁國興：《中國話劇的孕育與生成》，北京：中國戲劇出版社，2000 年。

101. 詹姆斯‧L‧史密斯：《情節劇》，武文譯，北京：中國戲劇出版社，2006 年。

102. 張發穎：《中國戲班史》，瀋陽出版社，1991 年。

103. 張芳著：《民國初期戲劇理論研究 1912～1919》，長春：吉林大學出版社，

2013 年。

104. 張灝：《烈士精神與批判意識：譚嗣同思想的分析》，崔志海、葛夫平譯，北京：中央編譯出版社，2016 年。

105. 趙山林等：《近代上海戲曲繫年初編》，上海：上海教育出版社，2003 年。

106. 趙勇：《整合與顛覆：大眾文化的辯證法——法蘭克福學派的大眾文化理論》，北京大學出版社，2005 年。

107. 鄭逸梅：《鄭逸梅選集》，哈爾濱：黑龍江人民出版社，1991 年。

108. 鄭正秋：《新劇考證百出》，上海：上海圖書集成公司，1919 年。

109. 中華全國婦女聯合會婦女運動歷史研究室編：《中國婦女運動歷史資料 1840～1918》，北京：中國婦女出版社，1991 年。

110. 周劍雲主編：《菊部叢刊》，據交通圖書館 1918 年版影印。《民國叢書》第二編，69 美術‧藝術類，上海書店。

111. 朱利安‧班達：《知識分子的背叛》，上海人民出版社，2005 年。

112. 朱雙云：《新劇史》，上海：上海新劇小說社，1914 年。

113. 朱雙云：《初期職業話劇史料》，獨立出版社，1942 年。

114. 鄒依仁：《舊上海人口變遷的研究》，上海：上海人民出版社，1980 年。

115. Bender, Thomas. *The Unfinished City: New York and the Metropolitan Idea.* New York: New York University Press, 2002.

116. Bender, Thomas. *A nation among Nations. New York*: Hill and Wang, 2006.

117. Brooks, Peter. *The Melodramatic Imagination.* Yale University Press, 1976.

118. David Johnson, Andrew J. Nathan, Evelyn S. Rawski edited. *Popular in Late Imperial China.* University of California Press, 1985.

119. Jin Jiang, Women Playing Men: *Yue Opera and Social Change in Twentieth-Century Shanghai.* Seattle: University of Washington Press, 2009.

120. Joshua Goldstein, Drama King: *Players and publics in the re-creation of PekingOpera, 1870～1937.* University of California press. 2007.

121. Karl, Rebecca E, *Staging the World: Chinese Nationalism at the Turn of the Twentieth Century*, Duke University Press, 2002.

122. Levine, Lawrence W. *Highbrow/Lowbrow: The Emergence of Cultural Hierarchy in America*. Massachusetts: Harvard University Press, 1988.

123. Lewis A. Erenberg. *Steppin' Out: New York Nightlife and the Transformation of American Culture, 1890～1930*, Greenwood Press, 1981.

124. Liu Siyuan. *The Impact of Japnese Shipa on Early Chinese Huajv*. Dissertation of University of Pittsburgh, 2006.

125. Nancy Fraser, *Unruly Practices: Power, Discourse, and Gender in Contemporary Social Theory*. Minneapolis: University of Minnesota Press. 1989.

126. Peiss, Kathy. *Cheap Amusements: Working Women and Leisure in Turn-of-the-Century New York*. Philadelphia: Temple University Press, 1985.

127. Perry Link, Jr. *Mandarin Duck and Butterflies: Popular Fiction in Early Twentieth-century Chinese Cities*. University of California Press, Berkeley, 1981.

128. Sern Hsiang-Lin Lei, *Neither Donkey nor Horse: Medical in the Struggle over China's Modernity*, Chicago: The University of Chicage Press.2014. p162.

129. Singer, Ben. *Melodrama and Modernity: Early Sensational Cinema and Its Context*. New York: Columbia University Press, 2001.

130. Zhen Zhang, An Amorous History of the Silver Screen: Shanghai Cinema, 1896～1937. Chicago & London: The University of Chicago Press, 2005.

三、論文

1. 柏彬:《我國話劇的來源及其形成的探索》,《戲劇藝術》,1979 年第 2 期。

2. 方維規:《概念史八論——一門顯學的理論與實踐及其爭議與影響》,《亞洲觀念史集刊》第四期,2013 年 6 月。

3. 方維規:《論近現代中國「文明」「文化」觀的嬗變》,《史林》1999 年第 4 期。

4. 高黎痕:《談解放前上海的話劇》,上海市文史館,上海市人民政府參事室文史資料工作委員會編:《上海地方資料》(5),上海:上海人民出版

社，1986 年。

5. 洪深：《中國新文學大系戲劇集》導言，上海文藝出版社，1935 年。

6. 洪深：〈從中國的「新戲」說到「話劇」〉，《現代戲劇》1929 年第 1 卷第 1 期。

7. 黃科安：《啟蒙・革命・規訓——中國現代「文藝大眾化」考論》，文史哲編輯部編《左翼文學研究》，商務印書館，2015 年。

8. 黃克武：《從「文明」論述到「文化」論述——清末民初中國思想界的一個重要轉折》，《南京大學學報》（哲學社會科學版）2017 年 01 期。

9. 黃興濤：《晚清民初現代「文明」和「文化」概念的形成及其歷史實踐》，《近代史研究》2006 年第 6 期。

10. 黃彥：《中國社會黨評述》，《近代中國》第十四輯，2004 年 8 月。

11. 黃宗智：《國家—市場—社會：中西國力現代化路徑的不同》，《探索與爭鳴》2019 年 11 期。

12. 姜進：《解構國劇：戲曲與民族文化史的重建》，《中國文化》2013 年第 37 期。

13. 姜進：《追尋現代性：民國上海言情文化的歷史解讀》，《史林》2006 年第 4 期。

14. 瀨戶宏：《文明戲（中國早期話劇）研究史的幾個問題——以袁國興和黃愛華近著為中心》，《杭州師範學院學報》（社會科學版）2002 年第 5 期。

15. 梁啟超：《愛國論》，《清議報》1899 年第 6 期。

16. 梁淑安：《近代戲劇變革和外來影響》，《新疆師範大學學報》（哲社版）1989 年第 3 期。

17. 梁淑安：《近代戲曲改良運動的先鋒柳亞子與陳去病——兼談南社社員在劇本創作與舞臺藝術方面的實踐活動》，《南京理工大學學報》（社會科學版）2001 年第 4 期。

18. 劉明逵：《1912～1921 年中國工人階級狀況》，中華全國總工會中國職工運動史研究室編：《中國工運史料》，北京人民出版社，1958 年第一輯。

19. 劉思遠：《新潮演劇與雜糅》，《戲劇藝術》，2016 年第 3 期。

20. 羅志田：《文明與文化：後五四時代梁漱溟與胡適的爭論》，《四川大學學報》（哲學社會科學版），2017 年 03 期。

21. 羅志田：《文明與文化：後五四時代梁漱溟與胡適的爭論》，《四川大學學報》2017 年第 3 期。

22. 馬君武：《創造文明之國民論》，《譯書彙編》1903 年第二卷第 12 期。

23. 馬彥祥：〈文明戲之史的研究：中國話劇運動史之一〉，（《矛盾月刊》1933 年第 5 期。

24. 馬彥祥：〈文明戲之史的研究〉，《矛盾月刊》，1933 年 1 卷 5、6 期合刊。

25. 梅蘭芳：《戲劇界參加辛亥革命的幾件事》，《戲劇報》，1961 年 9 月 28 日。

26. 歐陽予倩：《民眾劇的研究》，《戲劇》，1929 年第 1 卷第 3 期。

27. 歐陽予倩：《戲劇改良各面觀附錄一：予之戲劇改良觀念》，《新青年》1918 年第 5 卷第 4 期。

28. 宋少鵬：《「西洋鏡」裏的中國女性》，收錄於劉禾：《全球史研究的新路徑：世界秩序與文明等級》，三聯書店 2016 年。

29. 張庚：《半個世紀的戰鬥經歷——中國話劇運動史的一個輪廓》，《張庚文錄》（第 2 卷），長沙：湖南文藝出版社，2003 年。

30. 趙銘彝：《不提民族化的口號為好》，《人民戲劇》1982 年第 6 期。

31. 趙銘彝：《我國早期的話劇教育》，《戲劇藝術》1979 年第 1 期。

32. 鄭培凱：《晚明袁中道的婦女觀》，《近代中國婦女史研究》1993 年第 1 期。

33. 鄭逸梅：〈新舞臺與潘月樵〉，《上海掌故》，上海：上海文化出版社，1982 年。

34. 鍾欣志：《劇場變革的社會動力——重探清末春陽社》，傅瑾、袁國興主編《新潮演劇與新劇的發生》，北京：學苑出版社，2015 年。

35. 林存秀：《城市之聲：「文明戲」與 20 世紀初上海都市文化》，華東師範大學博士論文，2011 年。

36. 范伯群：《包天笑文言短篇〈一縷麻〉百歲壽誕記》，《書城》2009 年第 4

期。

37. 巫仁恕:《明清之際江南時事劇的發展及其所反映的社會心態》,中央研究院近代史研究所集刊,第 31 期。

38. 據錢化佛口述:〈亞細亞影戲公司的成立始末〉,載《中國電影》創刊號,1956 年 10 月 28 日北京出版。

39. 邱巍:《清末俗文學作品與「民族國家」的形象建構——以陳天華的〈猛回頭〉為中心》,《中共浙江省委黨校學報》,2003 年第 2 期。

40. 瞿史公:《劇談外史四:話劇與文明戲的分野》,《中國藝壇畫報》1939 年第 56 期。

41. 鍾欣志:《走向現代:晚清中國劇場新變》,國立臺北藝術大學戲劇學系博士論文,2012 年。

42. 孫柏:《文學建制和作為問題的劇場——從晚清使臣西方觀劇筆記的認識框架論戲劇研究的重新語境化》,《文藝研究》2020 年第 4 期。

43. 王衛民:《辛亥革命前後的戲劇運動》,《戲劇論叢》1981 年第 4 期。

44. 巫仁恕:《明清之際江南時事劇的發展及其所反映的社會心態》,中央研究院近代史研究所集刊 199 年第 31 期。

45. 吳新雷:《崑曲劇目發微》,《東南大學學報》(哲學社會科學版)2003 年第 1 期。

46. 姚志龍:《上海茶園的變遷》,《上海文化史志通訊》1994 年總 31 期。

47. Paul G. Pickowisz. Melodramatic Representation and the "May Fourth" Tradition of Chinese Cinema. Edited by Ellen Widmer, David Der-wei Wang, *From May Fourthe to June Fourth: Fiction and Film in Twentieth-Century China.* Harvard University Press, 1993.

48. Earl F. Bargainnier. Hissing the Villian, Cheering the Hero: The Social Function of Melodrama. *Studies in Popular Culture*, Vol.3(Spring 1980).

49. Bender, Thomas.2010. "Postscript. Reassembling the City: Networks and the Urban Imaginaries." *In Urban Assemblages: How Actor-Network Theory Changes Urban Studies*, edited by Ignacio Farias and Thomas Bender, New York: Routledge.

50. Evelyn S. Rawski, Economic and Social Foundations of late Imperial Culture. David Johnson, Andrew J. Nathan, Evelyn S. Rawski edited, *Popular in Late Imperial China. University of California Press*, 1985.